U0124015

Emerging Markets Institute 北京师范大学新兴市场研究院 文库　胡必亮 主编

"一带一路"沿线国家产业发展报告

Industrial Developments Report of the Countries along the Belt and Road

胡必亮　潘庆中　孙开斯　张松等著

中国大百科全书出版社

图书在版编目（CIP）数据

"一带一路"沿线国家产业发展报告／胡必亮等著.
—北京：中国大百科全书出版社，2021.11
（新兴市场文库）
ISBN 978-7-5202-1051-5

I.①—… II.①胡… III.①产业发展—研究报告—
世界 IV.① F269.1

中国版本图书馆 CIP 数据核字（2021）第 224071 号

出 版 人　刘国辉
策 划 人　曾　辉
责任编辑　王　绚
版式设计　程　然
责任印制　魏　婷
出版发行　中国大百科全书出版社
地　　址　北京市阜成门北大街 17 号　　邮政编码　100037
电　　话　010-88390969
网　　址　http://www.ecph.com.cn
印　　刷　北京君升印刷有限公司
开　　本　787 毫米 ×1092 毫米　　1/16
印　　张　27.5
字　　数　308 千字
印　　次　2022 年 1 月第 1 版　2022 年 1 月第 1 次印刷
书　　号　ISBN 978-7-5202-1051-5
定　　价　98.00 元

本书如有印装质量问题，可与出版社联系调换。

各章作者

前　言：胡必亮　潘庆中

第一章：李怡萌

第二章：张　松

第三章：孙开斯

第四章：计　磊

第五章：田颖聪

第六章：芮亚楠

第七章：马　悦

第八章：冯芄栋

第九章：陆天怡

第十章：胡　聪

从全球发展的视角来看，目前表现出的两类现象值得引起我们的高度重视和深入研究。

一类现象是：发展中国家从总体上讲，在发展经济、改善民生、消除贫困等方面都在持续地取得进展，尤其是其中的一些新兴市场大国如中国、印度、印度尼西亚、巴西、俄罗斯、墨西哥、土耳其、南非、波兰、马来西亚等国对驱动世界经济增长所起的作用越来越显著，仅中国一个国家对全球 GDP 增量的年贡献率，近年来每年都很稳定地保持在 30% 以上的水平。从维护世界和平的一个重要方面来看，发展中国家的作用也越来越大，目前中国已成为联合国安理会常任理事国中派遣维和军事人员最多的国家，也是缴纳维和摊款最多的发展中国家。根据我们这一文库中相关专著的乐观估算，到 2050 年时，亚非拉发展中国家将整体地得到进一步发展，按目前标准界定的贫困国家将基本不复存在，全球进入到一个没有绝对贫困的世界。这当然是好消息,是人类发展的福音。但新兴市场国家,以及其他发展中国家目前尚存在一些问题,譬如说有些国家的经济增长仍然主要是靠出卖自然资源而得以维持的,有的国家和区域长期处于政治、社会动荡之中,有些国家仍然面临着比较大的环境和气候变化压力,等等。对于有些国家、区域而言,进一步的可持续发展仍然具有一定的不确定性。

同时我们也发现了另一类现象,那就是:伴随着历史的发展和时代的进步,全球性的问题不是越来越少了,而是越来越多了;不是越来越简单了,而是越来越复杂了。其中一个十分重要的问题就是,全球化遇到了前所未有的挑战,抵制和反对全球化的力量变得比较大了,表现形式也多种多样,有的是大搞贸易保护主义甚至不惜发动贸易战、有的是反对产业全球化布局、有的是抵制和歧视外来移民,不一而论。如果反全球化浪潮大、维持时间长,将十分不利于新兴市场国家和发展中国家的进一步发展,以上所提到的乐观前景就会出现更大的不确定性,因为全球化对促进发展中国家的加速发展具有十分重要的意义。如果把握得好,利用全球化力量,发展中国家可以通过发挥"后发优势"和"比较优势"而实现积极的跨越式发展。此外,目前在地区冲突、国际恐怖主义、国际安全、难民、气候变化等全球性问题方面,形势也变得越来越严峻。更重要的问题在于,为解决这些全球性问题所构建的全球治理体系本来就有一些先天的缺陷,比如说发展中国家由于其代表性和参与度不够,一般就很难平等地参与全球治理过程,导致目前的全球治理体系并不是一个共治的体系,加上有些发达国家开始采取了以自我优先发展为中心的发展战略,减少了对全球治理的投入和责任,从而使本来就处于全球治理"赤字"状态的情况变得愈加严重。如果这一问题得不到及时解决，全球发展特别是新兴市场和发展中国家的进一步发展也会从这一方面受到制约。

中国是一个发展中国家，属于发展中国家中发展得比较快和比较好的一个国家，也是一个新兴市场国家。改革开放四十年来，中国始终坚持从自身国情出发，探索出了一条独特的中国特色社会主义发展道路：坚持党的领导、人民当家做主、依法治国三者有机统一；协调和处理好改革、发展、稳定三者之间的关系；积极推动，形成全面开放新格局和构建人类命运共同体。这些基本经验可供其他新兴市场国家，以及一些发展中国家参考，但每个国家都有很不相同的历史文化渊源，加上资源禀赋、经济发展基础、社会发展水平等都差异巨大，因此关键在于根据各自国家在这些方面的特点探索适合自己的发展道路。中国从来就不主张输出自己的"发展模式"（"中国模式"）；客观地讲，如果机械地学中国的"发展模式"，也是很难学成的。"中国模式"的价值与意义更多的是为其他国家提供新发展道路与新发展模式的探索参考，其他国家可以从中借鉴与自身发展相关的某些经验教训，而不应是机械地照搬。明白了这一点，"中国模式"的价值也就显而易见了，其他新兴市场国家和发展中国家的未来发展前景也就乐观可期了。我们编辑出版这一文库的一个重要目的，就在于通过比较亚非拉新兴市场国家和发展中国家的经验教训，探索其未来发展的成功道路，努力避免和克服以上提到的种种问题，力争实现美好前景。

经过改革开放四十年的发展，中国积累了一定的物质财富与制度财富，希望为更好地解决目前我们所面临的一些全球化问题做出自己的贡献。为此，中国适应时代发展需要，适时地提出了与世界各国共建"一带一路"的倡议，得到了许多国家和国际组织的积极响应；经过五年的努力，一批相关建设项目已经取得了早期收获。"一带一路"倡议的核心在于构建一个新的国际合作平台，也就是"一带一路"国际合作平台，以促进更好的国际合作和共同发展；"一带一路"倡议的基本理念在于共商共建共享；"一带一路"建设的重点在于构建更好的、以基础设施建设为主要内容的全球互联互通网络体系，同时提供更多、更好的全球公共产品，改进全球治理体系，提高全球治理效率；"一带一路"建设的最终目的在于共同构建人类命运共同体，把我们共同的世界建设成为一个持久和平、普遍安全、共同繁荣、开放包容、清洁美丽的世界。因此我们编辑出版这一文库的另一个重要目的，就是为了更好地交流和探讨与"一带一路"倡议和"一带一路"建设相关的重大问题，为促进"一带一路"发展提供智力支撑，通过推动共建"一带一路"而为更好地应对目前我们所面临的全球性挑战做出我们的贡献。

这一文库的出版，得到了北京师范大学校领导的直接指导与支持，中国大百科全书出版社的领导特别是社科学术分社的各位责任编辑就文库选题和编辑做了大量精细的具体工作。对此，我们表示最衷心的感谢！希望我们的共同努力对促进"一带一路"和新兴市场的理论创新与务实合作会起到一定的积极作用。

胡必亮

2018 年 4 月 6 日

产业合作是"一带一路"建设的重要内容。为推进实施"一带一路"倡议，中国国家发展改革委、外交部、商务部于 2015 年联合发布了《推动共建丝绸之路经济带和 21 世纪海上丝绸之路的愿景与行动》，产业合作是其中的重要内容，涉及基础设施建设、产业投资、产业链分工布局、产业相互开放、产业园区、产业集群、国际经济合作走廊，等等。2018 年习近平总书记在推进"一带一路"建设工作 5 周年座谈会上提出，推动共建"一带一路"向高质量发展转变是下一阶段工作的基本要求，并要求以基础设施等重大项目建设和产能合作为重点，解决好重大项目、金融支撑、投资环境、风险管控、安全保障等关键问题。产业合作在"一带一路"建设中的重要性愈发凸显。

这一方面由于产业是国民经济发展的基础，另一方面也由于产业合作可以促进"一带一路"各国的经济联动，促进"一带一路"建设本身的可持续发展。

在全球化背景下，各国的农业、工业、服务业发展不仅要保障粮食安全、推动工业化进程、满足本国人民的需求，还要通过商品贸易让包括能源在内的原材料、中间产品、消费品、资本品在各国之间流通起来，使区域产业链和全球产业链运转起来，也就是促进产业合作。促进"一带一路"产业合作需要国际投资，这既需要金融系统来提供投资资金，也需要有吸引力的投资标的和投资环境，例如基础设施建设既是可以带动相关产业发展的投资标的又可以为吸引产业投资创造投资环境。同时，产业的发展过程也有规律可循，一是发展中国家的工业化及经济发展通常伴随着城镇化进程，房地产业的发展可以满足城镇新增人口的居住需求；二是国际化和收入增长的过程通常伴随着旅游人口的增加，旅游产业可以显著促进扩大就业和经济增长；三是信息化和产业升级通常伴随着新兴产业的快速发展，数字经济正在深刻改变着人们的生活。可以看出，"一带一路"的产业发展将持续推动经济增长，进而可以持续为"一带一路"建设提供资金，生生不息。所以，产业合作必然成为"一带一路"建设的重要内容。

而要想提高产业合作的产出效率，首先需要摸清这些产业的发展情况。因此，北京师范大学新兴市场研究院在前期出版《综述"一带一路"》《表述"一带一路"》《"一带一路"沿线国家综合发展水平测算、排序与评估》等研究成果的基础上，着手对"一带一路"的农业与粮食安全、工业化与制造业、商品贸易、能源、基础设施、国际直接投资、金融业、房地产业、旅游业、数字经济10个相对重要的产业问题进行研究，希望尽量全面地揭示"一带一路"国家的产业发展与产业合作情况，更好地思考还存在哪些问题以及未来应该如何发展，形成了如下一些研究成果。

　　本报告首先对农业与粮食安全、工业化与制造业、商品贸易、能源这些基础性的研究领域做了重点分析，发现在这些方面，"一带一路"沿线国家在世界上的地位愈加重要，但各国的差异性也十分明显。在农业与粮食安全方面，"一带一路"沿线国家谷类、豆类和薯类三类主粮产量占世界的比重均有增加，是世界的豆类和谷物粮食主产区，但仍然面临着口粮自给率较低和膳食结构失衡导致的营养不良等问题，这使得中国与沿线国家通过建立海外农业园区、加强企业国际合作等方式开展粮食合作很有前景。在工业化与制造业方面，"一带一路"国家制造业增加值占GDP的比重明显领先于世界平均水平，但这主要源于中国和东南亚国家的贡献，未来还需要重视通过拓宽贸易领域、优化产业链分工布局等方式来提升"一带一路"区域的整体工业化能力和水平。十几年来，"一带一路"沿线国家商品贸易额占全球的比重快速提升至1/3左右，沿线国家贸易顺差的大幅增加与美国等国贸易逆差的大幅增加形成鲜明对比，而不同沿线国家的优势贸易商品有较大差异；从中国同沿线国家的贸易合作模式来看，与俄罗斯、沙特阿拉伯、蒙古等"结构单一型"国家应该重点拓宽贸易领域，对哈萨克斯坦、老挝、土耳其等"仍待加强型"国家应该多方加强经贸联系。在能源方面，"一带一路"沿线国家化石能源产量占世界总产量的近6成，能源消费量占世界总消费的近5成，中东、俄蒙地区有较高的净贡献量，而中国、南亚地区有较高的负的净贡献量；能源贸易以石油、天然气、煤炭为主，电能、生物能等新能源贸易几乎可以忽略不计；面对化石能源储产比逐年下降的能源形势，需要考虑通过能源基础设施互联互通、推动能源清洁化高效化转型、提高能源融资能力、参与能源定价机制、完善能源储备体系等多种方式来处理"一带一路"的能源问题。

　　基础设施、国际直接投资、金融系统等对国际产业合作都有直接影响，但"一带一路"沿线不少地区在这些方面还有短板，还需要有针对性地加以改进。"一带一路"沿线地区的人均道路拥有量较小，航空运输发展整体滞后，供电覆盖率在区域内部呈现"北优南劣"的格局，通信基础设施整体发展偏低、区域差异大，南亚医疗卫生水平相对较低，东南亚和南亚仍有近10%的人口无法获得安全饮用水，中亚国家则由于深处内陆而需要通过使用先进节水技术等方式来应对严重的缺水问题。在国际直接投资方面，"一带一路"沿线国家吸引投资占世界总量的比重近几年总体上有下降趋势，对外投资占世界比重在波动中略有上升，但投资的流入量仍大于流出量，对外投资能力相对较弱；投资活跃的地区比较集中，投资的流入和流出都有一半以上来自东亚和东南亚地区，中国和印度两个发展中国家表现突出，印度投资流入总量增速加快且吸引的绿地投资一度超过中国；沿线各国的国际投资规模仍有较大提升空间，想吸引更多投资的国家还需着力改善本国投资环境，想扩大对外投资的国家还需考虑提升企业跨国投资能力以及适应东道国的投资环境。"一带一路"沿线国家金融市场发展很不均衡，很多国家的股票市场、债券市场尚不成熟，股票市场规模较大且表现较好的主要有新加坡、中国、印度、马来西亚、泰国等少数几个国家，除中国、印度、俄罗斯之外的大多数国家的债券市场都面临市场规模小、发行方式单一的局面，蒙古、斯里兰卡等国虽容易借贷但需留意其潜在金融风险，文莱、罗马尼亚、白俄罗斯等很多国家的借贷难度则相对较大；亚洲基础设施投资银行、丝路基金等区域性金融机构以项目为导向开展了大量跨国金融合作，但"一带一路"沿线国家的金融体系仍然面临着政治风险、融资结构风险、技术工程风险、项目运营风险、大规模资本输出风险以及其他诸多挑战，需要在实际操作中总结经验，稳步发展。

房地产业、旅游业和数字经济这些产业不仅呈现极为显著的地区差异，还呈现相对较快的发展变化。"一带一路"沿线国家房地产市场在全世界房地产市场中所占比重较小，而沿线国家的人口总量却占全球的6成，房地产市场未来发展空间巨大；除中国、印度等国人口规模庞大且房地产市场增长相对稳定外，东南亚以及中东欧国家的房价增长态势也整体较好，而其他地区仅有以色列、巴林等个别国家房地产价格出现长期快速增长，大多数国家房地产基本可划归缓慢发展、相对停滞、波动下滑、规模过小之列；由于很多国家还面临贫民窟改造、政治矛盾与冲突等挑战，社会经济有着稳定发展预期的中国、东南亚和部分南亚国家仍然会受到国际购房者的青睐。"一带一路"沿线旅游资源集中分布于欧洲及亚太区，数量上呈现两端高、中间低，西部—东部—中部依次递减的特征；沿线国家旅游业对GDP和对就业的总贡献份额的平均数均超过10%；面对部分地区仍存在的局势不稳、签证等人口流动壁垒、基础设施不完善、旅游合作与开发不足等问题，需要从规划到实施的各个环节考虑沿线国家旅游业的协同。"一带一路"沿线国家数字经济发展较好的国家不多，新加坡、中国、菲律宾、马来西亚、越南的ICT产品出口情况较好，ICT产品出口占该国出口产品总额的比例都显著高于ICT商品进口占该国进口产品总额的比例，而且其比例均大于20%，明显超过其他大部分沿线国家；数字经济发展滞后的国家大多存在电信基础设施建设不完善、教育投入不足、科研投入较少、行业垄断等现象，可以借鉴新加坡、印度、印度尼西亚等国推动数字经济发展的经验，通过营造公平有序的市场环境、与发展较好的国家合作等方式，来加强数字经济国际合作，缩小数字经济鸿沟。

本书是我院集体研究的成果，由胡必亮教授、潘庆中教授设计出研究计划和写作提纲，多次组织研讨，相互提出修改意见，孙开斯、张松负责统稿，李一丹参与校对。各章作者分别为：第一章：李怡萌；第二章：张松；第三章：孙开斯；第四章：计磊；第五章：田颖聪；第六章：芮亚楠；第七章：马悦；第八章：冯芃栋；第九章：陆天怡；第十章：胡聪。

本书数据范围截止到 2016 年。截至该年底，除中国外有 64 个国家加入"一带一路"倡议，因此本研究界定的"一带一路"国家为 65 个。另外，由于本书研究的各产业数据大多来自第三方的商业机构或国际组织，它们对"一带一路"国家的区域划分并非完全一致。本着尊重数据来源的原则，本书沿用原始数据分类，各章节区域分类存在不一致的情况。在此基础上，本书对"一带一路"沿线国家的主要产业进行了比较全面的剖析，对于政府、企业、投资、学术等各界人士都有一定的参考价值。希望这本书可以让更多人了解"一带一路"的产业发展，帮助我们更好地推动共建"一带一路"高质量发展。

胡必亮　潘庆中

2019 年 9 月 15 日

目录

Contents

总序 / 1

前言 / 1

第一章　"一带一路"沿线国家的粮食安全 / 001

　　一、"一带一路"沿线国家的粮食生产现状 / 002

　　　　（一）农业在国民经济中的重要地位 / 002

　　　　（二）粮食生产情况 / 007

　　二、"一带一路"沿线国家的粮食安全问题 / 017

　　　　（一）粮食自给率较低 / 017

　　　　（二）营养不良现象加剧 / 018

　　三、"一带一路"沿线国家粮食安全问题产生的原因 / 022

　　　　（一）地区政治冲突频发 / 022

　　　　（二）人地矛盾加剧，人均耕地资源短缺 / 023

　　　　（三）粗放式经营，生产要素投入不足 / 025

　　四、中国与"一带一路"沿线国家开展粮食合作的机遇 / 028

（一）完善农业"走出去"政策，建立海外农业园区 / 028

（二）加强企业国际合作，推动要素自由流动 / 029

第二章　"一带一路"沿线国家制造业与工业化发展报告 / 031

一、"一带一路"沿线国家制造业发展 / 034

（一）"一带一路"沿线国家制造业发展的全球对比 / 036

（二）"一带一路"沿线国家制造业发展的区域内比较 / 038

（三）"一带一路"沿线国家制造业发展比较 / 040

二、"一带一路"沿线国家所处的工业化阶段 / 042

（一）工业化阶段划分理论综述 / 044

（二）"一带一路"沿线国家工业化阶段：

钱纳里人均GDP发展理论 / 049

（三）"一带一路"沿线国家工业化阶段：

库兹涅茨产业结构理论 / 051

三、"一带一路"沿线国家工业竞争力指数 / 057

四、"一带一路"沿线国家工业化展望 / 060

附表 / 063

附表2-1　按工业水平分类的国家和经济体 / 063

附表2-2　2010—2016年"一带一路"沿线国家制造业增加值占
GDP的比重 / 064

附表2-3　2015年"一带一路"沿线国家的产业结构% / 067

第三章　"一带一路"沿线国家商品贸易发展报告 / 069

一、对外商品贸易概况 / 070

（一）商品进出口总量 / 070

（二）2000—2015年商品贸易变化 / 072

（三）顺逆差 / 077

（四）商品贸易结构 / 079

二、"一带一路"分区域对外商品贸易概况 / 086

（一）"一带一路"各区域商品贸易基本情况 / 086

（二）"一带一路"各区域商品贸易结构 / 088

三、"一带一路"沿线国家对外商品贸易基本情况 / 095

（一）各国对外商品贸易额 / 095

（二）贸易依存度 / 097

（三）商品贸易增长率 / 099

（四）"一带一路"沿线国家商品贸易结构 / 104

四、中国同"一带一路"64国的商品贸易基本情况 / 118

（一）商品贸易概况 / 118

（二）各区域同中国商品贸易 / 122

（三）分国别同中国商品贸易 / 126

五、"一带一路"沿线国家优势出口产业比较 / 136

第四章　"一带一路"沿线国家能源发展报告 / 145

一、"一带一路"沿线国家能源供需情况 / 146

（一）"一带一路"沿线国家能源供给量与需求量 / 146

（二）"一带一路"分地区的能源供给量与需求量 / 148

（三）"一带一路"沿线国家与其他地区的能源供需对比 / 150

二、"一带一路"沿线国家能源供需结构 / 151

（一）石油供需 / 152

（二）天然气供需 / 155

（三）煤炭供需 / 159

（四）电能供需 / 162

（五）"一带一路"沿线能源供需特点 / 165

三、"一带一路"沿线国家能源贸易情况 / 167

（一）"一带一路"沿线国家能源进出口总量 / 167

（二）石油进出口情况 / 173

（三）天然气进出口情况 / 174

（四）煤炭进出口情况 / 179

（五）电能进出口情况 / 183

（六）"一带一路"沿线国家能源贸易格局 / 187

（七）"一带一路"沿线国家能源进出口特点 / 201

四、"一带一路"沿线国家能源安全及展望 / 202

（一）"一带一路"沿线国家能源安全问题 / 202

（二）"一带一路"沿线国家能源展望 / 204

第五章　"一带一路"沿线国家基础设施发展报告 / 209

一、"一带一路"沿线交通基础设施发展情况 / 213

（一）铁路发展整体不足，西南西北方向发展潜力大 / 213

（二）借助地理优势，部分国家航空运输突出 / 217

二、"一带一路"沿线能源基础设施发展情况 / 220

三、"一带一路"沿线通信基础设施发展情况 / 224

（一）信息化水平整体偏低，区域差异较大 / 225

（二）传统网络基础薄弱，移动网络发展迅速 / 227

（三）东南亚和南亚互联网经济前景广阔 / 229

四、"一带一路"沿线社会基础设施发展情况 / 230

五、"一带一路"基础设施项目建设情况 / 232

（一）中蒙俄经济走廊 / 233

（二）新亚欧大陆桥经济走廊 / 234

（三）中国—中亚—西亚经济走廊 / 236

（四）中巴经济走廊 / 238

（五）中国—中南半岛经济走廊 / 240

（六）孟中印缅经济走廊 / 243

第六章　"一带一路"沿线国家的国际直接投资发展报告 / 245

一、"一带一路"沿线国家国际直接投资情况 / 248

（一）"一带一路"沿线国家国际直接投资总体情况 / 249

（二）"一带一路"沿线国家国际直接投资区域比较 / 250

（三）中国与印度的外国直接投资比较 / 255

二、中国与沿线国家的双向直接投资情况 / 260

（一）中国对"一带一路"沿线国家投资情况 / 260

（二）"一带一路"沿线国家对中国投资情况 / 265

三、对"一带一路"沿线国家的建议 / 267

（一）改善本国投资环境，增加对外国直接投资的吸引力 / 267

（二）适应东道国环境，提升跨国企业投资能力 / 269

（三）中国应加强对"一带一路"沿线国家投资的统筹协调 / 270

第七章　"一带一路"沿线国家金融业发展报告 / 273

一、金融业发展概况 / 274

（一）股票市场 / 274

（二）债券市场 / 277

（三）信贷市场 / 279

（四）商业银行 / 284

二、金融业支持的行业分布 / 286

（一）电力和能源 / 286

（二）制造和服务 / 287

（三）交通和运输 / 288

（四）房地产和旅游 / 288

三、金融合作的举措 / 289

（一）多国共同出资设立区域性金融机构 / 289

（二）金融机构以项目为导向进行跨国合作 / 297

四、潜在风险与挑战 / 300

（一）资金融通面对的风险 / 300

（二）其他相关的风险与挑战 / 302

第八章　"一带一路"沿线国家房地产业发展报告 / 305

一、"一带一路"沿线国家的房地产业发展概况 / 307

（一）中国 / 307

（二）蒙古和俄罗斯 / 308

（三）中亚五国 / 310

（四）西亚、北非 / 312

（五）中东欧 / 318

（六）东南亚 / 321

（七）南亚 / 323

二、 "一带一路"沿线国家房地产市场的发展特点 / 326

（一）"一带一路"沿线国家房地产市场规模相对较小 / 326

（二）中国大陆和中国香港、印度、菲律宾及中东欧国家
（地区）的房价增长态势较好 / 327

（三）中国和东南亚、南亚国家的房地产信贷市场进一步增长 / 329

三、 "一带一路"沿线国家房地产市场面临的主要问题 / 332

（一）贫民窟改造任务艰巨 / 332

（二）政治矛盾与冲突阻碍了房地产市场的发展 / 332

四、 "一带一路"沿线国家房地产市场的发展前景 / 333

（一）亚洲新兴和发展中经济体保持强劲增长势头，
房地产业整体繁荣 / 333

（二）中东欧地区房地产业稳定发展 / 334

（三）西亚、北非地区房地产业的前景进一步分化 / 336

（四）未来几年吸引富豪投资的城市主要集中在中国、东南亚和
南亚国家 / 336

第九章　"一带一路"沿线国家旅游业发展报告 / 339

一、旅游资源概况 / 339

二、旅游业发展情况 / 343

（一）旅游业促进各国经济发展 / 343

（二）中国与"一带一路"沿线国家之间旅游规模快速增长 / 344

（三）旅游发展不平衡 / 345

三、存在的问题及应对 / 346

（一）部分地区局势不稳定 / 346

（二）人员流动壁垒 / 347

（三）基础设施不完善 / 349

（四）沿线国家合作不足 / 351

（五）缺乏对陆上丝绸之路沿线古代景点的开发 / 352

四、"一带一路"沿线国家旅游业展望 / 354

附录 / 356

附表9-1 2016年"一带一路"沿线国家旅游业对GDP和就业的
贡献度统计 / 356

附表9-2 "一带一路"沿线部分国家旅游竞争力单项得分统计 / 361

附表9-3 2016年"一带一路"部分沿线国家游客数量及旅游业
收入统计 / 363

第十章 "一带一路"沿线国家数字经济发展报告 / 365

一、数字经济：经济发展的新阶段 / 366

（一）数字经济的概念及发展历程 / 366

（二）数字化的统计与评估 / 367

二、"一带一路"沿线国家网络就绪指数（NRI）排名情况 / 368

三、"一带一路"沿线国家ICT产品、服务进出口情况 / 372

（一）"一带一路"沿线国家ICT产品进、出口情况 / 372

（二）"一带一路"沿线国家ICT服务出口情况 / 375

四、"一带一路"沿线国家数字经济资源禀赋 / 379

（一）互联网基础设施情况 / 379

（二）教育普及情况 / 381

（三）科研投入 / 385

（四）法律保障 / 387

（五）电信行业营商环境 / 389

五、"一带一路"沿线国家数字经济发展的典型模式 / 391

（一）新加坡：实施"国家人工智能核心"计划 / 391

（二）印度：推进网络空间建设和推行数字移动广告 / 392

（三）印度尼西亚：实施"电子商务指南"
及"智能城市"战略 / 394

（四）土耳其：推广技术开发区（TDZs）和
Huma Wealth项目 / 397

（五）沙特阿拉伯：推出"沙特2030愿景" / 399

（六）俄罗斯：提高宽带战略性，促进信息社会发展 / 400

（七）以色列：强调特色精准农业 / 401

六、"一带一路"沿线国家数字经济发展前景展望 / 403

（一）"一带一路"沿线国家数字经济发展存在的问题 / 403

（二）"一带一路"沿线国家数字经济合作展望 / 405

附录 / 407

附表10-1　2016年"一带一路"沿线国家环境指数 / 407

附表10-2　2016年"一带一路"沿线国家准备就绪指数 / 409

附表10-3　2016年"一带一路"沿线国家使用指数 / 411

附表10-4　2016年"一带一路"沿线国家影响指数 / 413

主要参考文献 / 415

"一带一路"沿线国家的粮食安全

21 世纪以来，中国随着农业现代化步伐的不断推进，农业发展步入了新的阶段，同时也面临综合成本上升、供求结构失调等问题。中国要想克服农业发展所面临困难，一方面需要国内机制和技术的改革与创新，另一方面也亟须寻求国际合作机遇。习近平总书记 2013 年出访哈萨克斯坦和印度尼西亚时提出了共建"丝绸之路经济带"和"21 世纪海上丝绸之路"，也就是"一带一路"倡议，在基础设施建设、经济贸易、政治外交、人文交流等诸多领域开创了国际合作新局面，也给农业的国际合作带来新机遇。

"一带一路"沿线国家普遍面临土地闲置率高、农药化肥施用不合理、水资源利用效率低等粗放式经营问题，土地开发率和已开发土地的产出率与中国相比还有较大差距，特别是在一些政治冲突频发、自然条件严峻的国家和地区，营养不良和主粮供应危机已经威胁到当地的人权和主权。20 世纪 80 年代，中国同样存在粮食安全问题，营养不良人口比重超过 25%，当时农业底子薄、基础差。经过 30 余年的发展，中国营养不良人口比重已下降到 9.3%，在解决粮食安全问题上卓有成效，[①] 而且还产生了一批底子厚、技术硬、资金足的农业企业，中国和"一带一路"沿线国家在农业领域具有广泛的合作基础。中国企业应该如何利用"一带一路"合作机遇"走出去"，开拓海外市场获得收益，并且帮助沿线国家解决"吃饱肚子"的问题，保障地区粮食安全和经济社会稳定，值得深入研究。本章围绕这一问题，分析"一带一路"沿线国家的主粮生产现状及存在的粮食安全问题，探究其背后的原因，并有针对性地提出政策建议。

需要说明的是，本章所指的"一带一路"沿线国家一般是指不包括中国在内的 64 个国家。

一、"一带一路"沿线国家的粮食生产现状

（一）农业在国民经济中的重要地位

农业对国民经济发展有着基础性、全局性和根本性的影响。衡量其重要性的主要指标主要有农业增加值占一国国内生产总值的比重，以及一国农业部门就业人口占总就业人口的比重。

1.农业增加值占 GDP 的比重

根据世界银行数据统计，在"一带一路"沿线国家中存在一

---

① 胡必亮，马悦.非洲粮食安全与中非农业合作商机研究.中州学刊 [J]，2017，9.

个普遍现象，一国国民收入水平越低，其农业增加值占 GDP 的
比重往往越高。①2014 年，尼泊尔和阿富汗两个低收入国家的农
业增加值占 GDP 比重分别高达 33.81% 和 23.46%；多数中低收
入国家经济中农业占比处于 15% 左右，柬埔寨、缅甸、巴基斯
坦和塔吉克斯坦等国农业占 GDP 比重超过 25%；中高收入国家
中，只有阿尔巴尼亚的农业占 GDP 比重超过 20%，其他国家大
部分农业占比在 10% 以下；高收入国家农业占 GDP 比重基本在
5% 以下。2014 年，"一带一路"沿线有 71% 的国家农业增加值
占 GDP 比重高于世界水平（农业增加值占 GDP 比重为 3.89%），
有 48% 的国家高于中国（农业增加值占 GDP 比重为 9.06%）。可
以说农业在"一带一路"沿线地区经济发展中具有基础性作用。

2.农业就业人口占总就业人口比重

类似的，经济水平越发达、国民收入越高，农业就业人口占
总就业人口的比重就越低。比如，2014 年低收入国家中，尼泊尔
的农业就业人口占比高达 64.4%；中低收入国家中，农业就业人
口占比平均在 30% 左右，老挝、缅甸、柬埔寨和塔吉克斯坦等国
农业就业人口占比超过 40%，而乌克兰、叙利亚和也门等国农业
就业人口占比则不到 20%；中高收入国家中，只有格鲁吉亚、阿
尔巴尼亚、阿塞拜疆和泰国的农业就业人口占比超过 30%，其他
国家大部分农业就业人口占比在 20% 以下；高收入国家中农业就
业人口占比多在 10% 以下。

---

① 吴舒钰.“一带一路”沿线国家的经济发展.经济研究参考 [J]，2017，15.

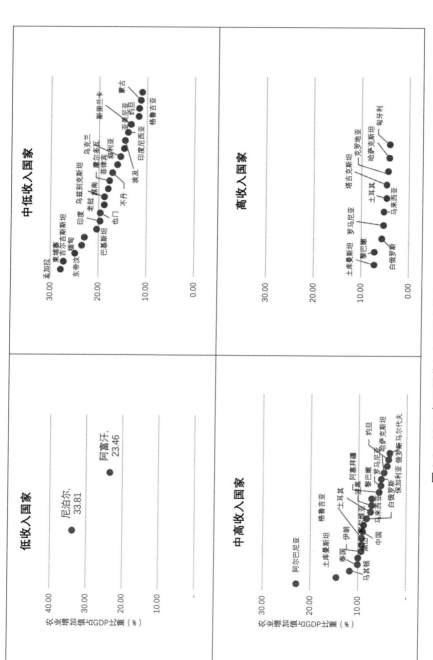

图 1-1　2014年不同收入水平国家的农业占 GDP 比重

数据来源：世界银行 WDI 数据库

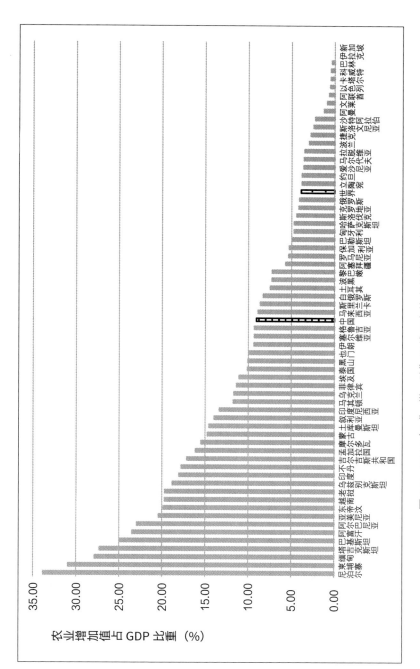

图 1-2 2014 年 "一带一路" 沿线国家的农业增加值占 GDP 比重

数据来源：世界银行 WDI 数据库

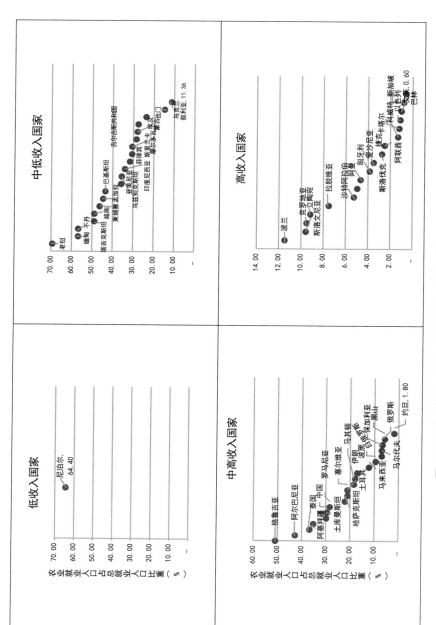

图 1-3　2014 年不同收入水平国家的农业就业人口比重比较

数据来源：世界银行 WDI 数据库

2014 年，中国农业部门就业人口占总就业人数的比重为29.5%，这基本等于世界的平均水平，而"一带一路"沿线有 20个国家高于这一水平，主要集中于东南亚、南亚和中亚地区，依然主要依靠农业部门吸纳劳动力就业。

（二）粮食生产情况

目前国内外对于粮食的界定存在较大差异。考虑到各种粮食品种在世界范围内种植分布的广泛性以及在人们日常生活中的重要程度，同时适当简化分析，这里将粮食界定为谷类、豆类和薯类三大类[①]，其中，谷类又包含稻谷、小麦和玉米三类。可以从收获面积、总产量和单产量三个方面，对"一带一路"沿线国家粮食生产现状进行分析。

1.粮食收获面积

从 2000 年到 2014 年，"一带一路"沿线国家三类主粮收获面积总体上逐渐扩大；从沿线国家收获面积占世界比重来看，谷物、豆类均有增加，而薯类则明显减少。谷物是最主要的收获作物，2014 年沿线国家谷物收获面积为 32620.00 万公顷，占世界谷物收获面积的 45.22%；豆类次之，2014 年收获面积为 4272.06万公顷，占世界豆类收获面积的 50.15%；薯类收获面积最少，2014 年仅为 1324.76 万公顷，占世界薯类收获面积的 21.41%。

从谷物具体种类来看，"一带一路"沿线国家的稻谷收获面

---

① 李先德等."一带一路"背景下中国农业对外合作问题研究 [M].北京：中国农业出版社，2016.

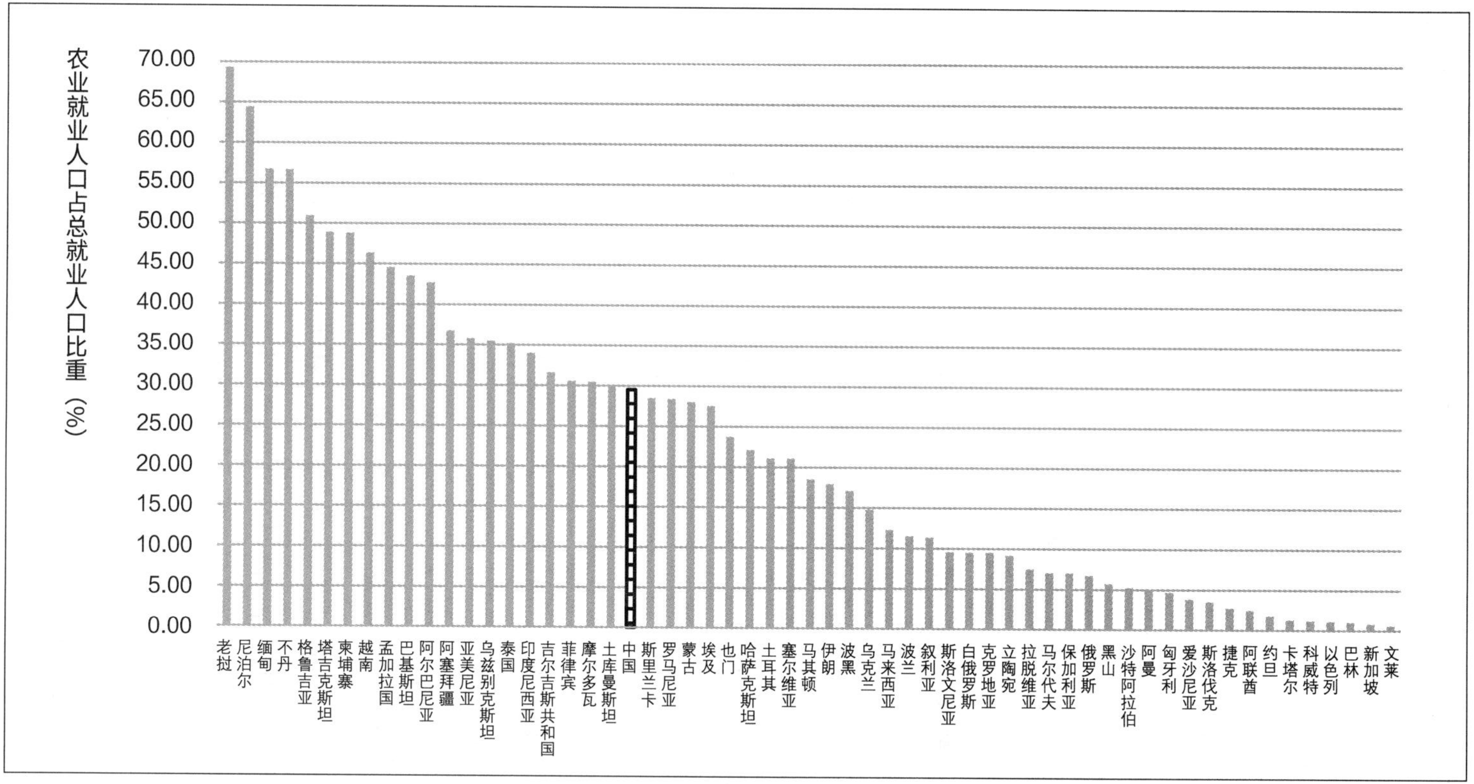

图 1-4 2014 年 "一带一路" 沿线国家农业就业人口占总就业人口比重

数据来源：世界银行 WDI 数据库

积从 2000 年的 10533.02 万公顷增加到 2014 年 11080.63 万公顷，增长了 5.20%。总体而言，"一带一路"沿线国家是世界非常重要的稻谷种植区域，15 年来稻谷收获面积占世界的比重基本在 68% 以上。2014 年，中国稻谷收获面积为 3030.09 万公顷，印度的稻谷收获面积远超中国，达到 4385.50 万公顷，其他如印度尼西亚（1379.73 万公顷）、孟加拉国（1131.95 万公顷）、泰国（1066.49 万公顷）、越南（781.65 万公顷）、缅甸（679.00 万公顷）和菲律宾（473.97 万公顷）等南亚及东南亚国家，稻谷收获面积均位居世界前列。

"一带一路"沿线国家小麦收获面积稳中有增，从 2000 年的 10789.40 万公顷增长到 2014 年的 11984.86 万公顷，平均增长了 11.08%。可以说，"一带一路"沿线国家是世界主要的小麦种植地区，15 年来占世界小麦收获面积的比重也始终保持在 50% 以上。2014 年只有印度的小麦收获面积 3047.00 万公顷超过中国的 2406.94 万公顷，其他如俄罗斯（2390.78 万公顷）、哈萨克斯坦（1192.30 万公顷）、土耳其（782.08 万公顷）、伊朗（730.00 万公顷）和乌克兰（601.06 万公顷）等中亚及东欧国家，小麦收获面积均位居世界前列。

"一带一路"沿线国家的玉米收获面积从 2000 年的 2726.79 万公顷快速增加到 2014 年的 3846.52 万公顷，平均增长了 41.06%。但总体看，"一带一路"沿线国家不是世界最主要的玉米种植地区，玉米收获面积占世界比重在 20% 左右。2014 年中国的玉米收获面积高达 3631.84 万公顷，远高于"一带一路"沿线国家中排名前三位的印度（943.00 万公顷）、乌克兰（482.69 万公顷）和印度尼西亚（382.15 万公顷）。

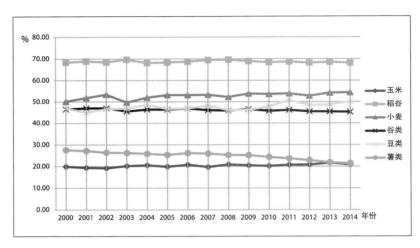

图 1-5 "一带一路"沿线国家主要粮食收获面积占世界粮食收获面积比重

数据来源：联合国粮农组织 FAOSTAT 数据库

2. 粮食总产量

从 2000 年到 2014 年，"一带一路"沿线国家粮食产量总体上逐渐增加，三大类粮食产量占世界的比重均有增加，是世界的豆类和谷物粮食主产区。2014 年沿线国家谷物总产量为 106936.92 万吨，占世界谷物产量的 37.94%；豆类总产量为 3563.11 万吨，占世界豆类产量的 45.99%。

具体来看，"一带一路"沿线国家的稻谷总产量从 2000 年的 34170.87 万吨增加到 2014 年的 44667.50 万吨，增长了 30.72%。总体而言，"一带一路"沿线国家是世界极为重要的稻谷产区，近 10 年来稻谷总产量占世界的比重始终保持在 60% 以上。特别是传统的稻谷主产区如印度（15720.00 万吨）、印度尼西亚（7084.65 万吨）、孟加拉国（5232.56 万吨）、越南（4497.42 万吨）、泰国（3262.02 万吨）、缅甸（2642.33 万吨）和菲律宾（1896.78 万吨）

均位居世界前列。

"一带一路"沿线国家的小麦总产量从 2000 年的 23171.75 万吨增加到 2014 年的 33149.21 万吨，增长了 43.06%。"一带一路"沿线国家是世界较为重要的小麦产区，近 10 年来小麦总产量占世界的比重均在 45% 左右。沿线小麦主产区如印度（9585.00 万吨）、俄罗斯（5971.14 万吨）、巴基斯坦（2597.94 万吨）、乌克兰（2411.40 万吨）、土耳其（1900.00 万吨）、哈萨克斯坦（1299.69 万吨）和波兰（1162.87 万吨）均位居世界前列。

"一带一路"沿线国家的玉米产量从 2000 年的 6936.69 万吨增加到 2014 年的 17786.67 万吨，增长了 1.56 倍。不过总体而言，"一带一路"沿线国家不是世界主要的玉米产区，玉米产量占世界的比重不足 20%。玉米产量较低的国家主要分布于西亚中东一带，如阿曼、约旦、黎巴嫩、阿联酋和卡塔尔，年均玉米产量不足 1 万吨。

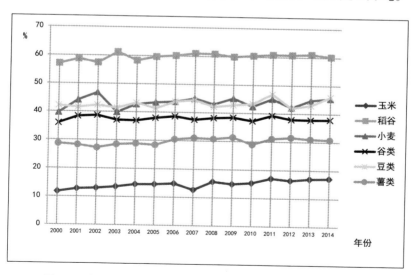

图 1-6 "一带一路"沿线国家粮食产量占世界粮食产量的比重

数据来源：联合国粮农组织 FAOSTAT 数据库

3.粮食单产量

扩大种植面积和提高粮食单产，是提高粮食总产量的两个主要途径。1961—2012 年，世界耕地面积增加了 11921.95 万公顷，但主要来自热带地区森林的砍伐。而实际上这些新开垦耕地对粮食总产量增加的贡献较小，但却带来了严重的生态环境问题。因此，未来粮食产量增加将主要依靠单产的进一步提高。

2014 年，中国的谷物单产量 5.89 吨 / 公顷，"一带一路"沿线只有阿联酋、科威特、埃及、斯洛文尼亚、斯洛伐克、克罗地亚、塞尔维亚、匈牙利 8 个国家超过中国，越南、印度尼西亚、保加利亚、乌克兰、老挝、孟加拉国、波兰等 22 个国家超过世界谷物单产量 3.91 吨 / 公顷。绝大多数沿线国家的谷物生产效率没有中国高，与中国在提高谷物单产量方面还有很大合作空间。

具体来看，中国的稻谷、小麦单产量处于相对较高水平。2014 年"一带一路"沿线只有埃及、乌兹别克斯坦、土耳其和塔吉克斯坦 4 个国家高于中国的稻谷单产量（6.82 吨 / 公顷），马其顿、越南、俄罗斯、印度尼西亚、乌克兰和保加利亚等 13 个国家超过世界稻谷单产量（4.56 吨 / 公顷），甚至南亚和东南亚地区许多传统稻谷生产大国，其稻谷生产效率都不及中国。2014 年只有埃及（6.51 吨 / 公顷）和斯洛伐克（5.46 吨 / 公顷）超过中国的小麦单产量（5.24 吨 / 公顷），剩下的国家和中国都存在较大距离。2014 年有卡塔尔、以色列、科威特、阿联酋、约旦、塔吉克斯坦、乌兹别克斯坦等 26 个国家超过中国的玉米单产量（5.81吨 / 公顷），匈牙利、埃及、保加利亚、塞尔维亚、伊朗、亚美尼亚、孟加拉国等 27 个国家超过世界玉米单产量（5.62 吨 / 公顷），可以看出近年来"一带一路"沿线国家玉米单产量提升显著。

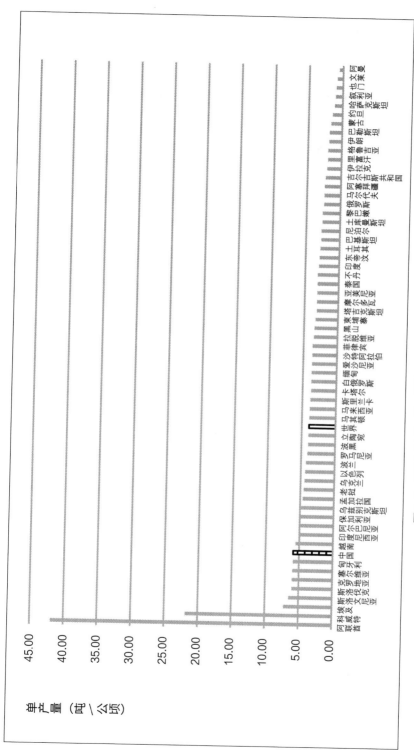

图 1-7　2014 年 "一带一路" 沿线国家谷物粮食单产量

数据来源：联合国粮农组织 FAOSTAT 数据库

在目前中国豆类及豆制品严重依赖进口的情况下，和"一带一路"沿线国家加强豆类作物生产技术交流尤为重要。2014年，巴林、以色列、塔吉克斯坦、乌兹别克斯坦、埃及、沙特阿拉伯、白俄罗斯等24个国家超过中国的豆类单产量（1.72吨/公顷），有49个国家超过世界豆类单产量（0.91吨/公顷），这些豆类种植地区的单产量均较高。

沿线国家薯类粮食生产效率高，具有向世界推广的优势。2014年，科威特、巴勒斯坦、以色列、土耳其、约旦、乌兹别克斯坦、伊朗等27个国家超过中国的薯类单产量（18.42吨/公顷），平均已达到30吨/公顷；哈萨克斯坦、爱沙尼亚、巴基斯坦、乌克兰、罗马尼亚、立陶宛和叙利亚43个国家超过世界薯类单产量（13.66吨/公顷）。

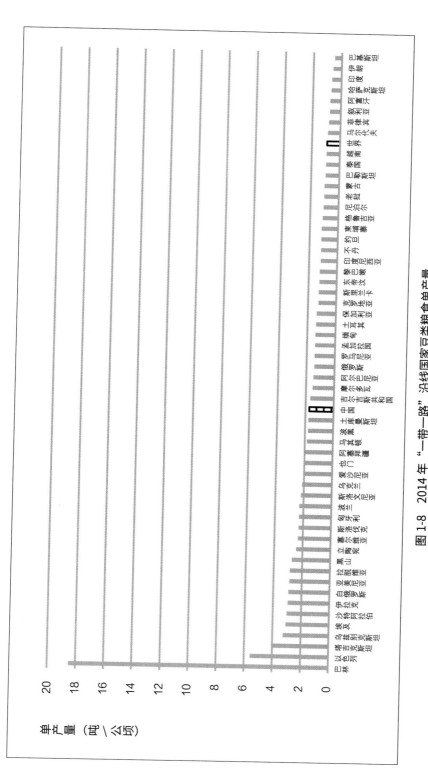

图 1-8 2014 年 "一带一路" 沿线国家豆类粮食单产量

数据来源：联合国粮农组织 FAOSTAT 数据库

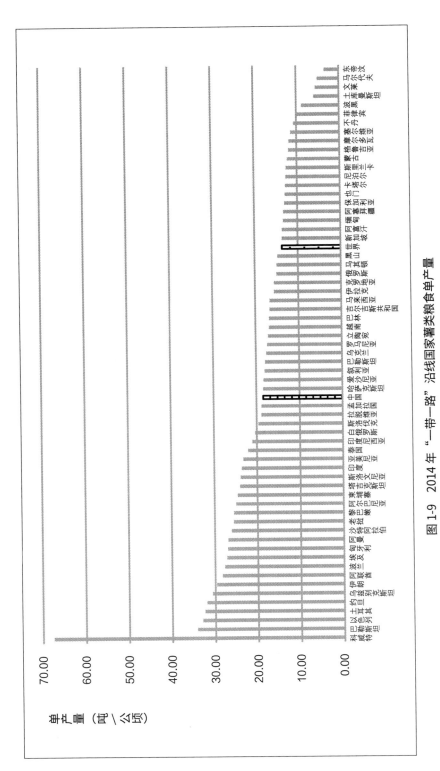

图 1-9　2014 年 "一带一路" 沿线国家薯类粮食单产量

数据来源：联合国粮农组织 FAOSTAT 数据库

二、"一带一路"沿线国家的粮食安全问题

"粮食主权"是衡量一个国家通过各种方式提供人们需要的粮食能力的指标，这包括国内生产和粮食进口的能力。如果一个国家不能够生产其所需要的粮食或者其人口准备购买的粮食，并且也没有进口粮食所需要的硬通货，则这个国家就没有粮食主权。[①]"一带一路"沿线国家自然资源禀赋相差较大，面临的粮食安全问题复杂，主要体现在口粮自给率较低和膳食结构失衡导致的营养不良两方面。

（一）粮食自给率较低

主粮供应不足在"一带一路"沿线国家是广泛存在的，薯类、豆类对进口的依赖更为明显。以 2013 年为例，当年"一带一路"沿线国家谷物总产量为 104562.70 万吨，进口谷物总量为 13854.00 万吨，进口谷物占谷物总产量的 13.25%；对比各国的谷物进出口量，2013 年有 39 个国家处于谷物贸易逆差，其中沙特阿拉伯、埃及、中国、伊朗和印度尼西亚的谷物贸易逆差高达 1000 万吨以上。当年"一带一路"沿线国家豆类粮食总产量为 3334.61 万吨，进口豆类总量为 877.72 万吨，进口豆类占豆类总产量的 26.32%；有 42 个国家处于贸易逆差，埃及、阿联酋、沙特阿拉伯、斯里兰卡、土耳其和

---

① 侯利民.“一带一路”倡议下我国粮食安全战略及实现路径.惠州学院学报[J]，2017，1.

中国的豆类贸易逆差已达 20 万吨以上。当年"一带一路"沿线国家薯类粮食总产量为 25366.83 万吨，进口薯类总量为 8865.43 万吨，进口薯类占薯类总产量的 34.95%；对比各国的薯类进出口量，2013 年有 32 个国家处于贸易逆差，其中马来西亚、新加坡、泰国和菲律宾等东南亚国家薯类贸易逆差达到 1000 万吨以上。

（二）营养不良现象加剧

根据世界粮农组织 2017 年的报告，2016 年世界上 5 岁以下儿童的消瘦率为 7.7%（5170 万），而在"一带一路"沿线地区中，南亚的儿童消瘦比例高达 15.4%，东南亚的儿童消瘦比例为 8.9%，均高于世界水平。[1]

联合国粮农组织（FAO）、世界卫生组织（WHO）及联合国大学（UNU）联合于 2001 年发布了关于人类能量需求的调查报告，详细提出了不同性别以及各年龄段的人的能量需求估计值，譬如，标准身材（BMI18.5–25.0）的成年男子每天能量需求在 3047Kcal 左右。[2] 基于此能量需求标准计算出的"一带一路"沿线国家能量短缺情况显示，2015 年"一带一路"沿线国家平均能量缺乏程度为 59Kcal/ 人·天，有 1/4 的国家能量缺乏程度高于世界水平（77Kcal/ 人·天），问题最严重的前三位国家分别是伊拉克（235 Kcal/ 人·天）、塔吉克斯坦（227 Kcal/ 人·天）和也门（201 Kcal/ 人·天）。中东欧及波罗的海沿岸等较发达经济

---

[1] The state of food insecurity and nutrition in the world 2017. "How close are we to ZeroHunger?". http://www.fao.org/state-of-food-security-nutrition/zh/.

[2] 胡必亮，马悦.非洲粮食安全与中非农业合作商机研究.中州学刊[J]，2017，9.

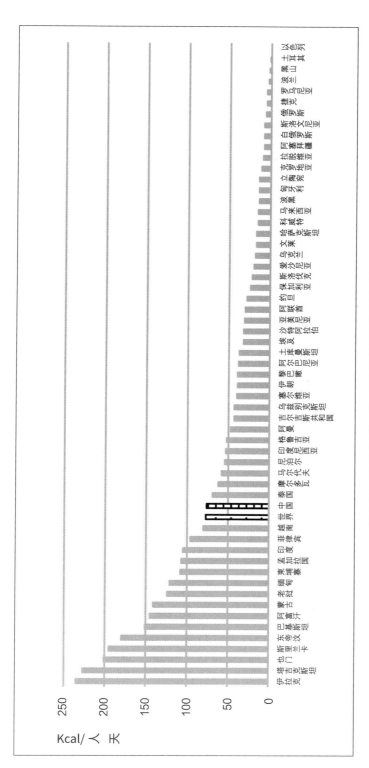

图 1-10　2015 年 "一带一路" 沿线国家能量缺乏程度

数据来源：联合国粮农组织 FAOSTAT 数据库

体情况较好，波兰、罗马尼亚、捷克、俄罗斯、拉脱维亚、斯洛文尼亚等国家能量缺乏均在 10 Kcal/ 人·天以下。

"一带一路"沿线还存在膳食结构失衡问题。"一带一路"沿线地区是世界水稻和小麦的主产区，因此膳食结构以植物性食物为主，植物性食物占总蛋白质摄入量相对较高，其基本特点表现为优质蛋白在膳食结构中所占比例较低，膳食的营养质量较差，营养不良发生率较高。2015 年，"一带一路"沿线国家中营养不良人口比重最高的几个国家分别是塔吉克斯坦（30.1%）、也门（20.8%）、伊拉克（27.8%）、东帝汶（26.9%）和阿富汗（23.3%），是世界营养不良人口比重 10.7% 的两倍以上。从 2000 年到 2015 年的 15 年间，世界营养不良人口总数从 9.24 亿人下降到 7.92 亿人，减少了 14.29%；中国更是从 2.13 亿人下降到 1.35 亿人，减少了 37.08%。而在沿线一些冲突和自然灾害频发的地区，粮食不安全和营养不良情况则愈发严峻，到 2015 年"一带一路"沿线国家中营养不良人口数高于 1000 万的仍有印度、中国、巴基斯坦、孟加拉国、印度尼西亚、菲律宾、伊拉克 7 个国家，主要分布在南亚、东南亚和中东地区。

粮食产量不足与儿童超重、成人肥胖问题往往是并存的。除了倾向供应和购买方便的高脂肪、高糖、高盐等深加工食品的高收入和中高收入国家，最近亚洲很多地方的肥胖率也快速上升。根据世界粮农组织 2017 年的报告，2005 年到 2016 年亚洲的 5 岁以下儿童超重率从 4.4% 上升到 5.5%，2014 年亚洲成人肥胖率为 7%（世界同期为 13%）。[1] 可见，"一带一路"沿线很多低收入和

---

[1] The state of food insecurity and nutrition in the world 2017. "How close are we to ZeroHunger?". http://www.fao.org/state-of-food-security-nutrition/zh/.

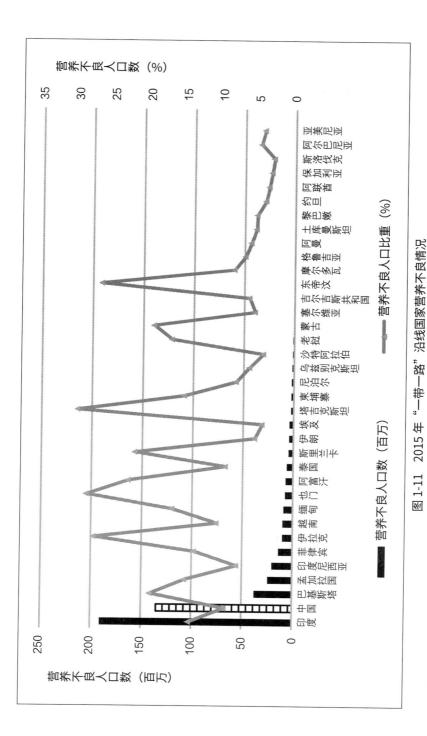

图 1-11 2015 年 "一带一路" 沿线国家营养不良情况

数据来源：联合国粮农组织 FAOSTAT 数据库

中等收入国家既有较高的营养不足发生率，也同时面临不断加重的超重和肥胖等问题。这也是粮食供应不足的一个结果，当食物资源短缺时，无力购买价格较高的健康食品，人们往往会选择食用可能导致超重和肥胖的低成本、不健康的食品。

三、"一带一路"沿线国家粮食安全问题产生的原因

"一带一路"沿线国家自然资源禀赋相差较大，引起粮食安全问题的原因错综复杂。中亚国家近些年来耕地资源闲置情况极为突出，农业机械化普及率较低，仍以粗放型经营为主，此外，水资源短缺和地表水分布不均也对种植业发展形成了严重的束缚。[①]西亚中东国家的农业生产则受到灌溉水资源稀缺、耕地荒漠化以及相关公共政策缺失等制约，粮食产量日趋下滑，与此同时，受剧烈的军事冲突和低效的社会管理政策等影响，粮食短缺日益严峻。粮食危机与高失业率、贫富差距过大、高通胀等经济痼疾加剧了这些地区的社会动荡，进一步转化为严重的社会危机。

（一）地区政治冲突频发

过去 10 年，世界上的暴力冲突不断发生，部分地区的粮食安全形势急剧恶化。一方面，受冲突影响的国家通常多数人口

---

① 王博，朱玉春.中国与"丝绸之路经济带"沿线国家农业合作前景分析.中国流通经济 [J]，2017，11.

生活在农村，地区冲突对农业和粮食系统从生产、收获、加工、运输到投入物供应、融资和销售的每个环节都产生负面影响。另一方面，近年来受到干旱、洪水等自然灾害多发的影响，在一些农业基础薄弱的国家，粮食匮乏造成粮价暴涨，而许多穷国政府一直采取紧缩性财政政策，埃及等国甚至在大规模社会动荡爆发前夕还在削减食品补贴，粮食不安全问题进一步恶化了当地局势。

例如在伊拉克，冲突前的 Nineveh（尼尼微）和 Salahadin（萨拉赫丁）地区生产的小麦约占全国小麦年产量近33%，大麦年产量占全国38%。2016 年 2 月 FAO 的一次评估发现，Salahadin 地区 70%—80% 的玉米、小麦和大麦生产已遭到破坏或摧毁，而 Nineveh 地区通常用于小麦生产的土地已有 32%—68% 遭到破坏或摧毁，用于大麦生产的土地有 43%—57% 被破坏或摧毁。①

（二）人地矛盾加剧，人均耕地资源短缺

耕地是实现国家粮食安全的基础和保证，近年来随着人口快速增长，人地矛盾问题十分突出，并引发世界粮食安全危机。世界粮农组织早在 1983 年就曾指出，粮食安全的目标是"确保所有人在任何时候既能买得到又能买得起所需要的基本食品"，因此保障粮食安全的关键是满足持续增长的人口对粮食的需求，而提高耕地的粮食生产能力是确保粮食安全的重要任务，提高耕地数量和质量是强化粮食生产能力的基本前提。②

---

① The state of food insecurity and nutrition in the world 2017. "How close are we to ZeroHunger？". http://www. fao. org/state-of-food-security-nutrition/zh/.

② 刘清杰."一带一路"沿线国家资源分析.经济研究参考 [J]，2017，15.

　　"一带一路"沿线国家耕地总面积从 1992 年至 2014 年呈现波动下降态势，从 7.2 亿公顷下降到 6.8 亿公顷左右。而同期总人口则快速上升，从近 35 亿增长至超过 45 亿，增速达到 30.24%。可以说，"一带一路"沿线国家的人地矛盾越来越严峻。

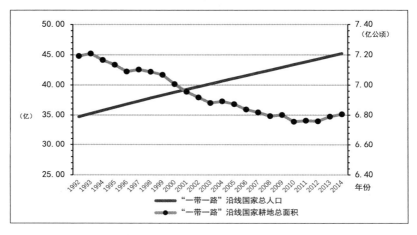

图 1-12　"一带一路"沿线国家人口与耕地变化趋势

数据来源：联合国粮农组织 FAOSTAT 数据库

　　从保障粮食安全的角度看，和世界其他主要区域比较，"一带一路"沿线地区耕地开发程度不错。"一带一路"沿线国家可耕地面积占土地面积的比重仅低于南亚和欧盟两个区域，平均水平达到 12.30%。但是，由于人口基数过大，"一带一路"沿线国家的人均耕地面积仅为 0.15 公顷，是世界人均耕地面积的 3/4 左右，人地关系较为紧张。人均耕地面积不足使得农业生产大部分建立在小规模家庭经营基础上，与规模化经营的大农场相比，这种生产经营方式的粮食产出的经济效率较低。

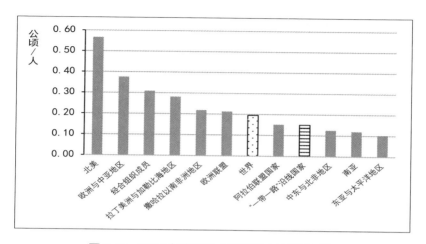

图 1-13　2014 年世界各主要区域人均耕地面积

数据来源：联合国粮农组织 FAOSTAT 数据库

　　从"一带一路"沿线国家来看，印度、中国、俄罗斯、乌克兰、哈萨克斯坦和印度尼西亚等国土面积庞大的亚洲国家，其耕地总面积与谷物耕地总面积都在前十位之列。但印度和中国由于人口基数较大，人均耕地面积排名相对靠后，远低于哈萨克斯坦、俄罗斯、乌克兰和立陶宛等中亚东欧国家。阿联酋、科威特、卡塔尔、文莱、马尔代夫和新加坡等国土资源较为匮乏、传统农业不发达的国家耕地总面积、谷物耕地面积排名均为倒数，人均耕地面积也远低于"一带一路"沿线国家平均水平。

（三）粗放式经营，生产要素投入不足

　　2014 年"一带一路"沿线国家谷物单产量仅为 3460 千克/公顷，低于世界平均水平 3907.03 千克/公顷，与北美（6867.03 千克/公顷）、欧盟（5734.17 千克/公顷）和经合组织（5588.53 千克/公顷）

等世界其他地区相比，更是有较大差距。哈萨克斯坦、吉尔吉斯共和国和蒙古等国家，耕地总面积丰富，但是近些年来耕地资源闲置情况比较突出。① 哈萨克斯坦人均谷物耕地面积高达 0.84 公顷，但是谷物单位面积产量却仅有 1.17 吨 / 公顷，粮食生产效率低下。

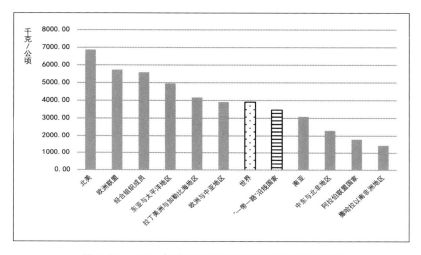

图 1-14　2014 年世界各主要区域谷物单产量情况

数据来源：联合国粮农组织 FAOSTAT 数据库

提高土地粮食产出效率的一个十分重要的措施是要加强植物保护和病虫草害防治，因此需要适量合理地使用化肥农药。根据有关专家的测算，中国每公顷增施 1 千克肥料，粮食产量将增加 3.07 千克，而中亚国家每公顷增施 1 千克肥料，粮食产量将增加 14.83 千克，故中亚国家肥料对粮食单产提升的效率

---

① 李富佳，董锁成等 ."一带一路"农业战略格局及对策 . 中国科学院院刊 [J]，2016，6.

要远高于中国。[①] 根据世界银行 WDI 数据库测算，2014 年 "一带一路" 沿线约有 53% 的国家化肥施用量超过世界平均水平（138.04 千克 / 公顷），有 6.9% 的国家超过中国的化肥施用量水平（565.25 千克 / 公顷）。哈萨克斯坦（3.39 千克 / 公顷）、俄罗斯（5.39 千克 / 公顷）等国家的化肥投入量非常低，粮食产出效率提升的空间很大，不仅可以减少本国粮食进口，还可以考虑向中国等其他国家出口。

全球近 2/3 的稻谷和小麦都产自于灌溉土地，因此灌溉被认为是影响粮食产量乃至农业发展的主要因素。中国水利部 20 世纪 80 年代的一项调查表明，有灌溉条件下的农作物产量是自然条件下农作物产量的 1—2 倍，而且越是在干旱地区，灌溉所产生的增产效应就越高。[②] 根据世界银行 WDI 数据库测算，2014 年 "一带一路" 沿线国家农业用水占淡水抽取量的 79.73%，远高于欧盟、北美和经合组织等发达地区，也高于中国的 64.53% 和世界的 69.86%。但是，由于农田水利设施和机械老旧严重，"一带一路" 沿线国家农民长期采用传统的大水漫灌法，大部分灌溉系统耗水量远远超过需要，加上蒸发和渗漏，农业灌溉用水通常要损失一半，造成土地盐碱化和涝浸，产量下降。

---

① 陈果果，陈俭.中国与中亚五国肥料产业合作潜力分析.时代经贸 [J]，2015，22.

② 胡必亮，马悦.非洲粮食安全与中非农业合作商机研究.中州学刊 [J]，2017，9.

四、中国与"一带一路"沿线国家开展粮食合作的机遇

总的来看，"一带一路"沿线许多国家由于资金匮乏、化肥农药和水利设施等要素投入不足，粮食产出效率低下，土地闲置率高。而中国目前拥有一大批在资金、技术、人才、管理、品牌等方面具备较强优势的农业企业集团，由于国内土地资源较为有限，市场趋于饱和，需要大力开拓国外农业投资市场。一方面，可以支持中国企业在风险较小的国家租赁或购买闲置土地，建立海外农产品生产基地，开辟新的粮食进口来源地。[①] 另一方面，可以通过海外投资形式推动我国的基础设施、农业机械及化肥农药等生产要素输出，支持沿线国家提高粮食生产能力和效率。

（一）完善农业"走出去"政策，建立海外农业园区

制度保障是合作的基础，当前"一带一路"沿线国家的营商环境复杂，许多国家对中国企业抱有怀疑甚至抵触态度，因此首先要通过完善农业合作制度体系，建立有东道国企业参与甚至主导的粮食产业战略联盟，为中国企业海外投资保驾护航。在重点国家增设驻外使领馆农业人员力量，配备农业参赞或农业秘书，积极跟踪该国农情动态和营商环境。

在当地租赁或购买土地，建设农业产业国际合作示范区作为

---

① 徐振伟，文佳筠."海上丝绸之路"战略下的粮食合作建议. 新产经 [J]，2016，10.

中国与"一带一路"沿线国家进行农业合作的试验田。在具体操作层面可以考虑建设自由贸易区、高科技绿色农业产业园。自由贸易区可以促进双方优势农产品的快速交易，提高农产品的通关效率。高科技绿色农业产业园建设则可以集中中国基础设施建设的优势资金、核心技术和高新人才，给予土地和财税政策支持，在合作国家建设一批具有示范、辐射和带动效应的高科技农业产业园区，引领双方在农业领域深化合作。

（二）加强企业国际合作，推动要素自由流动

鼓励双方开展广泛的农业科技合作，完善沿线农业基础设施。在农作物遗传育种、粮食规模化生产、栽培灌溉技术、病虫害防治、农产品储藏与加工技术等方面开展广泛合作。"一带一路"沿线多属发展中国家，公路、铁路、港口以及农田水利设施比较落后。"一带一路"农业合作为粮食现代物流提供优良的基础设施，有助于形成连接亚非欧的交通运输网络，为降低粮食物流成本创造条件，也为打造跨国型农业企业和国际粮商提供了基础。[①]

---

① 赵予新."一带一路"框架下中国参与区域粮食合作的机遇与对策.农业经济 [J]，2016，1.

"一带一路"沿线国家制造业与工业化发展报告

    工业化是推动人类文明发展的重要动力和源泉，在人类发展的历史长河中有着不可磨灭的作用。这一进程已经进行了 200 多年并将持续进行下去。工业化起步于 18 世纪中后期英国第一次工业革命，以瓦特发明蒸汽机及其在工业中的使用为标志，进而法国、美国、德国、日本等资本主义国家相继开始了自己的工业革命。资本和财富开始呈爆发式增长，一个世纪的时间里创造的财富比过去几千年人类创造的财富总和还要多，启动工业革命的国家人民生活水平也有了显著的改善。以英国为例，英国人均 GDP 从 1780 年的大约 1200 美元上升到 1890 年的 3300 美元（以 1985 年价格折算），几乎增加 3 倍。[①] 进入 20 世纪后，电灯普遍应用，发电站大量建立，电力成为新世纪推动工业发展的主要动力，不仅效率高，而且价格便宜。在以使用电力为特征的第二次工业革命中，美国超过德国和英国，成为全球经济的领导者。从 20 世纪四五十年代开始的第三次科技革命，以原子能技术、航天技术、

---

① 马德里克，乔红涛译 . 经济为什么增长 [M]. 中信出版社，2003.

电子计算机技术的应用为代表，还包括人工合成材料、分子生物学和遗传工程等高新技术。这次科技革命被称为"第三次科技革命"。[①] 第三次科技革命不仅极大地推动了人类社会经济、政治、文化领域的变革，而且也影响了人类生活方式和思维方式，随着科技的不断进步，人类的衣、食、住、行、用等日常生活的各个方面都发生了重大转变。

20 世纪 90 年代兴起的信息化技术在推进国家工业化和经济增长中所起的作用越来越大，给处于新时期的各国工业化发展带来了许多新的机会与挑战。经过 18 世纪和 19 世纪的工业革命和工业化后，西方主要发达国家和亚洲部分国家和地区在 20 世纪已经走在了工业化的前列，20 世纪的工业化和 21 世纪的工业化主要是发展中国家的工业化问题。[②]

工业化的发展问题一直深受国内外专家学者的关注。库兹涅茨在对现代经济增长的长期研究中发现，在发达国家的经济增长进程中，经济资源从农业部门向工业部门转移的趋势非常明显：农业部门的生产份额显著下降，从最初较高的比重不断降到 10% 以下；工业部门份额快速、显著上升，从最初非常低的水平不断上升到 50% 左右；服务部门的份额表现出不断缓慢上升的趋势。与此同时，农业部门劳动力占社会总劳动力比重急速下降，从 50%—60% 以上水平下降到 20 世纪 60 年代初的 10%—20% 的水平；工业部门劳动力份额则从较低水平上升到超过 40%；服务

---

① 人民教育出版社历史室 . 世界近代现代史 [M]. 人民教育出版社，2006. 第二版，第 106 页 .

② 胡必亮 . 工业化与新农村 [M]. 重庆出版社，2010.

部门份额更是显著上升，抵消了农业部门增加值下降的大部分。[①]
在借鉴了库兹涅茨研究思路的基础上，钱纳里、鲁滨逊、赛尔奎因等将经济增长研究扩展到发展中国家，尽管不同规模的国家在经济发展过程中表现出许多差异性，但都具备以下三方面的共同特征：一是经济发展过程中的结构转变涉及农业、工业、人口、城市化等多方面，但其中主要问题是工业化问题；二是第一产业（农业和采矿业）在国民生产总值中的比重会出现显著降低；三是在典型的发展中国家，制造业的增长比 GDP 增长得更快。[②] 中国著名经济学家、发展经济学奠基人张培刚先生将工业化看成是"国民经济中一系列基要生产函数，或生产要素组合方式，连续由低级到高级的突破性变化的过程"[③]。按照他的标准，一个农业国家或欠发达国家，只有当农业生产总值占全国的比重，由原来的 2/3 甚至 3/4 以上，降低到 1/3 甚至 1/4 以下，同时农业劳动者占劳动力的比重，也由原来的 2/3 甚至 3/4 以上，降低到 1/3 甚至 1/4 以下，这个国家才算实现了工业化，成为"工业化了的国家"，并且他特别强调，"只有当这两方面的比重或比例数字都降低到此种程度，才算达到了工业化的标准，二者缺一不可"。

根据以上简要综述，可以发现，工业化的基本特征主要表现为工业特别是制造业所创造的生产值在国内生产总值中所占比重，以及相应的工业和制造业部门所吸收的劳动力在社会总劳动力中所占比重不断上升，同时农业生产值和农业劳动力所占比重不断下降。

"一带一路"沿线国家大多为发展中国家，经济结构和产业

① 西蒙.库兹涅茨.各国的经济增长 [M].北京：商务印书馆，1985.
② H.钱纳里.工业化和经济增长的比较研究 [M].上海三联书店，1989.
③ 张培刚.农业与工业化 [M].中信出版社，2012.

结构正处于深刻的变革之中，整个地区的经济发展很不均衡。根据 2015 年数据，"一带一路"沿线国家中的高收入国家共有 18 个，人均 GDP 平均为 25765 美元；中高收入国家 22 个，人均 GDP 平均为 6560 美元；中低收入国家 23 个，人均 GDP 平均为 2186 美元；低收入国 2 个（阿富汗、尼泊尔），人均 GDP 平均只有 661 美元。高收入国家人均 GDP 平均水平是低收入国家人均 GDP 平均水平的 39 倍。不同收入水平、不同类型国家经济发展和工业化模式表现出非常明显的差异性，其所处的工业化阶段也存在着差异性。虽然部分发达国家正在经历"去工业化"（也有文献称之为"逆工业化"），其工业特别是制造业所创造的增加值在国内生产总值中所占比重上升到一定程度后又开始出现下降，而服务业的比重不断上升，但工业化问题仍是以发展中国家为主的"一带一路"国家所普遍面临的重要问题。

一、 "一带一路"沿线国家制造业发展

制造业是国民经济的支柱产业，是国家创造力、竞争力和综合国力的重要体现。它不仅为现代工业社会提供物质基础，为信息与知识社会提供先进装备和技术平台，还是目前世界产业转移和调整的承接主体，决定着一个国家在经济全球化格局中的国际分工地位。

金融危机以后，制造业再次成为各国竞争的焦点。一方面，一些欧美发达工业化国家在总结和反思金融危机的教训后纷纷实施"再工业化"和"制造业回归"战略，大力发展先进制造业，部分

高端制造业出现"逆转移",给发展中国家制造业在技术进步与产品出口等方面带来新挑战,制造业部门向价值链高端提升的难度加大。另一方面,印度、越南等一批东南亚工业化水平较低的发展中国家开始以更低的成本优势加速推进工业化。德勤发布的《2016全球制造业竞争力指数报告》也指出:制造业将持续影响全球经济。

全球制造业增加值强劲攀升,在2016年达到了12.32万亿美元(以2010年不变价计算),其近10年的年均增长率为2.2%,高于同期全球GDP的增长率1.9%。工业化国家[①]在世界制造业增加值中所占比重最高,然而,该比重呈现出逐年递减的趋势。与之形成鲜明对比的是,"一带一路"国家制造业增加值占世界的比重逐年递增,从1990年的17.8%增长到2016年的41.6%,与工业化国家的差距越来越小,总的来说表现出明显的"后发优势"(图2-1)。

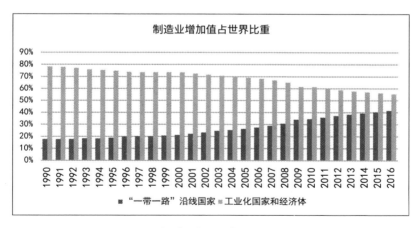

图2-1　1990—2016年"一带一路"沿线国家制造业增长强劲

数据来源:联合国工业发展组织(UNIDO)

---

① 发展水平分类参照附表2-1.

（一）"一带一路"沿线国家制造业发展的全球对比

制造业在长期经济转型中发挥着重要作用。在发展的初级阶段，制造业创造了许多正式的生产性就业机会。此外，制造业还创造了保持该部门和其他部门生产率增长所需的技术开发与创新。在发展的不同阶段，制造业对就业、工资、技术升级的影响各不相同。其原因在于，制造业带来经济结构转型，通常从劳动密集型产业转变成资本密集型产业和技术密集型产业。制造业产业内也会产生产品和生产流程变革，同时增加资本和技术的应用。

制造业增加值占 GDP 的比重是衡量工业化水平的重要指标，它能反映一个国家的综合实力和竞争力。一般来说，一国制造业增加值占 GDP 比例呈倒 U 形结构，人均 GDP 在 6300 美元上下，制造业增加值占 GDP 比例达到 30%—40% 的峰值水平，随着人均 GDP 持续上升，制造业的产值开始向服务业转移，该比例开始下降，直到保持在 15% 左右。

图 2-2 对全球不同类型经济体的制造业发展状况进行了对比。可以看出，"一带一路"国家制造业增加值占 GDP 的比重遥遥领先，不论是绝对量，还是增长率，都大大高于世界平均水平，并且此趋势还将保持下去。1990 年"一带一路"国家制造业增加值占 GDP 的比例为 15.87%，到 2016 年这一数字达到了 22.85%，大于同期世界平均水平的 16.16%，表明在全球其他地区制造业发展势头减弱的大背景下，"一带一路"国家工业化发展势头强劲，代表了全球发展的新动力。在 2008 年全球金融危机的影响下，全球制造业受到冲击，制造业增加值占 GDP 的比例在 2009 年出现

明显下滑，然而，"一带一路"国家该比例非但没有下降还略微有所上升。这一方面说明"一带一路"国家相对欠发达，受全球经济危机的冲击较小；另一方面也反映了"一带一路"国家制造业发展的重心地位以及强劲态势。

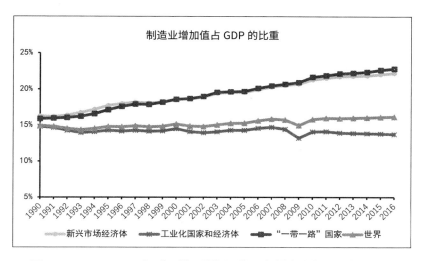

图 2-2　1990—2016 年"一带一路"沿线国家制造业发展的全球对比

数据来源：联合国工业发展组织（UNIDO）

在过去的数十年里，全球制造业已从西方转移向东方，从北方转移向南方。从图 2-2 中也可以看出，工业化国家的制造业增加值占 GDP 的比例相对稳定，且一直维持在较低水平。这也是符合经济发展理论的，20 世纪 60 年代开始，工业化国家相继开始去工业化，在 20 世纪末基本完成了工业化转型，并建立了服务业方面的优势地位。与工业化国家不同，新兴市场经济体① 处于经济结构转型的较高级阶段，发展态势较好。自 21 世纪初，制造

① 　关于新兴市场经济体，并没有一个准确的定义。本文采用联合国工业发展组织的分类标准，具体可参见本书第 59 页．

业增加值的快速增长已成为很多发展中国家和新兴工业经济体通过创造就业和创收实现减贫的主要动力来源。未来数十年，这些经济体在制造业增长和技术进步方面仍然拥有相当的能力。[①]图 2-2 显示出"一带一路"国家的制造业发展态势与新兴市场经济体表现出了相当大的重合，并在 2001 年超越了新兴市场国家，以微弱的领先优势保持下来。由此可见，"一带一路"国家可以继续依靠发展态势良好的制造业改进生产结构以及改善收入分配，融入全球价值链中，赢得国际竞争中的有利地位。

（二）"一带一路"沿线国家制造业发展的区域内比较

作为一个整体，"一带一路"国家的制造业增加值占 GDP 的比重领先于世界水平，但区域内的发展极度不平衡。中国作为区域内最大的国家，其 20 多年来制造业增加值占 GDP 的比重遥遥领先于其他国家，这也是中国数十年来工业化快速推进，成为制造大国的重要表现。东南亚地区国家制造业发展仅次于中国，东南亚国家推进出口导向型的发展方式，以成本优势大力发展制造业，使之成为全球价值链中的一只重要力量。其制造业增加值占 GDP 比重总体呈上升趋势，但在 2008 年金融危机之后，东南亚国家制造业发展遭受到一定冲击，目前仍处于缓慢恢复阶段。

[①]　United Nations Industrial Development Organization, 2015. Industrial Development Report 2016. The Role of Technology and Innovation in Inclusive and Sustainable Industrial Development. Vienna.

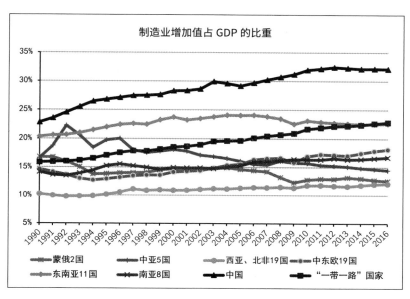

图 2-3 1990—2016 年"一带一路"沿线国家制造业发展的区域内对比

数据来源：联合国工业发展组织（UNIDO）

中亚地区、蒙古和俄罗斯工业化处于调整阶段。20 世纪 90 年代初期，该地区制造业增加值占 GDP 的比重稳步提升且增长速度较快，领先于除中国以外的其他地区；然而，从 90 年代中期开始，制造业开始出现稳步下降，且下降趋势还在继续。1991 年苏联解体后，中亚五国分别独立，成立主权国家。但是仍与俄罗斯保持着密切联系，截至 2013 年，除了土库曼斯坦之外 4 个国家均为独联体（CIS）的成员。受苏联解体的影响，中亚五国需要独立发展自己的经济，经济结构和资源的重新配置导致了其制造业所占份额的下降。蒙俄两国的情况类似，制造业占 GDP 的比重显现出下降趋势，蒙古工业化水平本就不高，而俄罗斯虽然继承了苏联的工业体系，但在内部转型、外部压力下进入了去工业化进程，其制造业比重下降。

中东欧国家的制造业增加值占 GDP 的比重一直稳步上升。探究其原因，是因为中东欧整体的发展水平走在"一带一路"国家的前列，不论是收入水平，还是工业化水平。根据联合国工业发展组织（UNIDO）的分类标准[①]，中东欧 19 国中捷克、爱沙尼亚、匈牙利、立陶宛、斯洛伐克和斯洛文尼亚这 6 个国家已经成为工业化国家。

西亚、北非地区在"一带一路"区域中制造业的发展处于滞后水平，属于刚起步的阶段。其原因有两个方面。一方面是因为该区域内有众多石油输出国组织（OPEC）成员，它们经济的发展主要依靠石油的开采与出口，收入水平较高但制造业欠发达；另一方面是该区域也存在着阿富汗、叙利亚这类欠发达国家，经济和政治环境都不稳定，其工业化才刚刚起步。但总的来说，西亚、北非地区工业化正在不断推进，制造业增加值占 GDP 比重不断上升。南亚地区工业化进程在波动中徘徊不前，尤其是作为南亚大国的印度，工业化推进速度缓慢。

（三）"一带一路"沿线国家制造业发展比较

比较"一带一路"沿线国家制造业增加值占 GDP 的比重可以发现，除中国以外，"一带一路"沿线国家制造业增加值占 GDP 比重均小于 30%，大部分国家制造业占比在 10%—20% 之间。2016 年中国的制造业增加值占 GDP 比重为 32.11%，位列"一带一路"沿线国家第一。中亚和中东欧地区除个别国家外（中

---

① 参照附表 2–1.

东欧地区的阿尔巴尼亚和黑山），制造业增加值占 GDP 比重均超过 10%；东南亚地区国家的制造业增加值占 GDP 比重集中在 20%—30% 区间内，整体工业化发展势头良好，但区域内部制造业发展差异显著，既有制造业增加值占 GDP 比重达到 28.69% 的泰国，又有制造业增加值占 GDP 比重仅为 0.18% 的东帝汶；制造业增加值占 GDP 比重在 0%—10% 区间的国家大都分布在西亚北非和南亚地区，如西亚北非 19 国中有 8 个国家制造业增加值占 GDP 比重低于 10%，工业发展成为制约这些地区国家经济发展的重要因素。"一带一路"沿线国家制造业增加值占 GDP 的比重如附表 2-2 所示。

去工业化一般用来描述工业化国家在工业发展的后期阶段，制造业的产值和就业向服务业转移的现象，是经济结构正在升级的体现。主要表现为制造业增加值占 GDP 的比例与制造业就业量占总就业量的比例下降。但有一些发展中国家在完成工业化之前就表现出这种趋势，表现出一种不健康的经济结构演进方向，这一般是由于制造业生产力下降、产出增长停滞以及就业岗位缩减。

如果国家过早开始去工业化（当该国人均收入和工业化程度过低），它们很可能出现经济结构退化，降低经济增长，同时还会带来不合理的低生产力、非正规服务业，在亚洲和拉丁美洲的很多国家正在通过这种类型的服务业扩张，但它们带来的增长潜力微乎其微。在中低收入国家，首先，这种过早去工业化会对可持续的经济增长构成威胁。原因是这类国家从制造业中获得的促进经济增长的优势将更少。其次，制造业往往被非正式部门的服务业取代。在发达经济体开始"成熟"的去工业化时，扩大的服务部门的子产业部门呈现出曾归属于制造业的动态特征：紧密联系、生产力提高以及技术创新，而这种服务部门往往能够发挥增长引擎的作用。

在众多"一带一路"沿线国家里，虽然存在被联合国工业发展组织所界定的工业化国家，但绝大多数还是发展中国家，远没有达到工业化水平。然而，有些国家虽然没有达到工业化水平，但已表现出了去工业化的趋势。图2-4列出了"一带一路"所有国家及中国的制造业发展趋势，其中工业化国家已用深色标明。可以看出，在非工业化国家中，绝大多数国家制造业发展总体上呈上升趋势；而在工业化国家中，制造业发展呈上升趋势和下降趋势的国家各占一半。结合图2-3和图2-4对比可以发现，区域内整体的制造业发展趋势与区域内各国的趋势存在着紧密联系。例如，图2-3所示，蒙俄两国和中亚五国整体上制造业的发展呈下降趋势，该区域内所有国家的制造业发展水平都在下降。

二、"一带一路"沿线国家所处的工业化阶段

工业化是人类文明史上的一场伟大变迁，对人类各方面的发展都起到了重要的推进作用。制造业的发展作为工业化中的一个重要组成部分，具有不可替代的作用，是工业化发展的必经之路。钱纳里等也认为，经济高速增长几乎总是与第二产业，主要是与

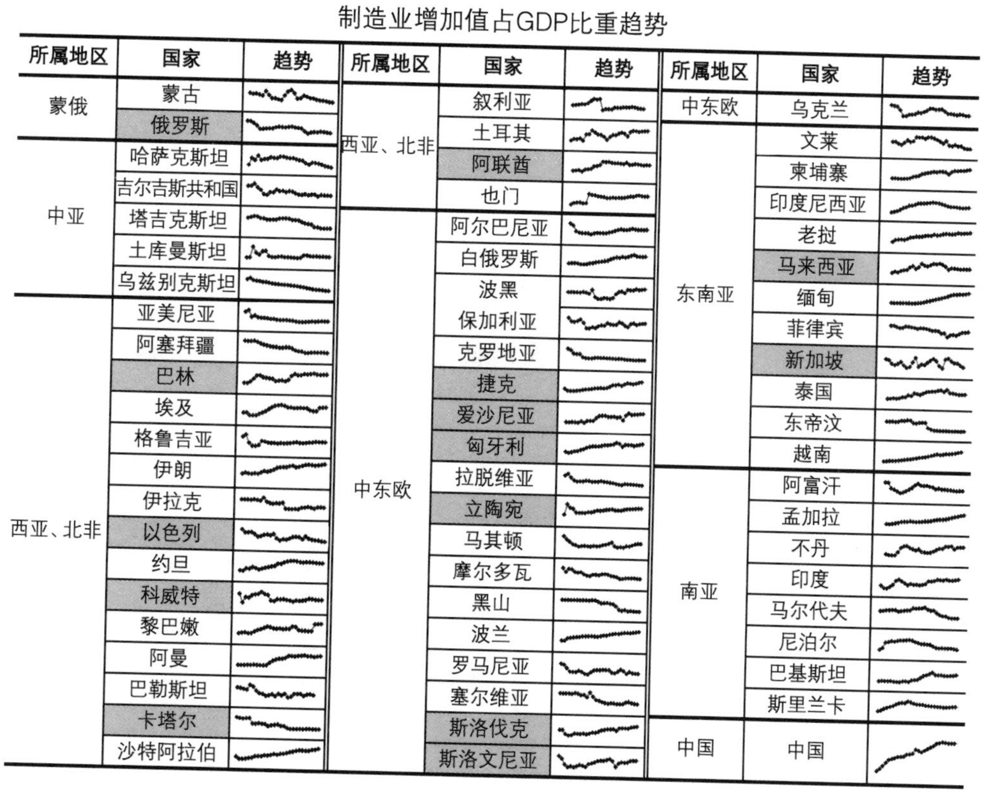

制造业增加值占GDP比重趋势

所属地区	国家	趋势	所属地区	国家	趋势	所属地区	国家	趋势
蒙俄	蒙古		西亚、北非	叙利亚		中东欧	乌克兰	
	俄罗斯			土耳其		东南亚	文莱	
中亚	哈萨克斯坦			阿联酋			柬埔寨	
	吉尔吉斯斯坦共和国			也门			印度尼西亚	
	塔吉克斯坦		中东欧	阿尔巴尼亚			老挝	
	土库曼斯坦			白俄罗斯			马来西亚	
	乌兹别克斯坦			波黑			缅甸	
	亚美尼亚			保加利亚			菲律宾	
	阿塞拜疆			克罗地亚			新加坡	
	巴林			捷克			泰国	
西亚、北非	埃及			爱沙尼亚			东帝汶	
	格鲁吉亚			匈牙利			越南	
	伊朗			拉脱维亚		南亚	阿富汗	
	伊拉克			立陶宛			孟加拉	
	以色列			马其顿			不丹	
	约旦			摩尔多瓦			印度	
	科威特			黑山			马尔代夫	
	黎巴嫩			波兰			尼泊尔	
	阿曼			罗马尼亚			巴基斯坦	
	巴勒斯坦			塞尔维亚			斯里兰卡	
	卡塔尔			斯洛文尼亚		中国	中国	
	沙特阿拉伯							

图2-4 1990—2016年"一带一路"沿线国家制造业发展的国别对比

数据来源：联合国工业发展组织（UNIDO）；其中深色部分为工业化国家

制造业的高速增长联系在一起的。[①]制造业创造了人类生产和生活所必需的大部分物资，包括生产资料和消费资料，是一国国民经济健康、持续发展的物质基础。有了这些物质基础，国家才能逐渐实现从以农业为主的经济结构转变为以工业为主的经济结构的转型。

然而，制造业的发展是工业化过程中的基本条件和重要组成部分，但并不是工业化的全部。实际上，工业化是一个内容十分丰富的变革过程，不仅涉及人们所熟知的机器的使用与工厂制度的确立，而且也涉及农业、交通、金融、商业、知识产权乃至政治体制等多方面的变革，是一个系统变革过程。[②] 因此，仅仅用制造业的发展来衡量一国工业化的进程，虽然具有代表性，但不够全面。工业化作为人类历史上一个不可逾越的阶段，也是一国走上发达经济道路的必经阶段，众多学者从不同角度对其发展阶段进行了研究。要理解"一带一路"国家所处的工业化阶段，首先需要对工业化发展阶段的主流理论有一个良好的认识。

（一）工业化阶段划分理论综述

1. 钱纳里的人均收入六阶段理论

钱纳里利用第二次世界大战后发展中国家，特别是其中的 9 个准工业化国家（地区）1960—1980 年间的历史资料，建立了多国模型，利用回归方程建立了 GDP 市场占有率模型，提出了标准产业结构。即根据人均国内生产总值，将不发达经济到成熟工业

---

① H. 钱纳里. 工业化和经济增长的比较研究 [M]. 上海三联书店，1989.
② 胡必亮. 工业化与新农村 [M]. 重庆出版社，2010.

经济整个变化过程划分为 3 个阶段 6 个时期，从任何一个发展阶段
向更高一个阶段的跃进都是通过产业结构转化来推动的。

表 2-1　钱纳里工业阶段划分法

时期	人均国内生产总值变动范围				发展阶段	
	1964年美元	1980年美元	1998年美元	2010年美元		
1	100–200	300–600	530–1200	678–1536	初级产品生产阶段	准工业化阶段
2	200–400	600–1200	1200–2400	1536–3072	工业化初级阶段	工业化阶段
3	400–800	1200–2400	2400–4800	3072–6144	工业化中级阶段	工业化阶段
4	800–1500	2400–4500	4800–9000	6144–11520	工业化高级阶段	工业化阶段
5	1500–2400	4500–7200	9000–16600	11520–21248	发达经济初级阶段	后工业化阶段
6	2400–3600	7200–10800	16600–25000	21248–32000	发达经济高级阶段	后工业化阶段

注：1964 年美元标准引自钱纳里等《工业化和经济增长的比较研究》，1980 年美元标准引自《发展经济学手册》，1998 年美元标准为国务院发展研究中心计算所得，2010 年标准为作者根据美国 GDP 折算指数计算得出。

2. 霍夫曼的工业结构四阶段理论

霍夫曼定理又称作霍夫曼经验定理，指资本资料工业在制造业中所占比重不断上升并超过消费资料工业所占比重。根据霍夫曼比例，工业化进程包括 4 个发展阶段：第一阶段，消费资料工业发展迅速，在制造业中占有统治地位；资本资料工业则不发达，在制造业中所占比重较小，其净产值平均为资本品工业净产值的 5 倍。第二阶段，资本资料工业发展较快，消费资料工业虽也有发展，但速度减缓，而资本资料工业的规模仍远不及消费资料工业的规模，但前者的产值仍是 2.5 倍于后者的净产值。第三阶段，

消费资料工业与资本资料工业在规模上大致相当。第四阶段,资本资料工业在制造业中的比重超过消费资料工业并继续上升。整个工业化过程,就是资本资料工业在制造业中所占比重不断上升的过程,后者的净产值将大于前者。[1]随着工业品的升级,其比率是逐步下降的。在工业化前期,消费资料主要是轻纺工业部门生产的,资本资料主要是重化工部门生产的,因而,霍夫曼对工业结构的研究实际上是在分析工业结构的"重工业化"趋势。

表2-2 霍夫曼工业化阶段划分法

工业化阶段	霍夫曼系数	特 征
第一阶段	5(±1)	消费品工业占统治地位
第二阶段	2.5(±1)	消费品工业大于资本品工业
第三阶段	1(±1)	消费品工业与资本品工业相当
第四阶段	1以下	资本品工业大于消费品工业

3. 配第—克拉克定理

克拉克(Colin Clark, 1967)以威廉·配第的研究为基础,对40多个国家和地区不同时期三次产业的劳动投入产出资料进行了整理和归纳,总结出随着经济发展和人均国民收入水平的提高,劳动力首先由第一产业向第二产业转移,然后再向第三产业转移的演进趋势。在工业化过程中,劳动力由生产率低的部门向生产率高的部门转移。依据克拉克定理,工业化初期、中期、后期三个阶段,第一产业劳动力占全社会劳动力的比重大体为80%、50%和20%以下。[2]

---

① Hofmann W. G. Industrial Economics [M]. Manchesters University press, 1958.

② Clark C. The conditions of economic progress [M]. The conditions of economic progress, 1967.

4.库兹涅茨的产业结构三阶段理论

诺贝尔经济学奖获得者西蒙·库兹涅茨认为，"在现代经济增长过程中，人口和产值的高速增长总是伴随着多种产业比重在总产出和所使用的生产性资源方面的明显变动"。[①] 在工业化初期和中期阶段，产业结构变化的核心是农业和工业之间二元转化。当第一产业比重下降到 20% 以下，并且第二产业的比重高于第三产业，这时进入了工业化中期阶段；当第一产业比重降低到 10% 左右，第二产业比重上升到最高水平，此后第三产业比重逐步高于第二产业比重，工业化进入后期阶段。三次产业结构呈现第一产业比重大，则产业结构水平低；第三产业比重大，则产业结构水平高。

5.罗斯托经济成长阶段论

1960 年，美国经济学家华尔特·惠特曼·罗斯托在《经济成长的阶段》中提出了他的"经济成长阶段论"，将一个国家的经济发展过程分为 5 个阶段，1971 年他在《政治和成长阶段》中增加了第 6 阶段。经济发展的 6 个阶段依次是传统社会阶段、准备起飞阶段、起飞阶段、走向成熟阶段、大众消费阶段和超越大众消费阶段。在罗斯托的经济成长阶段论中，第三阶段即起飞阶段与生产方式的急剧变革联系在一起，意味着工业化和经济发展的开始，在所有阶段中是最为关键的阶段，是经济摆脱不发达状态的分水岭。

---

① 西蒙.库兹涅茨.各国的经济增长 [M].商务印书馆，1985.

表 2-3 罗斯托经济成长阶段划分方法

阶段划分	基本特征
传统社会阶段	不存在现代科学技术，生产力水平低下
准备起飞阶段	占人口75%以上的劳动力转移到工业、交通、商业和服务业投资率的提高明显超过人口增长水平
起飞阶段	相当于工业革命时期，投资率在国民收入中所占比率由5%增加到10%以上，有一种或几种经济主导部门带动国民经济增长
走向成熟阶段	投资率达到10%—20%，经济结构也发生了变化，一系列现代技术有效地应用于大部分资源
大众消费阶段	工业高度发达，主导部门已经转移到耐用消费品和服务业部门
超越大众消费阶段	提高生活质量的产业成为主导部门，包括教育、保健、医疗、社会福利、文娱、旅游等部门

工业化是一个系统的变革过程。从根本上看，工业化阶段是经济发展发生质变的过程，这种过程虽然难以完全用量化的指标来衡量，但是，运用一些量化指标，对于揭示工业化的本质特征、界定工业化发展阶段，进行国际、区际比较，在理论与实践上都具有重要的意义。经济学界广泛认同的用于衡量工业化不同阶段的指标，主要有人均GDP、产业结构、就业结构、工业内部结构以及城市化水平等方面。一般认为，钱纳里和库兹涅茨的工业化分析法较具有现实可操作性，因此，本文从这两个方面分析"一带一路"国家的工业化发展阶段。

（二）"一带一路"沿线国家工业化阶段：钱纳里人均GDP发展理论

按照钱纳里的划分标准，人均 GDP 在 1536 美元以下为准工业化阶段，人均 GDP 在 1536 美元至 11520 美元为工业化阶段，人均 GDP 高于 11520 美元为后工业化阶段。将"一带一路"国家作为一个整体，可以看出，"一带一路"国家在 2006 年由工业化初级阶段步入工业化中级阶段，并且发展态势良好，按照这个速度，2025 年以前可以进入工业化高级阶段（图 2-5）。

分区域情况来看，各区域 2016 年的人均 GDP 都在 1536 美元至 11520 美元之间，即每个区域都处在工业化阶段。除了蒙俄地区以外，所有地区的工业化都是由低级向高级演进，意味着"一带一路"各区域的经济表现较好。而蒙俄地区的人均 GDP 在 20世纪 90 年代出现了显著下滑，中东欧地区在同一时期也出现了轻微的下滑，探究其原因，东欧剧变和苏联解体对其经济产生了一定的冲击，导致经济绩效下滑。从 20 世纪 90 年代末开始，中东欧地区经济开始复苏，由于其本身的起点较高，其人均 GDP 从21 世纪开始就一直处于"一带一路"的前列。

南亚 8 国的经济发展起步较晚，属于落后水平，且其经济增长率也不高。一直到 2014 年，才由准工业化阶段进入工业化阶段，属于工业化初级阶段。其余地区的工业化发展大同小异，从低级阶段向高级阶段稳步推进。截至 2016 年，蒙俄 2 国、中东欧19 国和西亚北非 19 国都进入了工业化高级阶段，中亚 5 国和东南亚 11 国处于工业化中级阶段，而南亚 8 国在工业化初级阶段。值得注意的是，中国的经济绩效近年来突飞猛进，一举从 1990 年

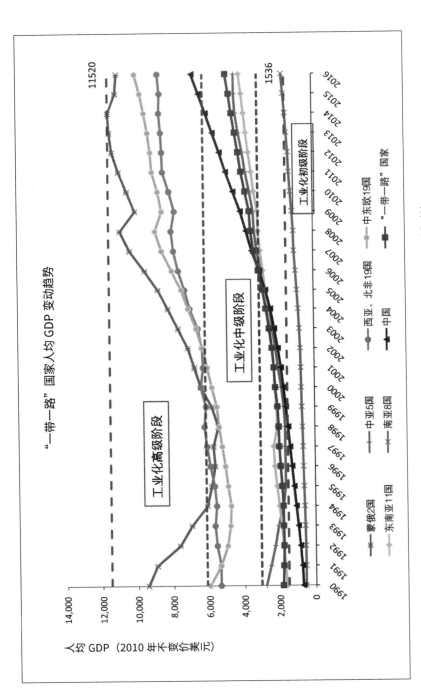

图 2-5 1990—2016 年 "一带一路" 工业化阶段的区域对比

数据来源：联合国工业发展组织（UNIDO）

的准工业化阶段跃进到 2016 年的工业化高级阶段，连续跨越了 3 个阶段，这是其他地区所没有的现象。

区域对比只能反映各区域的平均情况。从图 2-6 的国别对比可以看出，2016 年，有 18 个国家已经进入到后工业化阶段，这与联合国工业发展组织定义的工业化国家[①]有着极高的重合。这 18 个国家中，有阿联酋、巴林、捷克、卡塔尔、科威特、斯洛文尼亚、文莱、新加坡和以色列这 9 个国家进入到发达经济高级阶段。

从图 2-6 可以看出，"一带一路"绝大多数国家还是处在工业化阶段，这和图 2-5 的结论也是一致的。但也有阿富汗、巴基斯坦、吉尔吉斯共和国、柬埔寨、老挝、孟加拉国、缅甸、尼泊尔、塔吉克斯坦和也门这 10 个国家处于准工业化阶段，需要提高其经济绩效，向着工业化阶段迈进。

（三）"一带一路"沿线国家工业化阶段：库兹涅茨产业结构理论

根据库兹涅茨的产业结构理论，工业化总是伴随着产业结构的升级。"在发达国家的增长进程中，这些部门在国民生产总值或国内生产总值或国民生产净值中所占份额的趋势是类似的：农业部门的份额显著下降，从开初几十年的 40% 以上降到近年来的 10% 以下，工业部门的份额从开始几十年的 22%—25% 上升到近年来的 40%—50%，以及服务业部门的份额微微的而且不是始终

---

① 见附表 2-1.

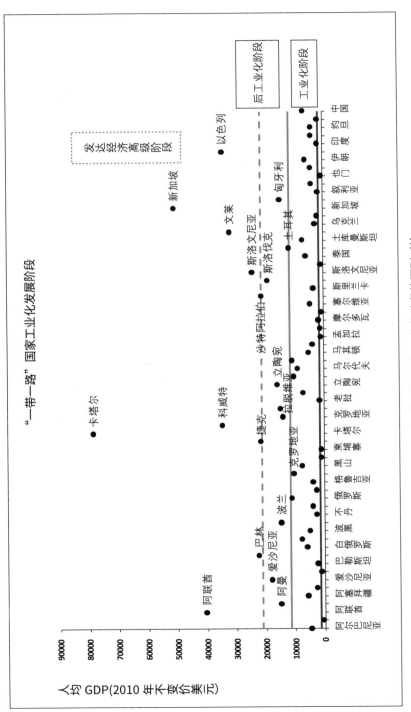

图 2-6 2016 年 "一带一路" 工业化阶段的国别对比

数据来源：联合国工业发展组织（UNIDO）

如一地上升。"但是，虽然在工业化进程中，各国的产业结构变动有着相似的趋势，但是并没有以此为依据界定工业化阶段的统一标准。本节将在分析"一带一路"国家产业结构的基础上，结合库兹涅茨的理论对各国的工业化阶段做出一个大概的判断。

从图2-7可以看出"一带一路"各区域从2001年到2015年产业结构的变动趋势。将"一带一路"所有国家视作一个整体，"一带一路"国家第一产业的比重下降，从2001年的12.7%下降到2015年的8.1%；第二产业的比重从37.5%上升到39.6%；上升幅度最明显的是第三产业，从44.9%上升到48.4%。虽然有的国家在经历去工业化，但总的来说，"一带一路"区域的经济结构是在不断改善的，这也符合库兹涅茨产业结构演进的理论。

分区域来看，南亚国家第一产业的比重最高，2001年甚至在20%以上，处于工业化的初级阶段，经过15年的发展，该比重已降至14.9%，进入工业化初级阶段。但是南亚国家的第一产业比重还是高于其他区域，意味着其工业化程度是落后于其他地区的，这和钱纳里的理论得出的结论是一致的。所有地区第一产业的比重在15年里都出现了下降，值得注意的是，中国该比重下降得最为明显，从2001年的16.6%下降到2015年的8.0%，下降幅度超过一半，这也是中国工业化进程走上快车道的体现。第二产业的比重在各区域有增有降，南亚、中国和中东欧的这一指标有所上升，但东南亚、中亚、西亚北非和蒙俄区域的这一比重却有所下降。除了中东欧国家，所有地区第三产业的比重都有所上升。

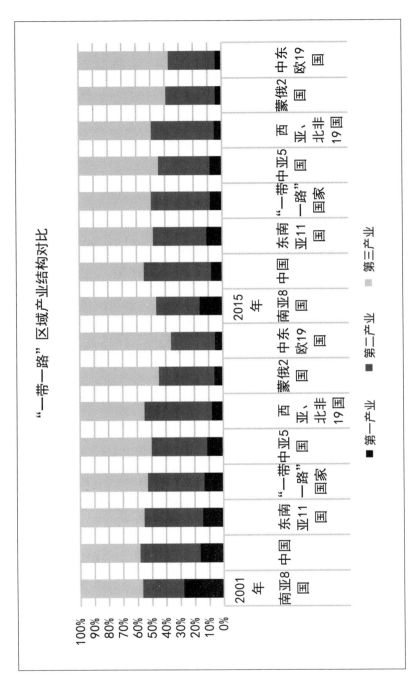

图 2-7 2001，2015 年"一带一路"产业结构的区域对比

数据来源：世界银行数据库

再来看"一带一路"各国的产业结构情况，可初步把第一产业比重在20%以上定义为工业化早期阶段，第一产业比重在10%—20%定义为工业化中期阶段，第一产业比重在10%以下定义为工业化后期阶段。从图2-8可以看出，有尼泊尔、柬埔寨、缅甸、巴基斯坦、塔吉克斯坦、阿尔巴尼亚和阿富汗共7个国家处于工业化早期阶段，这也和钱纳里理论得出的准工业化国家有着较大的重合。从图2-8还可以看出，共有20个国家处于工业化中期阶段，35个国家处于工业化后期阶段。

如前文所述，工业化是一个系统的变革过程，仅仅用一两个指标来定义工业化的特征或者工业化的阶段，肯定是不全面的。但从以上的分析可以看出，不论是联合国工业发展组织（UNIDO）关于工业化水平的分类，还是钱纳里的人均GDP发展理论和库兹涅茨产业结构理论得出的关于工业化阶段的分类的结论，都有着较大的重合性。这说明世界各国在工业化的进程中确实存在一些共性，把握住这些特点，有助于各国根据自己的情况，选择适合自己发展的道路。

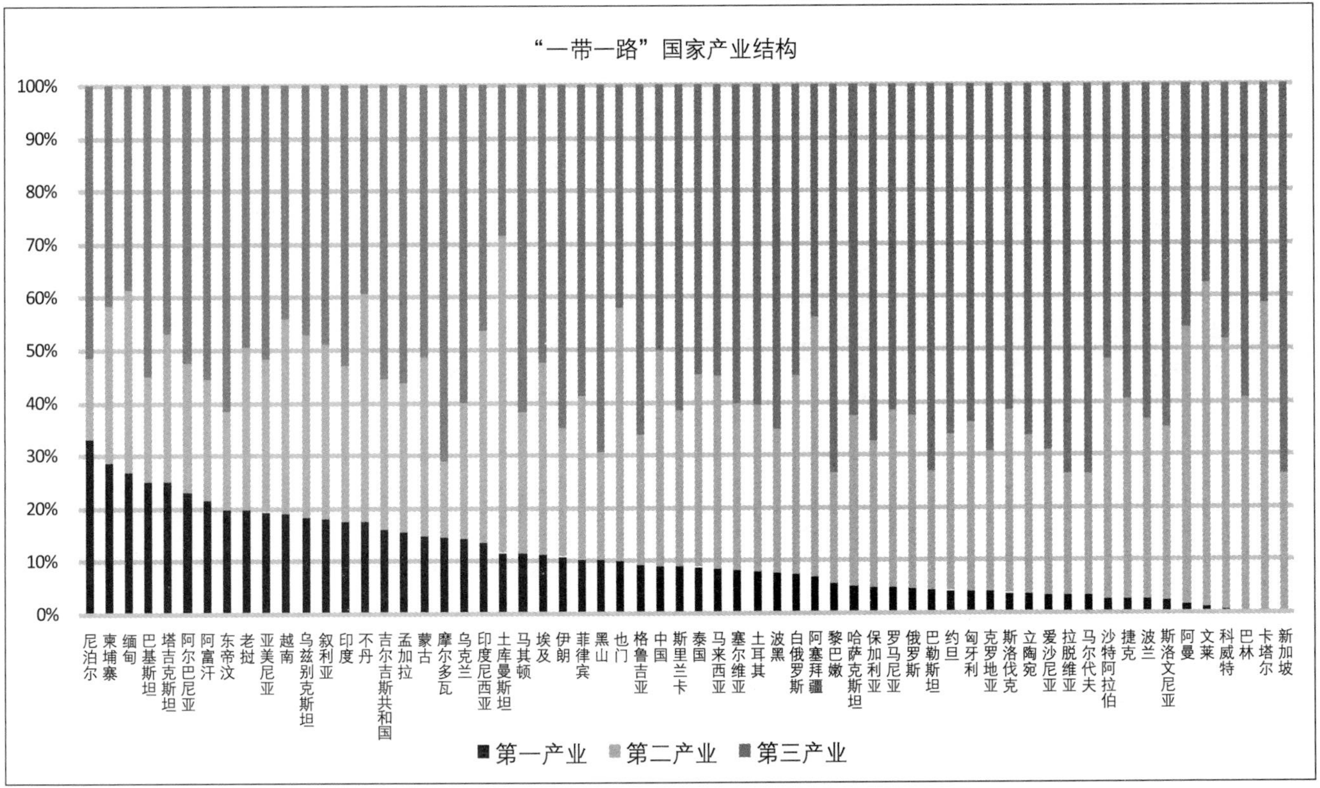

图 2-8 2015 年 "一带一路" 产业结构的国别对比

数据来源：世界银行数据库

三、"一带一路"沿线国家工业竞争力指数

联合国工业发展组织通过工业竞争力指数（Competitive Industrial Performance，CIP）来评估和测定工业竞争力，工业竞争力指数基于竞争力的概念，侧重于国家制造业的发展，同时该指数表明工业竞争力是多方面的。工业竞争力被定义为一国在增加其国际和国内市场的份额、同时发展具有更高附加值和技术含量的产业部门的能力。如果一国能发展其技术能力、提高其生产能力并投资于基础设施，就可以在国际市场中汲取更多的经验并提高其工业竞争力。提高工业竞争力需要有选择地政策干预，充分利用比较优势，同时创造新的竞争优势。

工业竞争力指数是一个绩效指标，而非潜力指标。该指数由4个方面的指标构成：人均制造业增加值、中高技术产品增加值在制造业增加值中的比重、人均制成品出口额、高新技术类产品出口占制成品总出口的比重。该指数侧重于工业竞争力和经济结构变量，以其为依据的国家排名通常在较短的时期内保持相对稳定。原因在于技术学习过程是累积过程，需要一定的时间。学习的影响在中长期内才会在工业统计和经济结构变量中体现出来，而这些影响可通过详细的纵向研究加以分析，具体而言，可通过跟踪重要指标在一段时间内的变化来体现。工业竞争力指数让我们不仅能够观察重要指标在某一特定时期的绝对水平，而且可以观察它们的变化速率。

全球5个最具竞争力的国家中，4个为高收入国家（德国、日本、韩国、美国），中国名列第五。

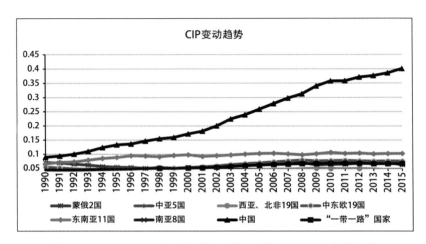

图 2-9　1990—2015 年"一带一路"区域工业竞争力指数趋势

数据来源：联合国工业发展组织（UNIDO）

　　从图 2-9 可以看出，除中国外，"一带一路"各区域工业竞争力指数变化并不明显，且都维持在较低水平。虽然考虑到人口规模和发展阶段，中国的人均贸易值和生产值最低。但中国的高水平 CIP 指数归因于其在全球贸易中所占的比重较高（尽管较低的人均值表明制造业仍然有进一步发展的潜力）。2013 年，中国的制造业出口占全球制造业贸易额的比重增加至 17%，是当今世界最大出口国。中国也开始将自己定位成高技术制造业出口国：1995—2013 年间，中国的中高技术产品出口比重几乎翻倍。中国的制造业已发展成为该国最大的部门，2013 年，中国制造业占GDP 比重超过 1/3，在全球制造业增加值中的占比超过 18%，仅次于美国。

　　根据各国工业竞争力指数值，联合国工业发展组织将国家分为 5 等分：顶层五分位、中上五分位、中间五分位、中下五分位和底层五分位。其中中上五分位国家包括世界上一些人口大国，如土耳其、俄罗斯、巴西、印度尼西亚、南非、印度和菲律宾。"一带一路"沿线国家里有 19 个国家处于中上五分位里（表2-4）。

表 2-4　2015 年"一带一路"国家工业竞争力指数

国家	CIP指数	区域排名	世界排名	所处分位	国家	CIP指数	区域排名	世界排名	所处分位
中国	0.401	1	3	高	阿曼	0.042	31	66	中
新加坡	0.282	2	9	高	哈萨克斯坦	0.040	32	67	中
捷克	0.218	3	17	高	塞尔维亚	0.040	33	68	中
马来西亚	0.176	4	21	高	埃及	0.037	34	70	中
波兰	0.168	5	23	高	斯里兰卡	0.031	35	75	中
泰国	0.161	6	24	高	约旦	0.031	36	76	中
斯洛伐克	0.155	7	26	高	孟加拉国	0.031	37	77	中
匈牙利	0.150	8	27	高	马其顿	0.028	38	79	中
以色列	0.142	9	28	高	巴基斯坦	0.026	39	80	中
土耳其	0.129	10	29	高	波黑	0.025	40	85	中
俄罗斯	0.114	11	32	中高	黎巴嫩	0.023	41	88	中
斯洛文尼亚	0.110	12	33	中高	文莱	0.023	42	89	中
罗马尼亚	0.105	13	34	中高	柬埔寨	0.020	43	91	中低
沙特阿拉伯	0.100	14	37	中高	缅甸	0.015	44	95	中低
印度尼西亚	0.093	15	38	中高	格鲁吉亚	0.015	45	96	中低
印度	0.086	16	39	中高	蒙古	0.012	46	100	中低
立陶宛	0.083	17	40	中高	亚美尼亚	0.012	47	101	中低
越南	0.080	18	41	中高	阿塞拜疆	0.011	48	103	中低
菲律宾	0.076	19	42	中高	巴勒斯坦	0.011	49	106	中低
阿联酋	0.074	20	43	中高	阿尔巴尼亚	0.011	50	107	中低
白俄罗斯	0.073	21	45	中高	叙利亚	0.010	51	112	中低
卡塔尔	0.070	22	48	中高	摩尔多瓦	0.010	52	114	中低

国家	CIP 指数	区域 排名	世界 排名	所处 分位	国家	CIP 指数	区域 排名	世界 排名	所处 分位
爱沙尼亚	0.066	23	50	中高	吉尔吉斯 共和国	0.007	53	122	低
科威特	0.061	24	52	中高	黑山	0.007	54	123	低
巴林	0.059	25	54	中高	尼泊尔	0.004	55	128	低
克罗地亚	0.055	26	56	中高	伊拉克	0.004	56	129	低
保加利亚	0.054	27	57	中高	也门	0.003	57	135	低
拉脱维亚	0.048	28	58	中高	塔吉克斯坦	0.003	58	137	低
伊朗	0.048	29	59	中高	阿富汗	0.002	59	140	低
乌克兰	0.043	30	65	中	马尔代夫	0.002	60	142	低

数据来源：联合国工业发展组织（UNIDO）

注：其中不丹、东帝汶、老挝、土库曼斯坦、乌兹别克斯坦5国数据缺失。

由表2-4可以看出，一国工业竞争力与一国所处的工业化阶段并不必然存在联系。工业竞争力侧重于一国在国内和国际市场上参与竞争的能力，其包含了高附加值和技术含量的产业部门。而工业化所处阶段的指标主要有人均GDP、产业结构、就业结构、工业内部结构以及城市化水平等方面。两者的侧重点不一样，因而得出的结论也不一样。

四、"一带一路"沿线国家工业化展望

工业化是一个国家经济发展的重要内容。当一个国家成功地完成工业化后，那么它基本上也就成功地实现了国家发展的主要目标，比如说人均收入大幅提高、社会财富大量积累、整个劳动力的绝大多数在工业和服务行业就业、整个社会的绝大多数人口生活在城市，等等。① 如何走上工业化道路是众多"一带一路"国家面临的重要问题，而"一带一路"倡议为这一普遍的发展问题提供了新的思路。

从根本上说，工业化过程就是伴随科技进步、经济不断发展、产业结构优化升级的过程。尽管工业化的目标在不同的国家基本上都大同小异，但由于不同国家的自然资源条件不同、文化传统不同、发展的历史起点不同、实行的政治制度也不同，各个国家实现工业化的道路与途径也不尽相同。"一带一路"沿线国家都有各自传统优势产业，如中亚地区重工业、军事工业，尤其是能源工业具有自身优势，农业及其他产业也有广阔空间，但制造业面临转型升级，经济结构亟待优化。西亚、中东地区政局混乱，使得农业凋敝，工业发展停滞。东南亚地区利用较低的劳动力成本，大力发展出口导向型低端制造业，参与国际竞争。部分石油输出国家，对资源依赖程度高，有着较高的人均收入，但是工业发展对外依存度过高，经济发展的成果无法惠及全体国民，收入分配差距过大。"一带一路"倡议的提出，为沿线各国的经济合作提供了新的契机。

在不同的工业化阶段，工业产品通常会呈现一定的规律，比如在工业化初期，纺织、食品等轻工业的比重较高；在工业化中期，钢铁、水泥、电力等能源原材料工业的比重较高；而到了工业化后期，装备制造业等高加工度的制造业比重明显上升。可以

---

① 胡必亮. 工业化与新农村 [M]. 重庆出版社，2010.

说，各国工业化水平和阶段的不同直接导致了工业产品结构、比较优势及其在国际分工中的地位不同。"一带一路"倡议的发展思路能推动区域内的基础设施投资建设，不仅能帮助欠发达国家跨过低收入陷阱，也有助于工业化国家实现经济结构转型。《推动共建丝绸之路经济带和21世纪海上丝绸之路的愿景与行动》中提出："要通过建立双赢、合理的国际分工体系，打造欧亚区域经济一体化新格局，以实现'一带一路'沿线各国经济发展1+1>2的共赢局面；开展产业合作要重视拓宽贸易领域，优化贸易结构，一方面挖掘贸易新增长点，拓展相互投资领域，从农林牧渔、能源等传统产业到新能源、新材料等新兴产业，优势互补、互利共赢，深化彼此创新合作新模式。同时，优化产业链分工布局，推动上下游产业链和关联产业协同发展，鼓励建立研发、生产和营销体系，提升区域产业配套能力和综合竞争力。"① 这些将有助于促进"一带一路"相关国家深化经贸合作、提升区域的整体工业化能力和水平。

---

① 《推动共建丝绸之路经济带和21世纪海上丝绸之路的愿景与行动》.

附表

附表 2-1　按工业水平分类的国家和经济体

工业化国家和经济体（56）

亚洲及太平洋地区				
巴林	中国台湾	科威特	卡塔尔	新加坡
中国香港	日本	马来西亚	韩国	阿联酋
中国澳门				

欧洲				
奥地利	法国	冰岛	葡萄牙	瑞士
比利时	德国	立陶宛	俄罗斯	英国
捷克	匈牙利	卢森堡公国	斯洛伐克	列支敦士登
丹麦	安道尔	马耳他	斯洛文尼亚	摩纳哥
爱沙尼亚	爱尔兰	荷兰	西班牙	圣马力诺
芬兰	意大利	挪威	瑞典	

北美洲			
百慕大	加拿大	格陵兰	美国

其他			
阿鲁巴	开曼群岛	关岛	新西兰
澳大利亚	法属圭亚那	以色列	波多黎各
英属维尔京群岛	法属玻利尼西亚	新喀里多尼亚	美属维尔京群岛

新兴工业化经济体（32）

阿根廷	阿曼	巴西	白俄罗斯	保加利亚
波兰	哥伦比亚	哥斯达黎加	哈萨克斯坦	土耳其
克罗地亚	拉脱维亚	罗马尼亚	马其顿	毛里求斯
墨西哥	南非	塞尔维亚	塞浦路斯	沙特阿拉伯
苏里南	泰国	突尼斯	委内瑞拉	文莱
乌克兰	乌拉圭	希腊	印度	印度尼西亚
智利	中国			

资料来源：联合国工业发展组织（2015）

附表 2-2 2010—2016 年"一带一路"沿线国家制造业增加值占 GDP 的比重

国家	2010年	2011年	2012年	2013年	2014年	2015年	2016年
阿尔巴尼亚	6.06	6.65	6.21	5.90	5.96	5.98	6.02
阿富汗	12.18	11.55	11.17	10.63	10.14	10.32	10.42
阿联酋	9.00	9.31	9.24	8.96	8.84	8.93	8.91
阿曼	10.58	10.83	10.30	10.15	9.78	10.03	10.39
阿塞拜疆	4.81	5.25	5.41	5.22	5.30	5.13	5.02
埃及	16.07	15.55	15.31	15.31	16.22	16.29	16.36
爱沙尼亚	13.72	14.63	14.03	14.21	14.26	14.38	14.52
巴基斯坦	13.04	12.99	12.81	12.79	12.84	12.96	13.13
巴勒斯坦	13.28	11.54	12.77	13.03	12.20		
巴林	14.48	14.63	14.78	14.47	14.43	14.47	14.50
白俄罗斯	24.02	24.97	26.04	24.47	24.27	24.30	24.39
保加利亚	11.58	12.80	13.10	12.53	12.89	13.02	13.15
波黑	10.88	10.78	10.79	11.07	10.88	10.94	11.01
波兰	15.57	16.00	16.27	16.10	16.78	17.27	17.67
不丹	8.72	8.68	8.82	8.02	8.50	8.52	8.57
东帝汶	0.24	0.21	0.18	0.20	0.19	0.19	0.18
俄罗斯	12.83	12.99	12.95	13.25	13.06	12.81	12.66
菲律宾	21.40	21.59	21.34	21.87	22.36	22.42	22.50
格鲁吉亚	10.57	11.05	11.35	11.88	11.71	11.60	11.54
哈萨克斯坦	11.32	11.30	11.09	10.77	10.35	10.14	9.89
黑山	4.55	4.88	4.37	4.50	4.33	4.29	4.25
吉尔吉斯共和国	16.86	16.79	12.17	16.02	15.00	14.78	14.43
柬埔寨	14.69	15.94	15.88	16.23	16.16	16.87	17.60
捷克	21.25	22.95	22.36	21.91	22.67	23.97	24.77
卡塔尔	8.97	8.76	9.17	9.09	8.91	8.93	8.98

续表

国家	2010年	2011年	2012年	2013年	2014年	2015年	2016年
科威特	6.00	6.43	7.22	7.05	6.63	6.54	6.50
克罗地亚	12.10	12.13	11.88	11.57	12.01	11.89	11.79
拉脱维亚	12.03	11.74	11.78	11.30	11.00	10.67	10.35
老挝	9.77	9.92	10.53	10.34	10.38	10.57	10.76
黎巴嫩	7.61	7.64	7.52	7.58	9.66	9.73	9.81
立陶宛	16.89	17.54	17.73	17.92	18.10	18.20	18.37
罗马尼亚	21.32	20.65	19.42	20.35	19.75	19.66	19.61
马尔代夫	3.97	3.63	3.62	3.14	2.95	2.96	2.95
马来西亚	24.48	24.40	24.15	23.91	24.00	24.02	23.92
马其顿	9.87	10.81	10.73	11.41	12.09	12.36	12.44
蒙古	6.81	6.27	6.07	5.99	5.76	5.51	5.28
孟加拉国	16.05	16.59	17.12	17.82	18.27	18.76	19.26
缅甸	19.86	20.84	21.04	21.25	21.45	21.97	22.71
摩尔多瓦	10.60	11.18	11.46	11.44	11.42	11.03	10.76
尼泊尔	5.95	5.98	5.92	5.89	5.94	5.83	5.60
塞尔维亚	13.64	13.70	14.91	15.36	14.46	14.18	13.89
沙特阿拉伯	11.04	10.94	10.81	10.87	11.33	11.56	11.92
斯里兰卡	18.00	17.95	17.77	17.80	17.91	18.00	18.10
斯洛伐克	18.95	19.16	18.98	18.69	20.30	20.90	21.49
斯洛文尼亚	17.56	17.94	17.85	17.95	18.39	18.41	18.43
塔吉克斯坦	14.74	8.07	8.07	5.65	5.65	5.49	5.34
泰国	31.09	29.32	29.22	28.88	28.53	28.60	28.69
土耳其	15.60	15.78	15.73	15.64	15.73	15.76	15.76
土库曼斯坦	37.47	35.96	36.81	36.75	36.51	35.78	34.94
文莱	14.91	15.30	14.86	14.96	14.28	14.15	14.04

续表

国家	2010年	2011年	2012年	2013年	2014年	2015年	2016年
乌克兰	13.12	12.83	12.53	12.88	12.74	12.27	12.30
乌兹别克斯坦	19.96	19.10	18.39	18.05	17.65	17.18	16.75
新加坡	20.21	20.51	19.83	19.36	19.30	18.78	18.24
匈牙利	18.37	18.20	18.25	17.39	17.99	18.50	18.94
叙利亚	4.82	4.44	3.73	3.26	3.19		
亚美尼亚	9.68	10.40	10.11	10.49	10.81	10.83	10.84
也门	8.45	8.37	8.79	9.06	8.74	8.64	8.62
伊拉克	2.69	2.96	2.69	2.35	2.88	2.85	2.80
伊朗	11.84	12.03	11.83	11.58	11.80	12.01	12.37
以色列	13.86	13.11	12.77	12.57	12.48	12.27	12.07
印度	16.83	16.78	17.04	16.75	16.78	16.90	17.03
印度尼西亚	21.99	22.00	21.89	21.77	21.51	21.64	21.77
约旦	16.77	17.01	16.95	16.81	16.55	16.35	16.24
越南	17.94	18.75	18.84	19.20	19.65	20.34	21.04
中国	31.95	32.16	32.42	32.27	32.14	32.15	32.11

数据来源：联合国工业发展组织（UNIDO）

附表 2-3　2015 年"一带一路"沿线国家的产业结构 %

所属地区	国家	第一产业	第二产业	第三产业	所属地区	国家	第一产业	第二产业	第三产业
蒙俄	蒙古	14.55%	33.82%	51.63%	东南亚	文莱	1.10%	61.36%	37.54%
	俄罗斯	4.56%	32.79%	62.65%		柬埔寨	28.63%	29.82%	41.55%
中亚	哈萨克斯坦	4.97%	32.53%	62.51%		印度尼西亚	13.49%	40.04%	46.47%
	吉尔吉斯共和国	15.94%	28.43%	55.63%		老挝	19.66%	30.96%	49.38%
	塔吉克斯坦	24.95%	28.00%	47.05%		马来西亚	8.45%	36.43%	55.12%
	土库曼斯坦	11.50%	59.96%	28.54%		缅甸	26.75%	34.54%	38.71%
	乌兹别克斯坦	18.21%	34.53%	47.26%		菲律宾	10.26%	30.90%	58.84%
西亚、北非	亚美尼亚	19.33%	28.78%	51.89%		新加坡	0.04%	26.17%	73.79%
	阿塞拜疆	6.78%	49.30%	43.92%		泰国	8.72%	36.39%	54.89%
	巴林	0.32%	40.30%	59.39%		东帝汶	19.82%	18.54%	61.65%
	埃及	11.15%	36.23%	52.61%		越南	18.89%	36.95%	44.16%
	格鲁吉亚	9.13%	24.66%	66.21%	中东欧	阿尔巴尼亚	23.09%	24.31%	52.60%
	伊朗	10.75%	24.46%	64.78%		白俄罗斯	7.25%	37.70%	55.05%
	伊拉克					波黑	7.58%	27.36%	65.06%
	以色列					保加利亚	4.79%	27.87%	67.34%
	约旦	4.17%	29.64%	66.19%		克罗地亚	4.10%	26.56%	69.34%
	科威特	0.63%	51.06%	48.30%		捷克	2.52%	37.77%	59.71%
	黎巴嫩	5.63%	20.92%	73.45%		爱沙尼亚	3.38%	27.44%	69.17%
	阿曼	1.57%	52.38%	46.05%		匈牙利	4.13%	31.90%	63.97%
	巴勒斯坦	4.23%	22.48%	73.29%		拉脱维亚	3.36%	22.89%	73.75%
	卡塔尔	0.16%	58.50%	41.34%		立陶宛	3.64%	29.84%	66.52%
	沙特阿拉伯	2.62%	45.27%	52.11%		马其顿	11.41%	26.62%	61.98%
	叙利亚	17.94%	32.97%	49.09%		摩尔多瓦	14.38%	14.45%	71.17%
	土耳其	7.82%	31.67%	60.50%		黑山	10.20%	20.30%	69.50%
	阿联酋					波兰	2.48%	34.12%	63.39%
	也门	9.81%	48.05%	42.14%		罗马尼亚	4.73%	33.68%	61.59%
南亚	阿富汗	21.40%	22.95%	55.65%		塞尔维亚	8.18%	31.36%	60.45%
	孟加拉国	15.51%	28.15%	56.35%		斯洛伐克	3.66%	34.82%	61.52%
	不丹	17.43%	43.21%	39.36%		斯洛文尼亚	2.38%	32.75%	64.87%
	印度	17.46%	29.61%	52.93%		乌克兰	14.19%	25.65%	60.16%
	马尔代夫	3.26%	23.03%	73.71%	中国	中国	8.83%	40.93%	50.24%
	尼泊尔	33.00%	15.44%	51.55%					
	巴基斯坦	25.11%	19.96%	54.93%					
	斯里兰卡	8.81%	29.45%	61.74%					

数据来源：世界银行数据库

注：其中伊拉克、以色列和阿联酋的数据缺失。

"一带一路"沿线国家商品贸易发展报告

    自 20 世纪 90 年代经济起步腾飞以来，中国同世界各国的贸易迅速发展，贸易逐渐成了国民经济的重要组成部分，持续为中国经济的较快增长保驾护航。近年来，随着世界经济整体发展步入一个新的调整阶段，中国对外经贸增速出现持续放缓甚至下降的态势。2015 年，中国实际经贸总额较 2014 年下降了 7.8%，是近些年的首次滑坡。这一方面与世界各国经济进入大调整期，世界经济需求疲软有关；另一方面也因为国内存在于各行各业的结构转型难题，限制着中国经济的健康发展。随着贸易增速下滑，中国经济的增长目标也遭受考验。

    很显然，中国国际贸易的变化也在一定程度上折射出国际贸易环境的转变。如何利用好国际贸易促进经济增长，成为当下备受关注的重点和热点。中国历史性地提出并积极推动实施"一带一路"倡议，无疑会有助于拓展中国对外经贸往来的空间，转移和化解与美国贸易顺差的巨大压力，为中国乃至世界各国的对外经贸提供千载难逢的发展契机。

    然而，"一带一路"沿线国家众多，各国的自然、社会资源禀赋与优势产业不尽相同，经济发展水平不一，发展方式多种多样；同时，这些国家也各自有着独一无二的文化背景、社会习俗和宗教信仰等。在这样一个多种因素变化的复杂背景下，"一带一路"倡议中的"贸易畅通"，也面临众多的考验与挑战。所以，如何看待与评估当下中国及这些国家贸易的基本情况？如何理解中国及这些国家贸易合作深度的影响因素和潜力？如何优化中国及这些国家的贸易结构，并通过对不同伙伴国制定合理的贸易政策，从而更好地推动"一带一路"倡议的落地并提高其实施成效？这些问题都值得深入探索。本文从这些问题出发，着重于分析"一带一路"沿线各国的商品贸易情况，并深入探索中国同其他"一带一路"沿线国家商品贸易合作的现实基础，试图通过梳理"一带一路"沿线国家对外商品贸易的现实脉络与内在逻辑、利用比较优势寻找优化商品贸易结构的渠道，为提升与促进"一带一路"沿线国家的商品贸易合作提供现实依据。

一、对外商品贸易概况

（一）商品进出口总量

2015 年，全球商品贸易进出口总额达到了 33.321 万亿美元，其中，"一带一路"沿线国家商品贸易额达到了 11.398 万亿美元，占全球商品贸易总额的比重高达 34.21%。欧盟 2015 年对外商品贸易总额也超过 10 万亿美元，达到 10.379 万亿美元之多，占全球比例也高达 31.15%, 仅比"一带一路"沿线国家低约 3 个百分点。为了便于比较, 特意对欧盟不属于"一带一路"沿线国家的欧盟十七国[1]进行单独统计, 其商品贸易占全球的 26.94%。作为世界第一和第三大经济体的美日两国在 2015 年的对外商品贸易之和共有 5.061 万亿美元, 占全球的 15.19%。可以看出,"一带一路"沿线国家、欧盟国家、美日的商品贸易占据了全球商品贸易的绝大部分, 比例高达 76.44%。分进出口来看, 2015 年"一带一路"沿线国家商品进口额、出口额分别为 6.045 万亿美元和 5.353 万亿美元, 欧盟十七国的商品进、出口额分别为 4.561 万亿美元和 4.417 万亿美元, 美日两国则进口 2.129 万亿美元和出口 2.932 万亿美元。

"一带一路"沿线国家、欧盟、美日及其他国家商品贸易总量情况如图 3-1 和图 3-2 所示。

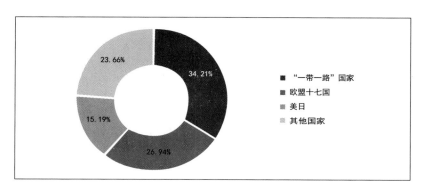

图 3-1　2015 年商品进出口总额占全球比例对比

---

① 不考虑 2016 年英国"脱欧"最终获得公投通过, 欧盟 (欧洲联盟) 共有 28 个成员国, 其中, 保加利亚、克罗地亚、捷克、爱沙尼亚、匈牙利、拉脱维亚、立陶宛、波兰、罗马尼亚、斯洛伐克、斯洛文尼亚 11 个国家同时也属于"一带一路"沿线国家。为避免重复计算, 故在计算全球商品贸易占比时, 单独考虑了欧盟十七国的情况。当然, 在下文不涉及重复问题时, 同时也加入了欧盟整体的情况进行对比分析.

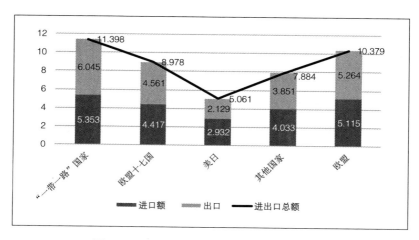

图 3-2　2015 年商品进出口总额（万亿美元）

（二）2000—2015年商品贸易变化①

　　2000—2015 年间，"一带一路"沿线国家、欧盟及美日的商品贸易总体上保持上升态势，只是受 2008 年的金融危机以及 2015 年全球经济低迷的影响，出现了暂时性的回落。在总量方面，从走势图的坡度可以看出，"一带一路"沿线国家的对外商品贸易增长最为明显，从 2000 年的仅 2.6 万亿美元上升到 2014 年的 13.3 万亿美元，增长超过 5 倍，并在 2012 年成功超过欧盟的对外商品贸易总额；欧盟的对外商品贸易自 2011 年起保持稳定，维持在 10 万亿美元上下，约为其 2000 年商品贸易总额的 2 倍；变化最为平缓的是美日的商品贸易总和，2014 年的总额约为 2000 年的 1.75 倍，与欧盟相似，自 2011 年起，其商品贸易总和也较

　　① 印度尼西亚、东帝汶 2000—2002 年数据，塞尔维亚、黑山 2000—2007 年数据均出现缺失，由于这些数据数值较小，对结果造成的偏差较低，故本小节采用均值法进行回溯计算，将结果替代缺失数据．

为稳定，维持在 5.5 万亿美元上下。

从进出口单方面来看，"一带一路"沿线国家的商品进口及出口变化依旧最为显著，欧盟其次，美日最为平缓，与对外商品贸易总量情况保持一致。同时，可以发现如下特征：第一，对比2014 年与 2000 年情况，"一带一路"沿线国家与欧盟的商品出口增量要高于商品进口增量，而美日两国则正好相反，进口增量高于出口增量。第二，将"一带一路"沿线国家与欧盟相比较，"一带一路"沿线国家商品出口额增量高于进口额增量。2000—2008年，"一带一路"沿线国家与欧盟的商品进口差额基本维持在 1.5 万亿美元左右，而出口差额则从 1.2 万亿美元逐渐缩小到 0.6 万亿美元，2010—2015 年，两者的商品进口总额大致相同，只是自2012 年起"一带一路"沿线国家略微超过欧盟，而此时商品出口总额则开始出现明显反向差距，达到 0.9 万亿美元，"一带一路"沿线国家对外商品贸易全面超过欧盟。第三，2011—2015 年，"一带一路"沿线国家商品出口要显著高于商品进口，美日两国则表现为商品进口显著大于出口。"一带一路"沿线国家、欧盟及美日的商品贸易走势如图 3-3 至图 3-5 所示。

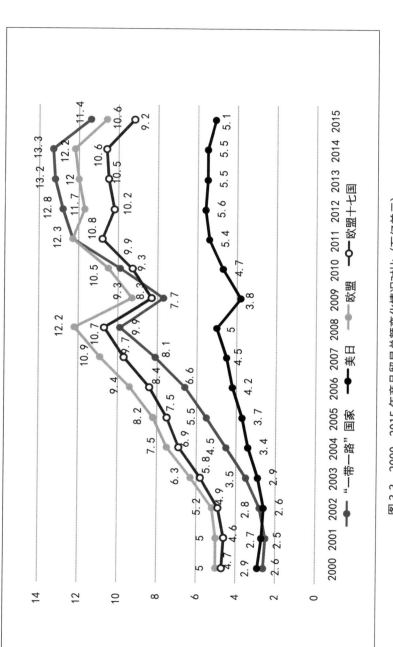

图 3-3　2000—2015 年商品贸易总额变化情况对比（万亿美元）

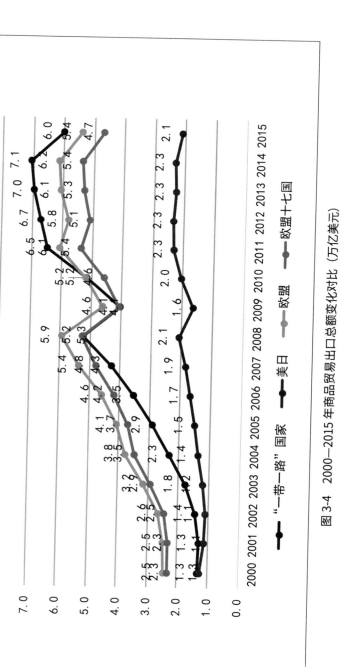

图 3-4　2000—2015 年商品贸易出口总额变化对比（万亿美元）

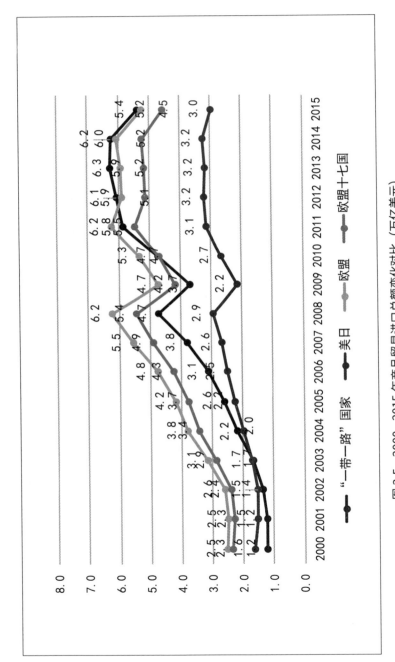

图 3-5　2000—2015 年商品贸易进口总额变化对比（万亿美元）

（三）顺逆差

从商品贸易顺逆差走势上看，中国同"一带一路"沿线国家步调大致保持一致，有一个顺差扩大的趋势；欧盟的顺逆差波动明显，在顺差与逆差中震荡，但幅度均较小；美日两国则呈逆差扩大态势，只是中间出现暂时性逆差收窄。

具体来讲，"一带一路"沿线国家在此期间的对外商品贸易一直保持着顺差，并从世纪初的 0.1 万亿美元左右扩大到了 2014 年的 0.84 万亿美元，因而商品贸易成为这些国家经济发展的重要驱动力；中国也属于"一带一路"沿线国家，在顺逆差趋势上与后者保持一致，中国的顺差也从 2000 年的百万美元扩大到 2014 年的 0.38 万亿美元。欧盟的商品贸易处于顺差逆差交错变化状态，但整体上顺差或逆差的幅度都相对较小，在 2008 年逆差达到幅度最大值的 0.29 万亿美元，2015 年顺差 0.15 万亿美元。反观美日两国，则一直处于商品贸易逆差状态，且逆差值逐渐从 2000 年的 0.38 万亿美元扩大到 2014 年的 0.91 万亿美元。2000—2015 年"一带一路"沿线国家、欧盟、美日及中国商品贸易顺逆差的变化情况如图 3-6 所示。

值得突出强调的一点是，在 2015 年全球经济低迷的背景下，虽然各国商品贸易总额均下降，但是在顺逆差变化方面，"一带一路"沿线国家整体的表现则与中国、欧盟及美日大相径庭。其中，中国的顺差扩大到了 0.59 万亿美元、欧盟顺差小幅扩大到 0.15 万亿美元、美日的逆差出现小幅收窄，而"一带一路"沿线国家的顺差则降低到了 0.65 万亿美元，降幅 0.19 万亿美元；同时，欧盟十七国和欧盟的贸易顺差基本相同，这说明同属欧盟和

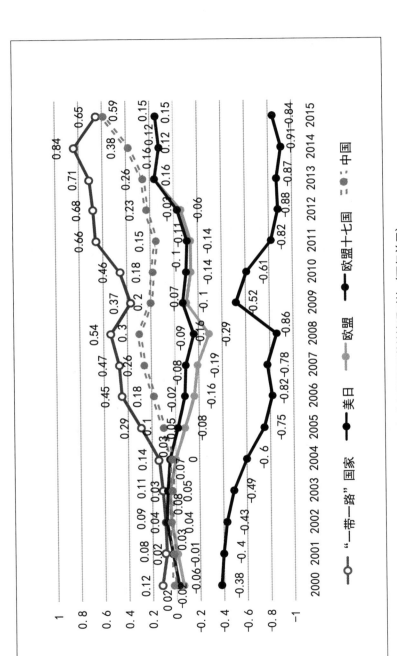

图 3-6　2015 年商品贸易顺逆差情况对比（万亿美元）

"一带一路"沿线国家的 11 个国家的商品贸易顺差也基本可以忽略，可以发现，2015 年，"一带一路"沿线国家的顺差基本由中国贡献；除中国外，"一带一路"沿线国家中的非欧盟国家对外商品贸易形势出现了明显的恶化，也从侧面反映这些国家的商品贸易的不稳定性。出现这种情况，主要是受大宗商品价格下调的影响。

（四）商品贸易结构

商品贸易结构可以反映出一定时期内各大类商品或某种商品在整个国际（或对外）贸易的构成情况。对一个国家的对外贸易商品结构深入剖析可以探索出该国的经济发展水平、产业结构状况、科技发展水平，等等；同样，探索国际贸易商品结构则可以理解世界各国或经济体在这些方面的表现。下面从大类商品和细类商品两个角度对比分析"一带一路"沿线国家、欧盟和美日的商品贸易结构。[①]

1.大类商品分析

大类商品可以分为资本品、消费品、中间产品、原材料。

资本品方面，"一带一路"沿线国家的进出口相对基本平衡，出口 1.87 万亿美元，进口 1.88 万亿美元；美日两国出口 0.8 万

①　本文商品分类数据主要来源于世界银行的 WITS 数据库。本报告中涉及的 16 类细分类商品对应于各国海关商品编码（HS 编码）的 01–99 类商品，具体为：动物产品（HS01–05）、植物和蔬菜产品（HS06–15）、食品加工（HS16–24）、矿产（HS25–26）、化石燃料（HS27）、化工产品（HS28–38）、塑料和橡胶（HS39–40）、皮革产品（HS41–43）、木材（HS44–49）、纺织服装（HS50–63）、鞋类产品（HS64–67）、石料陶瓷和玻璃（HS68–71）、金属制品（HS72–83）、机电产品（HS84–85）、交通运输产品（HS86–89）、其他产品（HS90–99）.

亿美元，逆差达到 0.15 万亿美元；而欧盟则存在 0.21 万亿美元的顺差，出口为 1.63 万亿美元，但通过比较欧盟十七国的情况发现，这一顺差基本由欧盟中的非"一带一路"沿线国家所贡献。

消费品方面，"一带一路"沿线国家是消费品的主要输出国，出口达到 2.12 万亿美元，贸易顺差也高达 0.92 万亿美元；欧盟也是消费品的主要输出地，出口也高达 1.99 万亿美元，但在顺差方面仅有少量优势，仅保持 0.13 万亿美元的贸易顺差，欧盟十七国也仅贡献了其中的 0.05 万亿美元，因而欧盟中的 11 个"一带一路"沿线国家反倒具有比较优势；美日两国则是消费品的输入大国，进口 1.06 万亿美元，贸易逆差高达 0.52 万亿美元。

中间产品方面，各类国家的贸易进出口基本维持平衡。"一带一路"沿线国家进口 1.25 万亿美元，有 0.17 万亿美元的逆差；欧盟整体保有 0.05 万亿美元的顺差，出口 1.15 万亿美元，具体而言，欧盟十七国有 0.08 万亿美元的顺差，欧盟中的"一带一路"沿线国家则实际存在 0.03 万亿美元的逆差；与此同时，美日在此方面仅存在 0.02 万亿美元的逆差，其中进口 0.45 万亿美元。

原材料方面，"一带一路"沿线国家、欧盟和美日均处于贸易逆差状态。"一带一路"沿线国家进口 0.78 万亿美元、出口 0.82 万亿美元；欧盟的原材料进口为 0.29 万亿美元，逆差 0.28 万亿美元，主要由欧盟十七国的 0.25 万亿美元贸易逆差所贡献；美日的原材料贸易逆差也达到了 0.2 万亿美元，其中进口有 0.34 万亿美元。

因此，综合来看，首先，主要为发展中国家的"一带一路"沿线国家在消费品贸易方面规模较大，且具有较大的出口比较优势；其次，"一带一路"沿线国家对资本品和中间产品的进出口贸

易较为均衡，也具有明显的规模；此外，虽然原材料的进出口总
量规模相对较小，但同欧盟或美日相比，其贸易逆差要小得多。

2015 年"一带一路"沿线国家、欧盟和美日在各大类商品方
面的进出口贸易结构如表 3-1 和图 3-7 至图 3-8 所示。

表 3-1 2015 年分区域或国家大类商品贸易情况对比（万亿美元）

区域或国家	资本品		消费品		中间产品		原材料	
贸易流向	出口	进口	出口	进口	出口	进口	出口	进口
"一带一路"沿线国家	1.87	1.88	2.12	1.20	1.08	1.25	0.78	0.82
欧盟	1.63	1.42	1.99	1.86	1.15	1.10	0.29	0.57
欧盟十七国	1.39	1.18	1.70	1.65	1.03	0.95	0.25	0.50
美日	0.80	0.95	0.54	1.06	0.43	0.45	0.14	0.34
中国	1.01	0.71	0.83	0.20	0.37	0.32	0.04	0.37

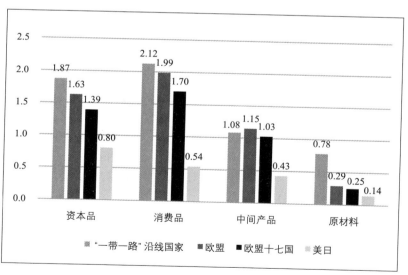

图 3-7 2015 年大类商品出口贸易对比（万亿美元）

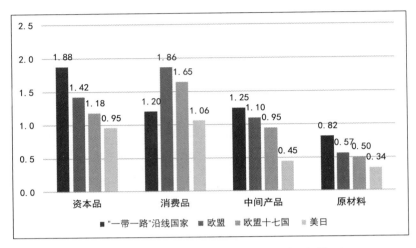

图 3-8　2015 年大类商品进口贸易对比（万亿美元）

2.细类商品分析

分析 2015 年细类商品贸易数据发现，化石燃料、化工产品、金属制品、机电产品和交通运输产品等在贸易规模上占据主导地位，尤其是机电产品，一方面是因为这些产品是经济发展的必需品，另一方面也与商品本身价格有关。

2015 年，"一带一路"沿线国家的细类商品出口规模排序是机电产品、化石燃料、纺织服装、金属制品、化工产品、交通运输产品、石料陶瓷和玻璃、塑料和橡胶、植物和蔬菜、食品加工产品、木材、鞋类、动物产品、皮革产品及矿产，其中，机电产品出口额为 16.49 千亿美元，化石燃料出口 9.31 千亿美元，纺织服装也达到了 3.39 千亿美元。进口规模排序为机电产品、化石燃料、化工产品、金属制品、交通运输产品、塑料及橡胶、植物和蔬菜、石料陶瓷和玻璃、服装纺织、矿产、食品、木材、动物产品、皮革产品及鞋类，其中机电产品进口额为 14.94 千亿美元，化石燃料进口 6.42 千亿美元，化工产品进口 4.01 千亿美元。

欧盟出口规模前五位的商品及其贸易额是机电产品 11.85 千亿美元、交通运输产品 8.10 千亿美元、化工产品 7.05 千亿美元、金属制品 3.90 千亿美元、塑料和橡胶 2.74 千亿美元；进口规模前五位的商品及其贸易额是机电产品 11.15 千亿美元、交通运输产品 6.20 千亿美元、化工产品 6.01 千亿美元、化石燃料 5.46 千亿美元、金属制品 3.75 千亿美元。美日两国的细类商品出口规模前五位为机电产品、交通运输产品、化工产品、金属制品和化石燃料；进口规模前五位是机电产品、交通运输产品、化石燃料、化工产品和纺织服装。

2015 年"一带一路"沿线国家、欧盟和美日的细类商品进出口情况如图 3-9 和图 3-10 所示。[①]

在探讨"一带一路"沿线国家、欧盟和美日的细分类产品进出口贸易情况基础上，有必要再进一步观察其顺逆差状况。

2015 年，"一带一路"沿线国家的贸易顺差产品主要集中在纺织服装、化石燃料、机电产品、石料陶瓷和玻璃及鞋类等商品上，其中纺织服装贸易顺差高达 2.9 千亿美元，化石燃料也达到 2.89 千亿美元；同时，其贸易逆差产品主要是矿产、化工产品及交通运输产品，其中矿产逆差有千亿美元；而其他细类商品，诸如木材、塑料和橡胶、金属制品、食品加工产品等基本保持均衡，这也与主要为发展中国家的"一带一路"沿线国家的经济发展模式和结构有较大相关性。

---

① 为了图中数据能清晰显示，欧盟十七国未加数据标签，仅列出了"一带一路"沿线国家、欧盟和美日的数据；同时，商品顺序是按照"一带一路"沿线国家各商品贸易数据从高到低排列。

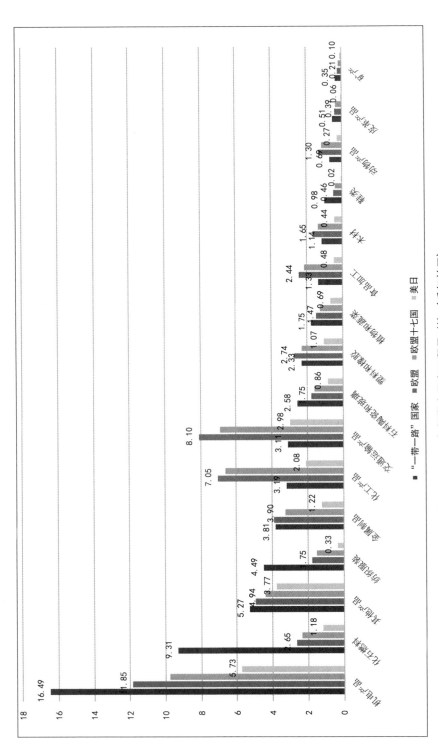

图 3-9　2015 年细类商品出口贸易对比（千亿美元）

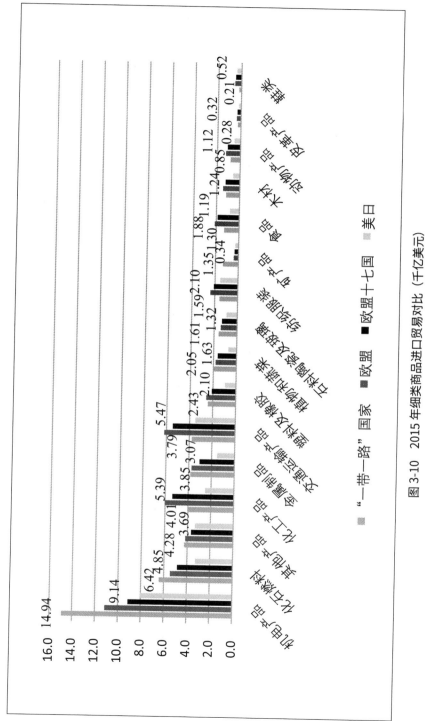

图 3-10 2015 年细类商品进口贸易对比（千亿美元）

欧盟的贸易顺差产品主要是交通运输产品、化工产品和机电产品,顺差额分别为 1.9 千亿美元、1.03 千亿美元、0.77 千亿美元;贸易逆差产品主要是化石燃料和纺织服装,前者逆差额高达 2.81 千亿美元,后者也有 0.65 千亿美元。而美日两国在 2015 年的细类产品贸易中则基本处于贸易逆差状态,仅仅是在未进行深入细分的"其他产品"类别保持顺差,其中,机电产品的逆差达到 2.33 千亿美元,化石燃料逆差也有 2.12 千亿美元。

2015 年"一带一路"沿线国家、欧盟和美日的细分类产品贸易顺差如图 3-11 所示。

二、"一带一路"分区域对外商品贸易概况

(一)"一带一路"各区域商品贸易基本情况

"一带一路"横跨欧亚非大陆,本章将"一带一路"沿线国家划分为东南亚、南亚、东亚及俄罗斯、中东欧、西亚北非、中亚六大区域,其中东亚及俄罗斯指中国、蒙古和俄罗斯 3 国。

总额方面,东亚及俄罗斯占整个"一带一路"沿线国家商品贸易总额的近 4 成,是其他区域的两倍及以上,随后依次是东南亚、西亚北非、中东欧、南亚和中亚,占比分别为 19.72%、18.21%、14.08%、7.38% 和 1.14%;单方向贸易方面,各区域占比顺序与总额相同,只是所占比例大小有所不同,其中各区域商品出口占比依次为 43.51%、19.17%、17.49%、13.16%、5.47%、

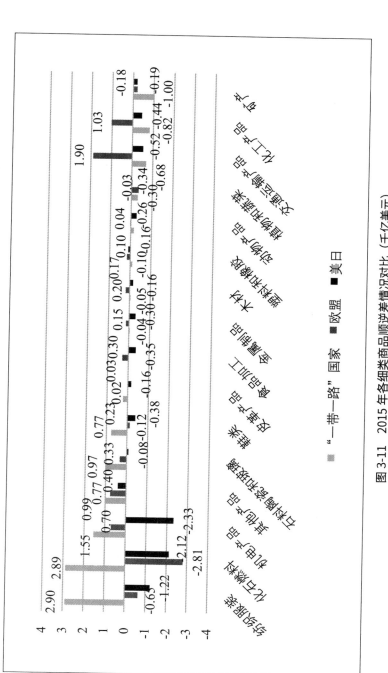

图 3-11 2015 年各细类商品顺逆差情况对比（千亿美元）

1.20%，进口占比依次为34.90%、20.35%、19.01%、15.12%、9.54%、1.08%。可以看出，东亚及俄罗斯是总体商品贸易顺差的主要来源区域。2015年各区域进出口占比情况如表3-2和图3-12所示。

表 3-2 2015 年分区域商品贸易额及占比情况

区域划分	出口额	区域出口占比	进口额	区域进口占比	进出口总额	区域总额占比
东南亚	1.159	19.17%	1.090	20.35%	2.248	19.72%
南亚	0.331	5.47%	0.510	9.54%	0.841	7.38%
东亚及俄罗斯	2.630	43.51%	1.868	34.90%	4.499	39.47%
中东欧	0.796	13.16%	0.809	15.12%	1.605	14.08%
西亚北非	1.058	17.49%	1.018	19.01%	2.075	18.21%
中亚	0.072	1.20%	0.058	1.08%	0.130	1.14%
总计	6.045	100.00%	5.353	100.00%	11.398	100.00%
世界	16.585		16.736		33.321	
占世界份额	31.98%		36.45%		34.21%	

注：数据来源于世界银行 WITS 数据库，UNCTAD 数据库做补充，贸易额单位：万亿美元

（二）"一带一路"各区域商品贸易结构

此处只对各区域大类产品进行分析，并从各区域的不同产品贸易占比和不同产品贸易的各区域占比两个角度来分析"一带一路"各区域的商品进出口贸易结构。前者就是分析各地区对不同产品的需求或供给程度，一定程度上可以反映出区域内国家的资源禀赋结构和经济发展模式；后者则从横向视角对相同产品进行

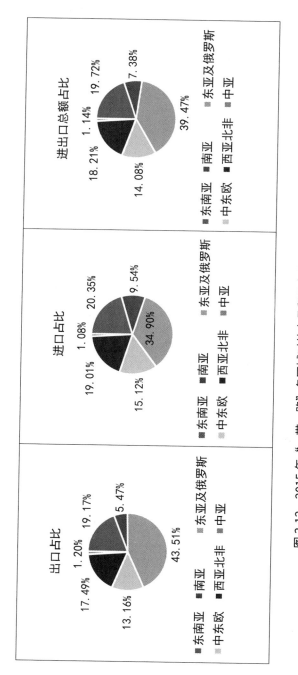

图 3-12 2015 年 "一带一路" 各区域对外商品贸易占总体比例情况 (%)

观察，对比不同区域的整体进出口状况，从而可以得到不同产品的主要来源或流向区域。

1.出口贸易 [1]

从分区域的视角看，中亚地区出口的原材料占该地区整体商品出口的 64.55%，远超一半水平，而原材料包括化石燃料及矿产等，也符合中亚各国经济发展需求的事实；西亚及北非也依赖于原材料的出口，该产品出口占比超过其商品出口的 40%，另外，其消费品的出口占比也略超 30%；中东欧、东亚及俄罗斯、东南亚有较为相似的商品出口结构，消费品及资本品出口总额占比均超过各自地区的商品出口的 70%，只是中东欧消费品出口略超过资本品，更依赖于消费品出口，东亚及俄罗斯、东南亚则恰好相反；南亚地区对消费品出口的依赖尤为明显，出口占比超过50%，这也与南亚各国基本依赖纺织服装、鞋类、植物和蔬菜的出口相符合。

从不同产品视角看，首先，以原材料为例，西亚北非地区的原材料出口占"一带一路"沿线国家原材料出口比例超过一半，达到 52.34%，这是因为西亚北非国家多为石油等化石燃料产出与出口国；其次，俄罗斯作为国际原油出口大国也使得东亚及俄罗斯的原材料出口占比达到了 20.50%，紧随其后的是东南亚，占比 12.54%，而中亚地区原材料出口仅占比 3.91%。同时，可以看

---

① 分区域大类产品进、出口数据由不同区域各国数据加总而成，数据主要来源于 WITS 数据库，部分数据从 UNCTAD 数据库补充，另有部分国家如东帝汶、缅甸、塔吉克斯坦等国家 2015 年数据缺乏，考虑到这些国家多为经济欠发达国家，在数量级上基本不会对整体结果产生较大影响，故采用了 2010—2014 年间最近年份数据进行了替代，以保证计算的完整性与合理性。

到，东亚及俄罗斯在中间产品、消费品和资本品出口方面占比均超过了 40%，资本品占比甚至超过 50%，达到 54.78%，这是由于中国和俄罗斯均为贸易大国。

表 3-3　2015 年分区域各产品出口额及其占比（万亿美元、%）

区域划分	原材料	中间产品	消费品	资本品	产品合计
东南亚	0.098	0.217	0.380	0.449	1.145
区域占比	12.54%	20.14%	17.90%	24.00%	19.55%
南亚	0.027	0.095	0.161	0.038	0.320
区域占比	3.40%	8.82%	7.55%	2.02%	5.46%
东亚及俄罗斯	0.160	0.432	0.962	1.026	2.580
区域占比	20.50%	40.05%	45.25%	54.78%	44.04%
中东欧	0.057	0.148	0.307	0.243	0.755
区域占比	7.31%	13.67%	14.45%	12.97%	12.88%
西亚北非	0.408	0.176	0.310	0.116	1.011
区域占比	52.34%	16.29%	14.61%	6.20%	17.26%
中亚	0.030	0.011	0.005	0.001	0.047
区域占比	3.91%	1.03%	0.23%	0.04%	0.81%
合计	0.780	1.080	2.125	1.873	5.858

注：数据来源于 WITS 数据库

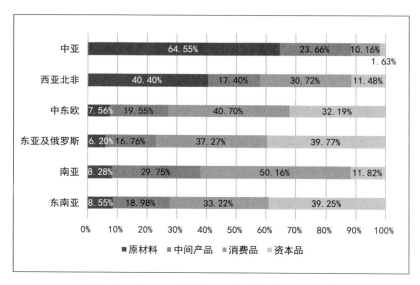

图 3-13　2015 年分区域各产品商品出口贸易占比

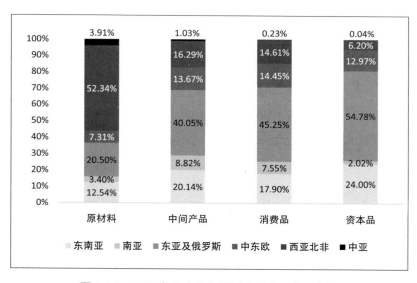

图 3-14　2015 年分产品各区域商品出口贸易占比

2.进口贸易

从区域角度来看，中亚五国由于地处内陆，资源禀赋相对较为匮乏，因而其进口的产品主要为消费品和资本品，两类产品的进口占比超过了中亚地区商品进口的70%，其中消费品进口占比38.9%、资本品进口占比33.66%；西亚北非与中东欧的商品进口贸易结构较为相似，原材料进口均占比10%左右，消费品进口占比也都略超33%，只是在中间产品和资本品进口方面相差5个百分点左右；东亚及俄罗斯、东南亚资本品进口占比均超过40%，这与这些地区许多国家为资本净流入国、依靠投资拉动经济增长的现实相符；南亚地区则进口中间产品较多，侧面反映其贸易方式多为加工贸易。

分产品来看，对于原材料，东亚及俄罗斯的需求最高，进口占原材料总进口比例为46.95%，接近一半；中东欧、东南亚、南亚和西亚北非的原材料进口占比约在10%—20%之间；中亚只有0.25%。中间产品和消费品的各区域占比差距相对小一些，东南亚、东亚及俄罗斯、西亚北非的这两类产品进口占比均在20%—30%之间；中亚的两类产品进口占比依旧最低，分别只有0.58%和1.11%；南亚及中东欧的中间产品进口占比分别为14.41%和13.72%，但消费品进口占比差距较大，分别为6.09%和21.26%。就资本品而言，东亚及俄罗斯的需求同样是最高的41.45%，是资本品的主要流入区域；其次是东南亚，进口占比为23.47%；中东欧及北非占比分别为13.69%和15.35%；而南亚及中亚仅5.43%和0.61%。

表 3-4　2015 年分区域各产品进口额及其占比

区域划分	原材料	中间产品	消费品	资本品	产品合计
东南亚	0.117	0.269	0.266	0.442	1.094
区域占比	14.33%	21.48%	22.09%	23.47%	21.21%
南亚	0.140	0.181	0.073	0.102	0.496
区域占比	17.06%	14.41%	6.09%	5.43%	9.61%
东亚及俄罗斯	0.384	0.348	0.268	0.780	1.781
区域占比	46.95%	27.77%	22.32%	41.45%	34.54%
中东欧	0.079	0.172	0.256	0.258	0.764
区域占比	9.62%	13.72%	21.26%	13.69%	14.82%
西亚北非	0.096	0.276	0.326	0.289	0.988
区域占比	11.79%	22.04%	27.13%	15.35%	19.16%
中亚	0.002	0.007	0.013	0.012	0.034
区域占比	0.25%	0.58%	1.11%	0.61%	0.66%
各国合计	0.818	1.253	1.203	1.882	5.155

注：数据来源于 WITS 数据库

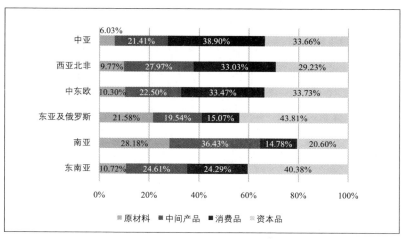

图 3-15　2015 年分区域各产品进口贸易占比

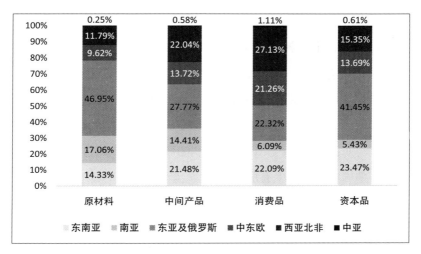

图 3-16　2015 年分产品各区域进口贸易占比

三、"一带一路"沿线国家对外商品贸易基本情况

（一）各国对外商品贸易额

　　由于"一带一路"沿线国家对外贸易额差别相差巨大，图 3-17 与图 3-18 只分别展示了 2015 年商品贸易进出口额超过千亿美元的国家数据。从图中可以看出，无论是进口还是出口，2015 年中国的商品贸易额都遥遥领先其他"一带一路"沿线国家，其中出口 22.82 千亿美元、进口 16.82 千亿美元。出口方面，商品出口额超过千亿美元的有 14 个国家，略超过沿线国家总数的 1/5，新加坡作为国际性港口城市、俄罗斯作为能源出口大国，2015 年商品出口额分别达到 3.47 千亿美元和 3.44 千亿美元，随后是阿

联酋、印度、泰国、沙特阿拉伯、马来西亚、波兰、越南、捷克、印度尼西亚、土耳其、匈牙利等国；进口方面，超千亿美元进口额的国家共有 13 个，作为人口大国的印度 2015 年商品进口达到 3.91 千亿美元，随后的国家排名依次为新加坡、阿联酋、土耳其、泰国、波兰、俄罗斯、马来西亚、越南、沙特阿拉伯、印度尼西亚和捷克。对比出口情况，仅有匈牙利的商品进口未超过千亿美元大关，其他国家在位次上有所变化。

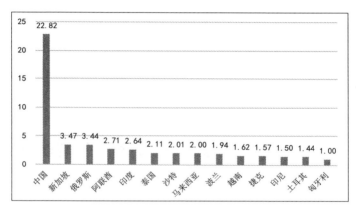

图 3-17　2015 年商品贸易出口超千亿美元的国家情况

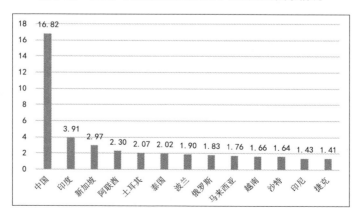

图 3-18　2015 年商品贸易进口超千亿美元的国家情况

（二）贸易依存度

对外贸易依存度是用于衡量一个国家的经济开放程度的常用指标，一般使用某国的对外贸易总额占该国 GDP 比重来表示。商品贸易是对外贸易的形式之一，为了全面地衡量"一带一路"沿线国家的经济开放程度，这里并非只使用商品贸易总额占 GDP 来计算各国对外贸易依存度，而是同时包含了商品贸易和服务贸易。具体数据分析如下。[①]

在 65 个国家中，对外贸易依存度超过 100（即对外贸易总额对 GDP 的比值大于 1）的国家共有 25 个，对外贸易依存度低于 50（即对外贸易总额对 GDP 的比值小于 1/2）的国家共 13 个。其中，新加坡以 326.12 的对外贸易依存度位列各国对外贸易依存度之首，其中出口依存度为 176.5，进口依存度为 149.62，各项数据均远超其他国家，这与新加坡作为开放型港口城市以及作为全球货物贸易重要支点城市的现实基础相符合。斯洛伐克、阿联酋、越南、匈牙利、马尔代夫、捷克、爱沙尼亚、立陶宛的对外贸易依存度顺次排在新加坡之后，但这些国家的对外贸易依存度均超过了 150，表现出较高的经济开放程度。可以看出，排名前十位的国家中，阿联酋属于石油资源丰富国家而且有中东最大的转口贸易中心，越南成为新兴的"世界代工厂"，东欧国家则或采取出口导向政策、或采取自由贸易政策，这些现实证据也进一步支撑了分析结果。巴基斯坦、伊朗、乌兹别克斯坦、也门、埃及分别处于对外贸易依存度倒数前五位，对外贸易依

[①] 数据来源于世界银行 WITS 数据库、UNCTAD 数据库。其中，叙利亚由于近些年 GDP 数据缺失，无法计算其对外贸易依存度，故未在图中显示。

存度均低于40，这与这些国家的制度安排（主要发达国家对伊朗经济封锁）、政权动荡（埃及国内动乱）、地理位置（乌兹别克斯坦地处中亚内陆）等因素相关。中国2015年的对外贸易依存度为40.46，其中出口依存度为21.97，进口依存度18.49，排名较为靠后，这一方面由于中国经济体量庞大，另一方面也是由于中国的经济增长非常依赖于投资和消费。2015年"一带一路"沿线国家对外贸易依存度如图3-19、图3-20所示。

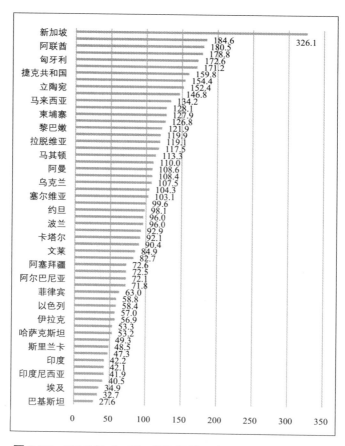

图 3-19 2015 年"一带一路"沿线国家对外贸易依存度情况

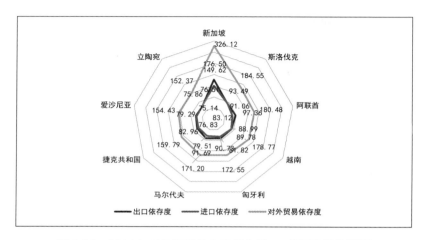

图 3-20　2015 年对外贸易依存度排名前 10 位国家具体情况

（三）商品贸易增长率

越南以年均 17.31% 的增长率位居商品出口贸易增长之首，并以 17.38% 排名商品进口贸易第二位。中国在商品出口增长率方面以 15.92% 的增长率排名第二，也以 14.85% 的商品进口增长率位列第八，中国于 2001 年成为世界贸易组织成员方，巨大的人口红利使其快速融入经济全球化进程，因而对外贸易增长率长期处于高位。可以看出，出口方面，增长率排名靠前的国家基本是自然资源禀赋丰富的国家，抑或是实行自由贸易政策以图推动经济增长；而进口贸易增长率排名靠前的国家多是资源或物资缺乏，依赖于进口的国家。在此期间，世界整体的出口、进口商品贸易增长率分别为 6.38% 和 6.21%，而排名前十位的国家增长率均超过了世界平均水平的 2 倍。限于篇幅，表 3-5 仅列出了 2000—2015 年间"一带一路"商品贸易年均增长率排名前十位国家的情况。

表 3-5　2000—2015 年商品进出口年均增长率排名前 10 位国家

国家和地区	商品出口（%）	国家和地区	商品进口（%）
越南	17.31	东帝汶	28.32
中国	15.92	越南	17.38
阿塞拜疆	15.27	格鲁吉亚	16.97
阿尔巴尼亚	14.79	老挝	15.87
阿富汗	14.53	吉尔吉斯共和国	15.54
蒙古	14.30	阿塞拜疆	15.24
格鲁吉亚	14.24	卡塔尔	14.92
斯洛伐克	13.97	中国	14.85
卡塔尔	13.80	印度	14.48
立陶宛	13.72	阿联酋	14.29
世界	6.38	世界	6.21

注：数据来源于 UNCTAD 数据库

中国、印度、俄罗斯、新加坡、阿联酋这 5 个国家在 2015 年的商品出口额均超过了 2000 亿美元，中国更是高达 2.28 万亿美元。从增长率走势上看，各个国家商品出口贸易的变化趋势整体上趋于一致，受世界经济大环境的影响，除去经济增长乏力的年份，各国的出口增长率均维持在较为稳定的水平。2008 年的金融危机对各国的贸易影响巨大，商品出口贸易均出现了较大程度的下降，其中俄罗斯在 2009 年的出口贸易甚至下降了 35.67%，与其经济结构单一、依赖于资源产品出口有较大相关性。在经历了两年的贸易回暖之后，由于全球经济增长乏力，又连续出现欧洲债务危机、全球大宗商品价格持续走低等问题，近几年这 5 个国家的商品贸易出口持续处于低位，2015 年重新出现负增长，俄罗斯和阿联酋这两个依赖石油出口的国家的出口分别减少 31.27% 和 27.73%。中国加入世贸组织后，依靠廉价的劳动力和人口优势，逐步成为"世界工厂"，在传统的纺织服装产品出口的基础上，机电产品等的出口也逐年增长，在较长时间内中国商品出口贸易增长率维持在超过20% 的高增长水平。2015 年商品出口贸易额排名前五位的国家在 2000—2015 年期间出口增长率变化情况如表 3-6 和图 3-21 所示。

表 3-6　2015 年商品出口贸易额排名前 5 位国家近些年出口增长率情况

年份	中国	印度	俄罗斯	新加坡	阿联酋
2000	27.84	18.82	39.02	20.16	36.63
2001	6.78	2.32	−3.00	−11.65	−2.85
2002	22.36	13.58	5.32	2.81	7.74
2003	34.59	19.72	26.68	27.74	28.70
2004	35.39	29.99	34.78	24.22	35.54
2005	28.42	29.96	33.07	15.61	28.89
2006	27.17	22.28	24.51	18.36	24.13
2007	25.95	23.28	16.75	10.12	22.70
2008	17.23	29.75	33.07	12.99	33.91
2009	−16.01	−15.36	−35.67	−20.21	−19.74
2010	31.30	37.26	32.05	30.40	11.46
2011	20.32	33.82	30.30	16.38	41.12
2012	7.92	−2.01	1.39	−0.27	15.56
2013	7.82	6.07	−1.40	0.45	8.60
2014	6.03	2.49	−4.80	−0.23	−1.06
2015	−2.94	−17.12	−31.27	−15.31	−27.73

注：数据来源于 UNCTAD 数据库

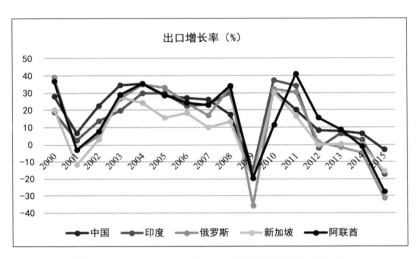

图 3-21　2000—2015 年前 5 位出口国出口年增长率

　　就商品进口贸易额而言，中国仍以 1.682 万亿美元远超其他国家。但从走势上看，这 5 个国家的增长率则表现为变化趋势一致，但内在波动性较大。如阿联酋从 2008 年的 51.17% 变为 2009 年的 –25.11%，绝对差超过 70 个百分点；在商品出口增长较为平稳的 2003—2008 年，其商品的进口贸易波动性也较大。从 2012 年开始，这 5 个国家商品进口增长率逐步下降，2015 年重现负增长。中国在 2003 年的商品进口贸易增长率达到近些年峰值，为 39.84%；2015 年，中国商品进口贸易增长率为 –14.27%，比 2008 年的 –11.18% 还要低约 3 个百分点。印度在进出口增长率变化情况方面与中国较为类似，只是高增长状态迟于中国两年才出现。新加坡依赖于地理位置而成长为国际化港口城市，在经济全球化过程中起到了重要推动作用，但受制于经济体量的大小，其进出口商品贸易往往受到国际经济形势和贸易大环境好坏的影响，因而其进出口增长率波动性较大。2015 年商品进口贸易额排名前五位国家在 2000—2015 年间进口增长率变化情况如表 3-7 和图 3-22 所示。

表 3-7　2000—2015 年商品贸易进口额排名前 5 位国家进口增长率（%）

年份	中国	印度	新加坡	阿联酋	土耳其
2000	35.73	9.67	21.15	10.37	35.49
2001	8.23	-2.19	-13.78	6.53	-24.04
2002	21.19	12.15	0.38	14.37	24.53
2003	39.84	28.38	16.98	22.09	34.50
2004	35.97	37.51	27.44	38.42	40.67
2005	17.59	43.19	15.24	17.44	19.72
2006	19.93	24.88	19.33	18.20	19.53
2007	20.80	28.56	10.24	32.42	21.84
2008	18.45	39.96	21.52	51.17	18.76
2009	-11.18	-19.88	-23.14	-25.11	-30.22
2010	38.80	36.17	26.45	10.00	31.66
2011	24.87	32.62	17.69	23.03	29.80
2012	4.30	5.43	3.81	11.33	-1.78
2013	7.24	-4.96	-1.77	5.75	6.39
2014	0.47	-0.53	-1.81	4.60	-3.77
2015	-14.27	-15.13	-18.98	-8.00	-14.43

注：数据来源于 UNCTAD 数据库

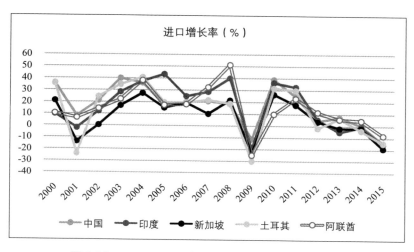

图 3-22　2000—2015 年前 5 位进口国进口年增长率

（四）"一带一路"沿线国家商品贸易结构

1.出口贸易

（1）大类商品分析

商品出口情况一定程度上可以反映一个国家的经济情况或资源禀赋。在以矿产、石油等资源为代表的原材料出口方面，沙特阿拉伯和俄罗斯 2015 年的原材料出口分别高达 1.32 千亿美元和 1.18 千亿美元，紧随其后的伊朗和阿联酋的出口额也近千亿美元，印度尼西亚以 0.44 千亿美元位居第五。在原材料出口额排名前十位"一带一路"沿线国家中，除中国和印度外，其余 8 国均是世界矿产、石油主要产出地，2015 年原材料出口额也都在百亿美元之上。其中多数国家出口主要偏重于原材料，出口结构较为单一。

而对于其他三类大类商品，中国的出口优势则非常明显。中间产品方面，2015 年中国出口额高达 3.66 千亿美元，是位居第二的印度的 4 倍以上，俄罗斯和新加坡的中间产品出口也超过了 500 亿美元，余下的 6 国中间产品出口额在 350 亿—450 亿美元之间。消费品方面，中国是纺织服装、鞋类等基本消费品的出口大国，2015 年中国消费品出口达到了 8.31 千亿美元，比第二位的俄罗斯该产品出口的 6 倍还多，随后的是印度、阿联酋、新加坡、波兰等国，消费品出口在 650 亿—1200 亿美元之间。资本品方面，中国的资本品出口单项超过了万亿美元，达到 1.008 万亿美元，新加坡资本品出口 1.79 千亿美元。

可以看出，中国的出口大类商品主要是中间产品、消费品和资本品；俄罗斯的大类商品出口主要是原材料和消费品；印度出口大类商品集中在中间产品和消费品；新加坡的大类商品出口主要是资本品。而这 4 个国家中，新加坡为发达国家，又是国际金融中心，故其以金融服务行业为主导；中国、俄罗斯和印度正处于工业化阶段，生产的产品也以初、中级产品为主。

（2）细类商品分析

从细分类商品 2015 年出口额排名来看，中国除了在化石燃料产品出口跌出前五、植物和蔬菜出口位居第二外，在余下 13 类细分类商品的出口贸易中均是规模最大的。

更为细致地，在各类动植物及食品产品方面，出口规模靠前的基本是亚洲东南部国家，包括中国、印度、越南、印度尼西亚、马来西亚、泰国，故可明确该地区是动植物及食品产品出口主要地，但其中也不乏例外，如波兰的动物产品出口就以 78.644 亿美元规模仅次于中国和印度。在能源产品及化工产品方面，俄罗斯均是出口大国，其中化石燃料的出口更是以 2161.011 亿美元

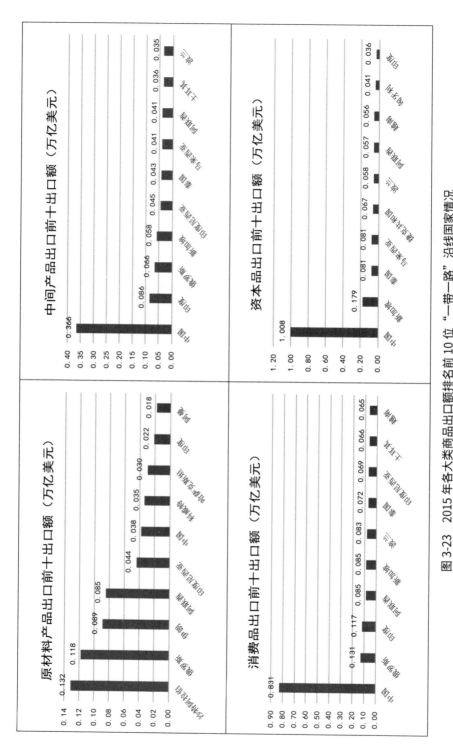

图 3-23 2015 年各大类商品出口额排名前 10 位 "一带一路" 沿线国家情况

远超其他国家;化石燃料的五大出口国均是传统的原油产出国,包括俄罗斯、沙特阿拉伯、阿联酋、卡塔尔和伊拉克。皮革产品方面,中国 351.149 亿美元的出口规模约是排在第二位的 10 倍,遥遥领先;同时,中国的纺织服装和鞋类出口规模也远高于其他国家,其中,鞋类的出口额达到了 683.550 亿美元,纺织服装的出口规模更是高达 2736.446 亿美元,优势更为明显;另外,对于这三类产品,越南、印度、印度尼西亚也是出口规模靠前的国家。在石料陶瓷和玻璃产品出口方面,西亚地区的两个国家以色列和土耳其表现出色,分别以 186.254 亿美元和 144.467 亿美元排在第四、五位。在金属制品出口方面,中国以 1767.836 亿美元的出口规模达到其他"一带一路"沿线国家的 6 倍以上。对于机电产品的出口,出口规模前五位国家分别为中国、新加坡、马来西亚、泰国和越南,出口额均超过 500 亿美元。交通运输产品中,中国的出口额有 1073.390 亿美元,随后的波兰、泰国、印度和阿联酋的出口规模则在 200 亿美元左右。15 类细分类商品 2015 年出口额排名前五位的"一带一路"沿线国家贸易情况如表 3-8 所示。

表 3-8　2015 年细类产品出口额排名前 5 位国家及其出口额情况

产品类别	细类产品出口额排名前5位国家及其出口额（亿美元）				
动物产品	高低次序	中国	印度	波兰	越南	印度尼西亚
	出口额	173.562	93.584	78.644	52.011	34.476
植物和蔬菜	高低次序	印度尼西亚	中国	印度	马来西亚	越南
	出口额	268.207	230.059	167.538	153.554	121.157
食品加工产品	高低次序	中国	泰国	波兰	新加坡	土耳其
	出口额	279.219	172.700	120.963	85.193	69.281
矿产品	高低次序	中国	土耳其	俄罗斯	蒙古	乌克兰
	出口额	38.298	32.539	30.613	27.285	26.115

续表

产品类别	细类产品出口额排名前5位国家及其出口额（亿美元）				
化石燃料	高低次序	俄罗斯	沙特阿拉伯	阿联酋	卡塔尔	伊拉克
	出口额	2161.011	1529.261	881.216	645.340	644.097
化工产品	高低次序	中国	新加坡	印度	俄罗斯	沙特阿拉伯
	出口额	1061.223	348.344	327.220	179.740	149.625
塑料及橡胶产品	高低次序	中国	泰国	沙特阿拉伯	新加坡	波兰
	出口额	865.190	240.451	152.412	151.013	133.975
皮革产品	高低次序	中国	印度	越南	波兰	巴基斯坦
	出口额	351.149	35.244	32.865	11.319	11.133
木材	高低次序	中国	俄罗斯	波兰	印度尼西亚	马来西亚
	出口额	403.090	100.349	99.730	93.352	51.060
纺织服装	高低次序	中国	印度	越南	土耳其	巴基斯坦
	出口额	2736.446	371.617	272.701	260.786	129.182
鞋类	高低次序	中国	越南	印度尼西亚	印度	罗马尼亚
	出口额	683.550	127.836	44.604	31.143	14.301
石料陶瓷及玻璃物	高低次序	中国	阿联酋	印度	以色列	土耳其
	出口额	844.780	415.795	414.176	186.254	144.467
金属制品	高低次序	中国	俄罗斯	印度	波兰	土耳其
	出口额	1767.836	330.138	212.394	191.309	166.264
机电产品	高低次序	中国	新加坡	马来西亚	泰国	越南
	出口额	9636.401	1660.212	819.850	663.391	574.131
交通运输产品	高低次序	中国	波兰	泰国	印度	阿联酋
	出口额	1073.390	284.583	282.406	220.139	190.264
其他产品	高低次序	中国	阿联酋	新加坡	波兰	俄罗斯
	出口额	2394.908	1156.712	416.299	154.772	140.821

注：数据来源于 WITS 数据库，"其他产品"类别包含所有其他未分类产品，故在细类商品分析比较中忽略此项，下同。

　　从国家角度来看，东南亚地区几个国家出口规模较大的商品种类相对比较均衡，包括机电产品、化石燃料、纺织服装、植物和蔬菜；南亚地区的国家基本依赖于纺织服装、植物和蔬菜的出口；中蒙俄三国出口商品各有特色，蒙古主要出口矿产、中国的纺织服装出口规模大、俄罗斯则是化石燃料出口大国；中东欧作为经济相对发达的地区，其商品出口主要是机电产品和交通运输产品等技术含量较高的资本密集型产品；西亚北非地区国家则大多是石油、矿产资源丰富的国家，因而其出口商品也主要是化石燃料、石料陶瓷和玻璃产品，其中土耳其和也门较为特殊，前者出口商品主要是纺织服装，后者则依赖于动植物和蔬菜产品的出口；中亚以哈萨克斯坦为代表，出口的商品主要是化石燃料、金属制品和化工产品等。2015 年"一带一路"沿线各国对于各细分类商品的出口情况见表 3-9。

表 3-9　2015 年沿线各国出口额排名前 5 位产品情况

地区	国家	出口额排名前5位的产品（由高至低排序）				
东南亚	马来西亚	机电产品	化石燃料	植物和蔬菜	塑料及橡胶	金属制品
	新加坡	机电产品	化石燃料	其他产品	化工产品	塑料及橡胶
	印度尼西亚	化石燃料	植物和蔬菜	机电产品	纺织服装	木材
	文莱	化石燃料	化工产品	机电产品	交通运输	金属制品
	菲律宾	机电产品	交通运输	其他产品	木材	植物和蔬菜
	东帝汶	纺织服装	植物和蔬菜	机电产品	交通运输	木材
	泰国	机电产品	交通运输	塑料及橡胶	食品加工	石陶玻
	柬埔寨	纺织服装	鞋类	机电产品	植物和蔬菜	交通运输
	越南	机电产品	纺织服装	鞋类	植物和蔬菜	其他产品
南亚	马尔代夫	矿产	化工产品	皮革产品	纺织服装	鞋类
	斯里兰卡	纺织服装	植物和蔬菜	塑料及橡胶	食品加工	交通运输
	孟加拉国	纺织服装	植物和蔬菜	皮革产品	食品加工	其他产品
	巴基斯坦	纺织服装	植物和蔬菜	皮革产品	食品加工	其他产品
	印度	石陶玻	纺织服装	化工产品	化石燃料	交通运输
	阿富汗	塑料及橡胶	鞋类	金属制品	机电产品	交通运输
	尼泊尔	纺织服装	植物和蔬菜	金属制品	食品加工	化工产品

地区	国家	出口额排名前5位的产品（由高至低排序）				
蒙中俄	蒙古	矿产	化石燃料	石陶玻	纺织服装	金属制品
	中国	机电产品	纺织服装	其他产品	金属制品	交通运输
	俄罗斯	化石燃料	金属制品	化工产品	其他产品	机电产品
中东欧	塞尔维亚	机电产品	交通运输	金属制品	植物和蔬菜	塑料及橡胶
	罗马尼亚	机电产品	交通运输	其他产品	金属制品	纺织服装
	斯洛文尼亚	机电产品	化工产品	交通运输	金属制品	塑料及橡胶
	爱沙尼亚	机电产品	其他产品	木材	化石燃料	金属制品
	乌克兰	植物和蔬菜	金属制品	机电产品	矿产	食品加工
	拉脱维亚	机电产品	木材	其他产品	金属制品	食品加工
	波兰	机电产品	交通运输	金属制品	其他产品	塑料及橡胶
	摩尔多瓦	植物和蔬菜	食品加工	机电产品	纺织服装	其他产品
	保加利亚	机电产品	金属制品	化石燃料	植物和蔬菜	其他产品
	克罗地亚	机电产品	化石燃料	化工产品	木材	食品加工
	匈牙利	机电产品	交通运输	化工产品	其他产品	塑料及橡胶
	阿尔巴尼亚	其他产品	鞋类	纺织服装	金属制品	化石燃料
	立陶宛	化石燃料	机电产品	其他产品	化工产品	植物和蔬菜
	白俄罗斯	化石燃料	化工产品	动物产品	其他产品	金属制品
	黑山	金属制品	化石燃料	食品加工	木材	机电产品
西亚北非	阿联酋	其他产品	化石燃料	机电产品	石陶玻	交通运输
	格鲁吉亚	食品加工	化工产品	金属制品	矿产	植物和蔬菜
	以色列	石陶玻	机电产品	化工产品	其他产品	交通运输
	黎巴嫩	石陶玻	食品加工	机电产品	化工产品	金属制品
	阿曼	化石燃料	其他产品	化工产品	金属制品	塑料及橡胶
	卡塔尔	化石燃料	其他产品	交通运输	化工产品	金属制品
	伊拉克	化石燃料	化工产品	皮革产品	植物和蔬菜	动物产品
	巴林	化石燃料	金属制品	机电产品	纺织服装	交通运输
	埃及	化石燃料	植物和蔬菜	纺织服装	化工产品	机电产品
	约旦	化工产品	纺织服装	植物和蔬菜	矿产	机电产品
	土耳其	纺织服装	机电产品	交通运输	金属制品	石陶玻
	科威特	化石燃料	化工产品	交通运输	塑料及橡胶	机电产品
	也门	动物产品	植物和蔬菜	交通运输	机电产品	食品加工
	阿塞拜疆	化石燃料	植物和蔬菜	食品加工	其他产品	金属制品
	亚美尼亚	矿产	食品加工	金属制品	石陶玻	化石燃料
	沙特阿拉伯	化石燃料	塑料及橡胶	化工产品	交通运输	金属制品
中亚	哈萨克斯坦	化石燃料	金属制品	化工产品	植物和蔬菜	矿产

注：数据来源于 WITS 数据库。其中，"交通运输"项目代表"交通运输产品"，"石陶玻"项目代表"石料陶瓷及玻璃产品"，"塑料及橡胶"项目代表"塑料及橡胶产品"；另外，部分经济体量较小的国家某些类别商品数据缺乏，故未列出其进口排名前五的产品。

2.进口贸易

（1）大类商品分析

与商品的出口情况不同的是，对于4类大类商品，中国的进口需求规模均是最大的，且超过其余"一带一路"沿线国家的额度也较大（如图3-8所示）。2015年，在各大类商品进口额排名前十位的国家中，相较于中间产品和消费品，中国在原材料和资本品进口需求方面领先于其他几个国家的程度非常明显，基本都在10倍以上，这也与中国现阶段对能源和经济发展基本要素等产品的巨大需求相符合。

原材料方面，2015年中国的进口额达到了3.66千亿美元，是印度1.24千亿美元进口规模的3倍，而排名第三至第十位的几个国家的原材料进口却均未超过300亿美元；资本品进口方面与此类似，也只有中国和新加坡两个国家的进口规模超过了千亿美元，随后的8个国家的资本品进口也只在590亿—880亿美元之间。相较之下，进口规模排名前十位的国家在中间产品和消费产品进口方面差距没那么悬殊。2015年中国的中间产品进口有3.16千亿美元，是印度中间产品进口规模的两倍多；中国的消费品进口比其他几大类商品进口在整体规模上小许多，只有2.05千亿美元，不到资本品进口的1/3。

2.细类分析

在15类细分类商品的进口中，中国的进口规模均是最大的，其中矿产品、化石燃料、化工产品、机电产品和交通运输产品的进口额也非常接近或超过千亿美元。

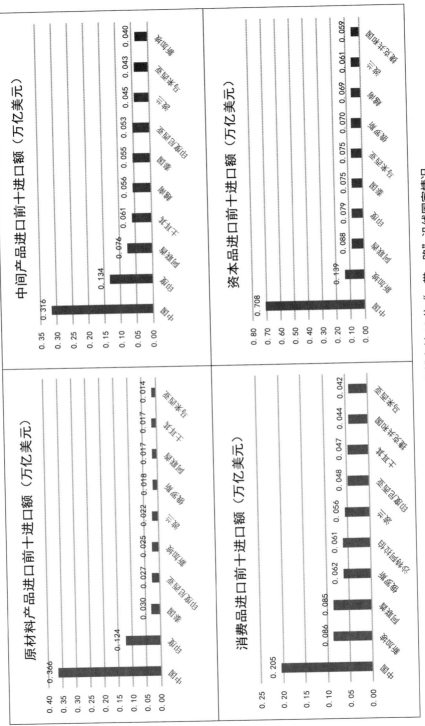

图 3-24 2015 年各大类商品进口额排名前 10 位 "一带一路" 沿线国家情况

　　具体而言，在鞋类产品的进口中，中国与紧随的 4 个国家的进口规模差别最小，2015 年中国鞋类进口只有 30.873 亿美元，俄罗斯有 25.312 亿美元，波兰也达到了 16.836 亿美元。在矿产品进口方面，中国的进口规模超过其他国家 10 倍以上，差别最大，2015 年中国矿产品进口 1005.341 亿美元，印度只有 85.843 亿美元，俄罗斯、马来西亚和保加利亚甚至不超过 20 亿美元。机电产品和交通运输产品是国家经济发展的重要资本，尤其是对于发展中国家而言更是如此，在机电产品进口方面，中国进口额高达 5822.792 亿美元，远超过随后的新加坡的 1269.363 亿美元，印度、马来西亚、泰国的进口也只有 650 亿美元左右；交通运输产品方面，中国的进口额达到 999.646 亿美元，随后的沙特阿拉伯、土耳其、波兰和俄罗斯的进口规模在 200 亿—300 亿美元间。对于化石燃料，中国和印度两个人口大国对该产品的需求规模均超过了千亿美元，分别为 1121.523 亿美元和 1046.456 亿美元。

　　观察各类商品进口排在第二至第三位的国家，可以发现俄罗斯、印度、土耳其出现的频次也比较高，这也说明了这 3 个国家在各类商品方面的对外依赖程度较高，大量依靠进口。

　　2015 年细类产品进口额排名前五位的"一带一路"沿线国家进口额如表 3-10 所示。

表 3-10　2015 年细类产品进口额排名前 5 位国家及其进口额情况

产品类别	细类产品进口额排名前5位国家及其进口额（亿美元）				
动物产品	高低次序	中国	俄罗斯	沙特阿拉伯	波兰	埃及
	进口额	174.556	67.662	63.703	48.027	35.379
植物和蔬菜	高低次序	中国	印度	俄罗斯	沙特阿拉伯	埃及
	进口额	687.312	190.531	111.018	87.472	79.670

续表

产品类别	细类产品进口额排名前5位国家及其进口额（亿美元）				
食品加工	高低次序	中国	俄罗斯	沙特阿拉伯	印度尼西亚	波兰
	进口额	202.702	87.152	76.664	73.041	72.200
矿产品	高低次序	中国	印度	俄罗斯	马来西亚	保加利亚
	进口额	1005.341	85.843	19.699	18.772	16.531
化石燃料	高低次序	中国	印度	新加坡	印度尼西亚	泰国
	进口额	1986.798	1046.456	645.788	439.474	301.876
化工产品	高低次序	中国	印度	俄罗斯	波兰	土耳其
	进口额	1121.523	372.386	234.405	182.945	176.753
塑料及橡胶	高低次序	中国	土耳其	印度	波兰	越南
	进口额	798.838	148.074	142.914	141.561	115.610
皮革产品	高低次序	中国	越南	新加坡	波兰	泰国
	进口额	111.102	21.093	15.081	12.746	12.013
木材	高低次序	中国	印度	波兰	土耳其	越南
	进口额	437.990	69.487	69.002	51.984	45.182
纺织服装	高低次序	中国	越南	土耳其	波兰	阿联酋
	进口额	323.542	154.472	112.225	93.447	92.670
鞋类	高低次序	中国	俄罗斯	波兰	沙特阿拉伯	土耳其
	进口额	30.873	25.312	16.836	9.795	9.422
石料陶瓷及玻璃产品	高低次序	中国	越南	土耳其	波兰	印度尼西亚
	进口额	323.542	154.472	112.225	93.447	85.662
金属制品	高低次序	中国	印度	土耳其	泰国	波兰
	进口额	875.985	266.298	254.936	250.305	196.215
机电产品	高低次序	中国	新加坡	印度	马来西亚	泰国
	进口额	5822.792	1269.363	679.278	666.633	648.278
交通运输	高低次序	中国	沙特阿拉伯	土耳其	波兰	俄罗斯
	进口额	999.646	292.291	222.569	214.086	210.940
其他产品	高低次序	中国	土耳其	印度	新加坡	波兰
	进口额	1969.963	325.656	209.349	202.301	120.426

注：数据来源于 WITS 数据库。

对不同种类商品的需求在一定程度上可以反映出一个国家经济发展需求。总体上看，机电产品和化石燃料是"一带一路"沿线各国所最需的两类产品，其次是化工产品、金属制品和交通运输产品，也基本处于各国细类商品进口需求较多的几类商品。

在其他商品需求方面，从具体国别上看，在东南亚地区，柬埔寨、越南对石料陶瓷及玻璃产品的进口需求高；马来西亚、印度尼西亚进口的塑料及橡胶产品居各自商品进口的第五位；文莱、东帝汶和柬埔寨需求的食品加工产品也较高。南亚部分国家地处内陆，如巴基斯坦、尼泊尔和阿富汗，对植物和蔬菜的进口较多。对中蒙俄三国而言，蒙古的食品加工产品、中国的矿产品、俄罗斯的蔬菜和植物均是各自进口规模排名第五位的产品，需求也较高。在中东欧地区，乌克兰对塑料及橡胶、摩尔多瓦和阿尔巴尼亚对石料陶瓷及玻璃产品、白俄罗斯对植物及蔬菜、黑山对食品加工产品和动物产品的进口也都居各自商品进口的前五位。西亚北非地区，埃及、约旦和沙特阿拉伯受地理位置和生态气候的影响而对植物和蔬菜的需求较高。

2015 年"一带一路"沿线各国进口额排名前 5 位的进口产品如表 3-11 所示。

表 3-11　2015 年沿线各国进口额排名前 5 位的进口产品情况

地区	国家	进口额排名前5位的进口产品（由高至低排序）				
东南亚	马来西亚	机电产品	化石燃料	金属制品	化工产品	塑料及橡胶
	新加坡	机电产品	化石燃料	其他产品	化工产品	交通运输
	印度尼西亚	化石燃料	机电产品	金属制品	化工产品	塑料及橡胶
	文莱	机电产品	交通运输	金属制品	食品加工	化工产品
	菲律宾	机电产品	化石燃料	交通运输	化工产品	金属制品
	东帝汶	化石燃料	机电产品	交通运输	食品加工	石陶玻

续表

地区	国家	进口额排名前5位的进口产品（由高至低排序）				
	泰国	机电产品	化石燃料	金属制品	化工产品	交通运输
	柬埔寨	石陶玻	机电产品	交通运输	食品加工	化工产品
	越南	机电产品	金属制品	石陶玻	化工产品	塑料及橡胶
南亚	马尔代夫	机电产品	化石燃料	食品加工	交通运输	植物和蔬菜
	斯里兰卡	化石燃料	机电产品	石陶玻	交通运输	化工产品
	巴基斯坦	化石燃料	机电产品	化工产品	植物和蔬菜	金属制品
	印度	化石燃料	机电产品	化工产品	金属制品	其他产品
	阿富汗	其他产品	化石燃料	植物和蔬菜	食品加工	石陶玻
	尼泊尔	机电产品	化石燃料	植物和蔬菜	金属制品	化工产品
中蒙俄	蒙古	化石燃料	机电产品	金属制品	交通运输	食品加工
	中国	机电产品	化石燃料	其他产品	化工产品	矿产品
	俄罗斯	机电产品	化工产品	交通运输	金属制品	植物和蔬菜
中东欧	塞尔维亚	机电产品	交通运输	化石燃料	其他产品	化工产品
	罗马尼亚	机电产品	金属制品	化工产品	交通运输	其他产品
	斯洛文尼亚	机电产品	金属制品	交通运输	化工产品	化石燃料
	爱沙尼亚	机电产品	化石燃料	其他产品	交通运输	化工产品
	乌克兰	化石燃料	机电产品	化工产品	塑料及橡胶	金属制品
	拉脱维亚	机电产品	化石燃料	其他产品	化工产品	交通运输
	波兰	机电产品	交通运输	金属制品	化工产品	化石燃料
	摩尔多瓦	机电产品	化工产品	化石燃料	其他产品	石陶玻
	保加利亚	机电产品	化石燃料	化工产品	金属制品	其他产品
	克罗地亚	机电产品	化石燃料	化工产品	金属制品	交通运输
	匈牙利	机电产品	交通运输	化工产品	其他产品	化石燃料
	阿尔巴尼亚	其他产品	机电产品	化石燃料	石陶玻	金属制品
	立陶宛	化石燃料	机电产品	化工产品	其他产品	交通运输
	白俄罗斯	化石燃料	机电产品	金属制品	植物和蔬菜	化工产品
	黑山	机电产品	食品加工	化石燃料	化工产品	动物产品

地区	国家	进口额排名前5位的进口产品（由高至低排序）				
西亚北非	阿联酋	机电产品	其他产品	交通运输	金属制品	化工产品
	格鲁吉亚	机电产品	化石燃料	化工产品	交通运输	金属制品
	以色列	机电产品	化石燃料	化工产品	交通运输	其他产品
	黎巴嫩	化石燃料	机电产品	化工产品	交通运输	金属制品
	阿曼	机电产品	其他产品	化石燃料	金属制品	化工产品
	卡塔尔	机电产品	交通运输	金属制品	化工产品	其他产品
	伊拉克	金属制品	化石燃料	机电产品	交通运输	化工产品
	巴林	化石燃料	交通运输	机电产品	化工产品	金属制品
	埃及	化石燃料	机电产品	金属制品	植物和蔬菜	交通运输
	约旦	化石燃料	机电产品	交通运输	植物和蔬菜	化工产品
	土耳其	机电产品	其他产品	金属制品	交通运输	化工产品
	科威特	机电产品	交通运输	化工产品	金属制品	其他产品
	也门	植物和蔬菜	食品加工	交通运输	化石燃料	机电产品
	阿塞拜疆	机电产品	金属制品	其他产品	交通运输	化工产品
	亚美尼亚	化石燃料	机电产品	食品加工	化工产品	金属制品
	沙特阿拉伯	机电产品	交通运输	金属制品	化工产品	植物和蔬菜
中亚	哈萨克斯坦	机电产品	金属制品	化工产品	交通运输	食品加工

注：数据来源于 WITS 数据库。其中，"交通运输"项目代表"交通运输产品"，"石陶玻"项目代表"石料陶瓷及玻璃产品"，"塑料及橡胶"项目代表"塑料及橡胶产品"；另外，部分经济体量较小的国家某些类别商品数据缺乏，故未列出其进口排名前五的产品。

四、中国同"一带一路"64国的商品贸易基本情况①

（一）商品贸易概况

在经济总量上，"一带一路"64 国 2015 年经济总量约 11.4 万亿美元（以 2010 不变价美元计），占全球比重为 15.58%，与中国的经济总量（占世界比重 15.10%）相当；人口方面，2015 年"一带一路"64 国人口总量约为 31.96 亿，全球占比为 43.5%，接近全球人口一半，而"一带一路"64 国多为发展中国家也说明了这一点，中国的人口为 13.71 亿，占全球比例为 18.66%；对外商品贸易方面，中国占世界商品贸易比重为 11.95%，"一带一路"64 国占比 22.41%，约为前者的两倍。图 3-25 分别给出了中国、"一带一路"64 国及其他国家的 GDP、人口和对外商品贸易占世界比重的情况。

事实上，在贸易总额方面，2015 年，中国同"一带一路"64 国之间的贸易总价值达到了 8863.05 亿美元，由 5798.25 亿美元和 3064.80 亿美元的进口价值和出口价值（"一带一路"64 国对中国）构成，同时，从总量趋势上看，中国同"一带一路"64 国贸易总额总体上呈上升趋势（图 3-26 所示）。但是受全球经济改善迟滞、风险敞口增加的负面影响，2015 年中国同"一带一路"64 国经贸来往较 2014 年减少了 391.53 亿美元，降幅为 4.23%，其中"一带一路"64 国对中国出口减少 423.08 亿美元，幅度达到 12.13%；进口小幅增加 31.55 亿美元，增长 0.55 个百

---

① 本节数据来源为 WDI、UN COMTRADE、UNCTAD、IMF、WITS 数据库。此外，本节探讨中国同其他"一带一路"沿线国家的商品贸易合作情况，为简便起见，本节将除中国外的"一带一路"沿线国家称为"一带一路"64 国。

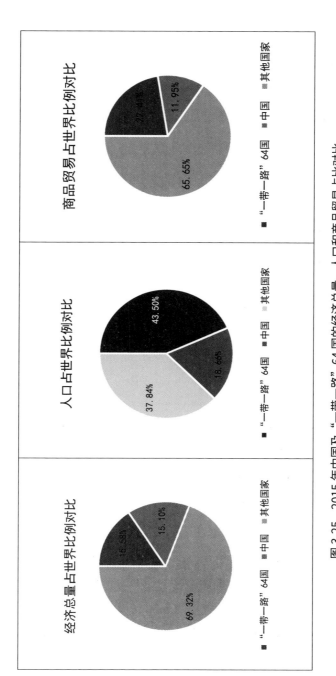

图 3-25 2015 年中国及 "一带一路" 64 国的经济总量、人口和商品贸易占比对比

分点。此外，除 2015 年有所降低外，2011—2014 年的贸易值逐年提升，2014 年比 2013 年增加约 626.83 亿美元，2013 年又比 2012 年增加约 587.96 亿美元，这说明全球化趋势不可避免，也体现出"一带一路"64 国在经济全球化的发展进程中作用愈加明显，其全球地位也日益提高。

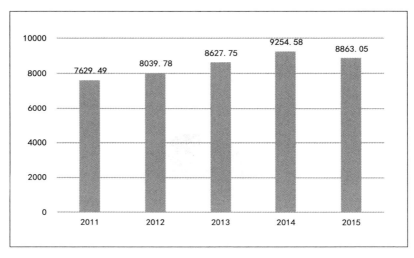

图 3-26 2011—2015 年中国同"一带一路"64 国贸易总额变化情况

从占比变化走势（图 3-27）来看，2014 年中国同"一带一路"64 国间的贸易额处于近些年的高位，但两者间的经贸交往在这 5 年间始终呈现稳健态势，其贸易总价值占据中国与世界各国贸易总价值的 21% 左右，波动幅度不超过 1.5%。显著地反映出"一带一路"64 国同中国存在的稳固的贸易合作伙伴关系。

再来看进出口结构（图 3-28）。2011 年至 2014 年，"一带一路"64 国对中国进口每年增长约 8%，且在 2014 年，进口已达 5766.70 亿美元，在 2015 年小幅增长至 5798.25 亿美元；出口方面，虽然 2012 年小幅度下降，但整体上还是表现出增加趋势，从 2011 年 3110.55 亿美元上涨至 2014 年的 3487.88 亿美元，年增约 4%，而后在 2015 年降至 3064.80 亿美元，达到 5 年最低位。

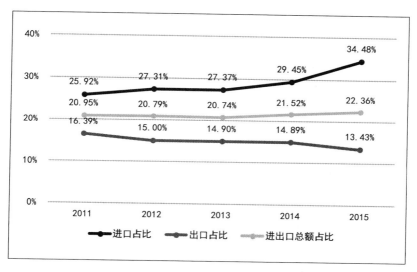

图 3-27　2011—2015 年中国同"一带一路"64 国贸易额占中国商品贸易额比重

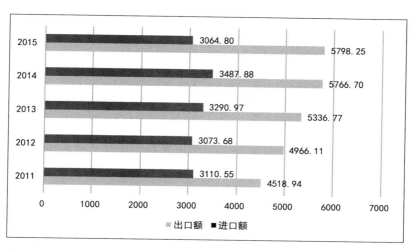

图 3-28　2011—2015 年"一带一路"64 国对中国分进出口贸易额（亿美元）

（二）各区域同中国商品贸易

2015 年"一带一路"六大区域对中国贸易总额比例，按降序方式排列依次为 39.99%（东南亚地区）、28.52%（西亚北非地区）、11.37%（南亚地区）、9.4%（东欧地区）、7.76%（蒙俄）、2.96%（中亚地区）。东南亚地区占比最高，2015 年贸易总金额为 3544.6 亿美元；其次为西亚北非地区和南亚地区，贸易总金额分别为 1892.2 亿美元和 1007.8 亿美元。在进出口额方面，东南亚地区以 1370.6 亿美元占据"一带一路"64 国出口总额的 44.72%，接近一半；进口方面则以 2173.9 亿美元占总额的 37.49%；紧随其后的是西亚北非地区，出口金额达 965.4 亿美元，占比为 31.50%，进口金额是 1562.1 亿美元，占比 26.94%。

具体而言，中国同"一带一路"不同区域国家间的经贸往来情况表现出如下几个特征。

1. 东南亚和西亚北非地区是中国同"一带一路"64 国间开展贸易合作的主要区域

2015 年，两地区的贸易总和为 6072 亿美元，占中国对"一带一路"64 国贸易总和的比例为 68.51%，超过 2/3。进口方面超过 60%，出口方面达到 76.22%。从趋势图 3-30 也可以观察到，两地区的贸易总和占比显示为逐渐增加。中亚地区除了 2012 年，其他年份占比基本不足 5%，且呈下降趋势。

2. 中国同东南亚地区在进口和出口两方面的规模均为最大

2015 年，东南亚地区进口中国产品价值为 3545 亿美元，占

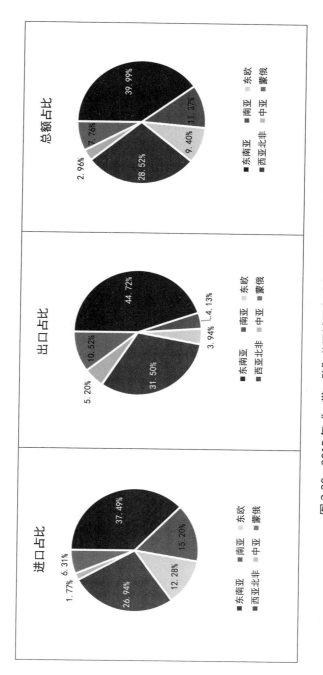

图 3-29 2015 年 "一带一路" 分区域国家对中国贸易占比具体情况

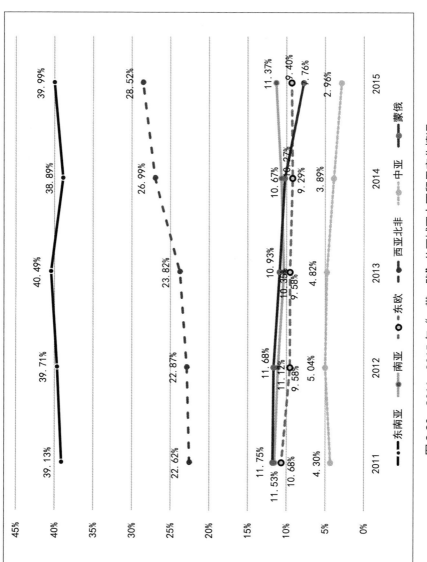

图 3-30 2011—2015 年"一带一路"分区域同中国贸易变化情况

中国同"一带一路"64国进口总额比例为44.72%，略小于一半水平，比处于第二位的西亚北非地区多出了13.2%；出口值为1370亿美元，占比37.49%，约等于西亚北非和东欧地区之和，远远高于南亚、蒙俄和中亚地区。

3. 中国与西亚北非地区贸易增幅最大

近些年全球经济低迷持续，中国同"一带一路"不同区域间贸易也受此影响，波动较大。总量占比上，南亚、蒙俄、东欧和中亚四大区域都有不同程度的下降，蒙俄地区占比从11.75%降至7.76%，降幅达4%；南亚地区波动最小；中亚地区本身占比较低，且也出现了一定的下降。东南亚地区则处于较为稳定的状态，占比在40%上下小幅度波动。西亚北非地区的增幅是最为显著的，占比从22.62%增加到28.52%，年均增速1.5%左右。

2011—2015年中国同"一带一路"不同区域贸易情况如图3-30和表3-12所示。

表 3-12　2011—2015 年中国同"一带一路"不同区域国家贸易情况一览表

		2011	2012	2013	2014	2015
东南亚	进口	1559.94	1773.60	1983.45	2126.99	2174.00
	出口	1425.10	1418.98	1509.73	1472.56	1370.64
	贸易总额	2985.04	3192.58	3493.18	3599.55	3544.64
南亚	进口	690.58	714.46	695.44	820.13	881.36
	出口	189.00	179.35	197.88	166.91	126.46
	贸易总额	879.58	893.81	893.31	987.03	1007.82
东欧	进口	696.00	658.68	689.47	719.79	712.30
	出口	118.79	111.86	137.37	139.95	120.62
	贸易总额	814.79	770.54	826.84	859.74	832.91
西亚北非	进口	968.41	1140.64	1268.07	1438.42	1562.13
	出口	757.05	698.11	787.34	1059.33	965.43
	贸易总额	1725.46	1838.74	2055.41	2497.75	2527.56
中亚	进口	95.49	136.10	150.77	135.84	102.86
	出口	232.37	269.05	265.40	224.29	159.33
	贸易总额	327.86	405.15	416.16	360.13	262.20
蒙俄	进口	508.52	542.63	549.59	525.52	365.60
	出口	388.24	396.32	393.26	424.85	322.32
	贸易总额	896.77	938.95	942.85	950.37	687.92

（三）分国别同中国商品贸易

1.贸易规模

"一带一路"64 国中，新加坡、印度、越南、泰国、俄罗斯、马来西亚与中国的贸易总额排名前六。整体上看，这 6 个国家对中国贸易额在 2015 年均超过了 500 亿美元。新加坡以同中国贸易 898.4 亿美元占据榜首,从中国进口 421.3 亿美元,向中国出口 477.0 亿美元。紧随其后的是印度,2015 年印度与中国的贸易额为 711.8 亿美元,其中进口 616.0 亿美元,出口 95.8 亿美元,进口价值占了总的贸易价值的 86.54%,这是一个非常大的比例。排名第三的是越南,同中国的贸易进口价值、贸易出口价值和贸易总值分别为 494.4 亿美元、165.6 亿美元和 660 亿美元。然后,紧接着的 3 个国家是泰国、俄罗斯和马来西亚。在进出口单方面,印度在这一年从中国的进口最多,超过 600 亿美元,约占据前六位国家进口总额的 1/4,超过新加坡 50%;新加坡在这一年对中国的出口规模最大,为前六位国家出口总额的 31.48%,约占 1/3。"一带一路"64 国与中国贸易总额前六名国家的进出口额如图 3-31 所示。

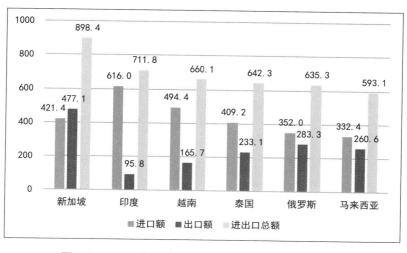

图 3-31　2015 年同中国贸易总额排名前六的国家情况

"一带一路"64 国在人口、经济总量以及同中国的贸易情况
如表 3-13 所示。

表 3-13　"一带一路"64 国 2015 年基本情况及同中国贸易数据
（单位：万人、亿美元）

国家	人口	经济总量	进口	出口	贸易总额
马来西亚	3033.1	2962.8	332.43	260.63	593.06
新加坡	553.5	2927.4	421.35	477.08	898.44
印度尼西亚	25756.4	8619.3	294.11	150.46	444.58
文莱	42.3	129.3	3.37	0.96	4.33
菲律宾	10069.9	2924.5	114.78	63.93	178.71
东帝汶	118.5	14.4	0.64	0.00	0.64
泰国	6795.9	3951.7	409.19	233.11	642.31
柬埔寨	1557.8	180.5	39.26	4.06	43.32
老挝	680.2	123.7	12.03	7.12	19.14
越南	9171.3	1936.0	494.41	165.68	660.09
缅甸	5389.7	626.0	52.44	7.60	60.04
东南亚地区小计	**63168.7**	**24395.7**	**2174.00**	**1370.64**	**3544.64**
马尔代夫	40.9	34.4	1.47	0.00	1.47
斯里兰卡	2096.6	823.2	37.27	3.05	40.32
孟加拉国	16099.6	1950.8	96.55	8.07	104.62
巴基斯坦	18892.5	2710.5	110.19	19.35	129.54
印度	131105.1	20888.4	616.04	95.77	711.81
不丹	77.5	20.6	0.19	0.00	0.19
阿富汗	3252.7	193.3	10.44	0.10	10.54
尼泊尔	2851.4	211.9	9.20	0.11	9.31
南亚地区小计	**174416.1**	**26833.1**	**881.36**	**126.46**	**1007.82**
塞尔维亚	709.5	371.6	15.40	0.20	15.60
罗马尼亚	1981.5	1779.5	32.05	5.82	37.87
斯洛伐克	542.4	872.6	64.33	11.30	75.63
斯洛文尼亚	206.4	427.7	16.69	1.64	18.34

续表

国家	人口	经济总量	进口	出口	贸易总额
波黑	381.0	161.9	6.19	0.16	6.35
爱沙尼亚	131.5	224.6	12.62	1.71	14.33
乌克兰	4515.4	906.2	37.71	23.99	61.70
拉脱维亚	197.8	270.0	4.61	1.20	5.81
波兰	3798.6	4770.7	223.80	20.17	243.98
摩尔多瓦	355.4	65.7	3.66	0.09	3.75
保加利亚	717.8	502.0	10.71	6.11	16.82
克罗地亚	420.4	487.3	5.78	0.77	6.56
匈牙利	984.3	1217.2	47.77	17.97	65.74
马其顿	207.8	100.9	3.90	1.43	5.33
阿尔巴尼亚	288.9	114.0	3.69	0.52	4.22
立陶宛	290.5	414.0	8.06	1.13	9.19
白俄罗斯	949.0	546.1	23.21	7.81	31.02
捷克	1054.6	1851.6	189.98	18.50	208.48
黑山	62.2	39.9	2.11	0.09	2.20
东欧地区小计	17795.0	15123.4	712.30	120.62	832.91
阿联酋	915.7	3703.0	228.45	25.13	253.58
格鲁吉亚	371.7	139.7	5.87	1.26	7.13
以色列	838.0	2994.2	57.68	32.51	90.20
叙利亚	1850.2	0.0	4.88	0.00	4.88
黎巴嫩	585.1	470.8	25.50	0.28	25.78
阿曼	449.1	698.3	14.56	140.71	155.27
卡塔尔	223.5	1646.4	37.65	52.38	90.03
伊朗	7910.9	0.0	70.49	222.98	293.47
伊拉克	3642.3	1800.7	66.74	109.41	176.15
巴林	137.7	311.3	15.71	0.44	16.15
巴勒斯坦	442.2	126.8	3.68	0.00	3.68
埃及	9150.8	3307.8	97.76	4.43	102.18
约旦	759.5	375.2	26.40	2.16	28.56

国家	人口	经济总量	进口	出口	贸易总额
土耳其	7866.6	7178.8	248.73	24.15	272.88
科威特	389.2	1140.4	50.97	8.08	59.05
也门	2683.2	377.3	7.08	0.07	7.15
阿塞拜疆	964.9	530.5	5.13	0.38	5.50
亚美尼亚	301.8	105.3	3.15	1.65	4.81
沙特阿拉伯	3154.0	6460.0	239.68	56.07	295.75
西亚北非小计	42636.5	31366.4	1210.14	682.08	1892.22
乌兹别克斯坦	3129.9	667.3	19.44	30.01	49.45
塔吉克斯坦	848.2	78.5	14.77	0.71	15.48
哈萨克斯坦	1754.4	1843.9	50.88	54.80	105.68
吉尔吉斯共和国	595.7	65.7	10.29	0.36	10.65
土库曼斯坦	537.4	358.5	7.48	73.46	80.94
中亚小计	6865.5	3014.0	102.86	159.33	262.20
蒙古	295.9	117.4	13.61	38.97	52.58
俄罗斯	14409.7	13312.1	351.99	283.35	635.34
蒙俄小计	14705.6	13429.5	365.60	322.32	687.92
总计	319587.5	114162.0	5798.25	3064.80	8863.05

注：1. 人口和经济总量来源主要为 WDI，由 IMF 作补充；贸易总量数据主要来自 UN COMTRADE，由 UNCTAD 作补充。2. 进口、出口及进出口总额数据均是这些国家同中国的贸易额。3. 进出口数据显示为 0 的实际值小于 100 万美元。

2. 中国对"一带一路"64 国贸易顺逆差情况

虽然中国同"一带一路"64 国在贸易总价值方面表现稳定，维持在 20% 上下，但稳中有变的是，进口价值逐年提升，尤其是 2015 年增加了约 3%，出口方面则出现滑坡，2015 年比 2011 年下降了 4.2%。反映在贸易顺差问题上，那就是中国对"一带一路"64 国的贸易顺差显示出"张口"特征，呈逐年扩大趋势。

2015 年，中国对"一带一路"55 个国家有贸易顺差，对其他 9 个国家则出现贸易逆差。中国对 9 个国家的贸易顺差超过了 100 亿美元，分别为印度、越南、土耳其、波兰、阿联酋、沙特阿拉伯、泰国、捷克和印度尼西亚，其中对印度顺差最大，超过 500 亿美元，达到了 520.28 亿美元；同时也对 9 个国家出现贸易逆差，分别为哈萨克斯坦、乌兹别克斯坦、卡塔尔、蒙古、伊拉克、新加坡、土库曼斯坦、阿曼和伊朗，其中与伊朗贸易逆差最大，达到 152.49 亿美元。也可以看出，出现贸易逆差的国家主要是中国对其有矿产石油等资源的需求。2015 年中国对"一带一路"64 个国家的经贸顺逆差如图 3-32 所示。

3. 中国对"一带一路"64 国贸易主体占比

贸易主体是指中国在对"一带一路"64 国经贸交往时实施贸易行为的微观企业，根据不同的企业性质，可以将贸易主体划分为国有企业、民营企业、外资企业和其他类型企业。图 3-33 和图 3-34 展示了 2011 年到 2015 年，中国对"一带一路"64 国的经贸往来时进出口主体的变化情况。一个最大的特征是，不论是对出口，还是对进口，民营企业都展现出愈加凸显的重要性，在两者之间的贸易往来发挥着日趋重要的作用，成为推动两者贸易合作的中坚力量。在出口方面，随着经济开放程度的加深、经济创新力不断，各行各业越来越多的民营企业为中国经济的增长发挥了不可忽视的力量，如华为已成为通信产品的领头羊，产品出口 100 多个国家。以这些民企为参与主体的贸易总价值占比已经从 2011 年的 46.6% 上升到了 2015 年的 58.6%，5 年增加了 12 个百分点；进口方面，民企主导的贸易行为完成的贸易比例也由 2011

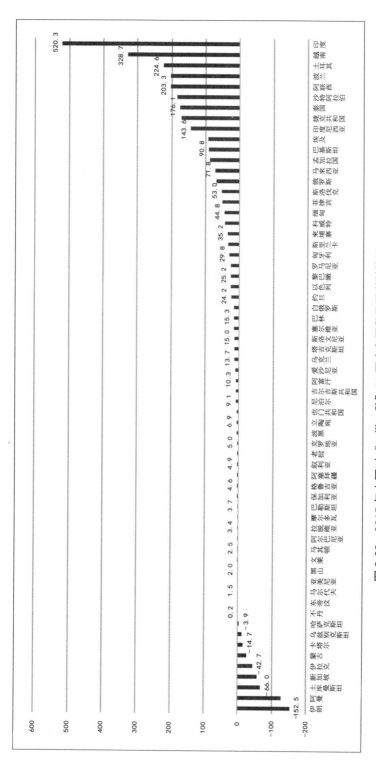

图 3-32 2015 年中国对 "一带一路" 64 国各国贸易顺逆差情况

年的 21.6% 提高到 2015 年的 26.4%，增加近 5%，在总占比上也从占国有企业部分的一半上下不断增长到只相差 9% 左右。

外资企业则在进口方面表现稳定，占比一直维持在 35%—36% 左右，出口的贡献则有所降低，从 2011 年的 35.4% 降低到 2015 年的 28%，5 年下降了 7.4%。国有企业在进口方面发挥着重要作用，2011 年至 2014 年，国有企业进口占比稳定在 43% 上下，受外企和民企占比增加的影响，2015 年这一比例较 2014 年下降 7.4%，进口方面，国企贸易占比份额相对较低，具体占比上也由 2011 年的 17.9% 减少至 2015 年的 13.3%，降幅 4.6%。

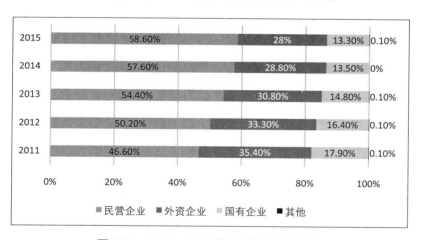

图 3-33　2011—2015 年出口贸易主体概况

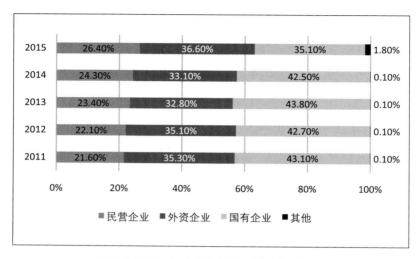

图 3-34　2011—2015 年进口贸易主体概况

4. 中国对"一带一路" 64 国贸易方式选择

出口方面，一般贸易方式产生的价值份额高达 60% 以上，每年均以 0.6 个百分点的速度增长，至 2015 年，占比已达 64.3%；加工贸易则呈逐年递减走势，价值占比从 26% 降低到 19.8%。进口方面，除 2013 年有所反弹，一般贸易方式占比在 5 年间表现出逐渐降低的趋势，尤其是 2015 年，相较 2014 年骤降 5 个百分点，但整体上，一般贸易价值占比仍超过 50%；与之相对的是，加工贸易则整体走势 U 形上升，从 18.7% 先降低到 16.9%，后逐渐增加到 21.6%。总体上而言，在进出口两方面，一般贸易和加工贸易始终居于中国对"一带一路" 64 国经贸关系的核心地位。

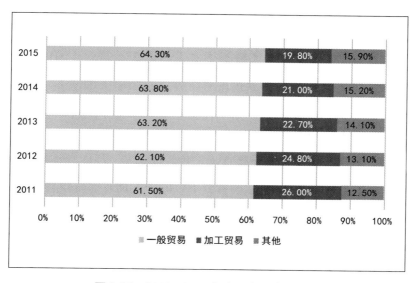

图 3-35 2011—2015 年出口贸易方式概况

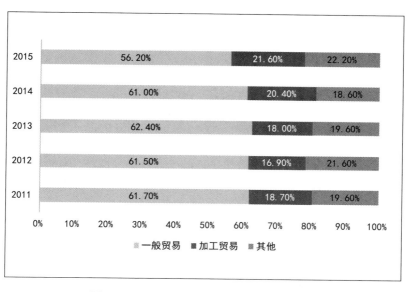

图 3-36 2011—2015 年进口贸易方式概况

5. 中国对"一带一路"64 国贸易合作模式

根据"一带一路"大数据中心发布的最新报告（2017）[①]，同时结合上文的数据和分析内容，可以总结出中国同"一带一路"64 国的贸易合作模式有四大类别。一是"全面合作型"，这些国家与中国的贸易商品种类广泛、合作规模较大，如泰国、新加坡、越南、印度、印度尼西亚、马来西亚等。二是"潜力增长型"，包括在全球经济疲软的背景下，同中国仍然保持较高规模，且增速明显的国家，如吉尔吉斯共和国、柬埔寨、罗马尼亚、匈牙利等。三是"结构单一型"，说明某些国家同中国的贸易集中在某些产品范围，特别是能源、矿产领域，如俄罗斯、沙特阿拉伯、蒙古、阿联酋、阿曼等；四是"仍待加强型"，如哈萨克斯坦、老挝、土耳其、约旦等，与中国的贸易或者体量较小，或者出现较为明显的收缩。

五、"一带一路"沿线国家优势出口产业比较

显性比较优势指数（RCA）最早在 1965 年由 Balassa 提出，它是通过定量描述某国家（地区）的产业或产品相对出口表现，来衡量其产业或产品在国际贸易中的竞争力。该指数的计算公式为 $RCA=RCA=(X_a^i/X_a)/(X_w^i/X_w)$。其中 X_a^i 表示 a 国家（地

[①] 详细版本的报告可以参见"一带一路"大数据综合服务门户官网，http://www.bigdata.com/。

区）的特定商品集合中第 i 类商品的出口额，X_a 表示 a 国家（地区）的特定商品集合的出口额，X_w^i 表示世界的特定商品集合中第 i 类商品的出口额，X_w 表示世界的特定商品集合的出口额。一般而言，如果 RCA>2.5，表明该国家（地区）的该类商品具有极强的竞争力；如果 2.5 ≥ RCA ≥ 1.25，表明该国家（地区）的该类商品具有较强的竞争力；如果 1.25 ≥ RCA ≥ 0.8，表明该国家（地区）的该类商品具有一般的竞争力；如果 RCA<0.8，则表明该国家（地区）的该类商品具有较弱的竞争力。

表 3-14 列出了可获得数据的"一带一路"沿线国家至少具有较强竞争力的各类商品及其对应的 RCA 指数情况，结合上文的"一带一路"沿线国家细类商品出口贸易情况，可以大体判断各国商品贸易在理论与实际方面的一致性。

在东南亚地区，马来西亚、新加坡、菲律宾、文莱几个岛国的比较优势产品均不超过 4 个，其中，马来西亚、新加坡、菲律宾在机电产品、化石燃料、矿产等方面表现出较强的竞争力，RCA 指数不超过 2.51；文莱虽然仅在化石燃料一类产品表现出比较优势，但是竞争力非常强，与现实中文莱经济依赖于石油等相符；泰国、柬埔寨和越南的比较优势产品有 5—6 个，泰国是橡胶生产大国，故该产品比较优势较大，柬埔寨纺织服装和鞋类产品、越南的鞋类产品的 RCA 指数均超过 10，在国际贸易竞争中占据非常大的优势。对比 2015 年这些国家商品出口贸易数据，马来西亚、新加坡、菲律宾、文莱的机电产品、化石燃料等产品出口，泰国的塑料和橡胶出口，柬埔寨和越南的纺织服装、鞋类产品出口均位居各自国家商品出口额前五。

在南亚地区，马尔代夫的动物产品出口的 RCA 指数高达

42.51，具有极大的比较优势；斯里兰卡、巴基斯坦和尼泊尔的纺织服装 RCA 指数也在 8 以上，比较优势明显；印度和尼泊尔具有较强竞争力及以上的产品多达 6 类，且具有极强竞争力的产品多为消费品，如纺织服装、食品加工产品、植物和蔬菜、皮革产品等。从 2015 年这几个国家商品出口额排名前五的情况来看，纺织服装、植物和蔬菜产品出现的频次最高，也说明南亚地区在这两类产品的出口方面具有显著的比较优势，表现出极强的国际竞争力。不同的是，马尔代夫的动物产品虽 RCA 指数非常大，但在其出口额排名前五的产品中并未出现动物产品，这可能与该产品价格及相应的世界消费需求量有关。

中蒙俄三国的优势产品则各不相同，蒙古在矿产方面、中国在鞋类产品方面、俄罗斯在化石燃料方面具有极强的竞争力。整体上中蒙俄三国的优势产品种类不超过 4 个，且各自只有一个具有极强竞争力的产品，其余产品表现为较强竞争力。2015 年，蒙古的矿产出口额、俄罗斯的化石燃料出口额排名均居第一位，而中国的机电产品出口排第一位、纺织服装出口排第二位。

在中东欧地区，从 RCA 指数情况来看，木材是中东欧地区具有显著比较优势的产品，基本上中东欧各国都在木材方面至少具有较强的竞争力；植物和蔬菜产品、食品、纺织服装、鞋类、皮革产品等基本消费品也是东欧各国具有较强国际竞争力的产品。整体上，除了乌克兰和摩尔多瓦的植物和蔬菜产品、拉脱维亚的木材、阿尔巴尼亚的鞋类、白俄罗斯的动物产品的 RCA 指数超过 6，竞争力非常明显外，东欧各国具有比较优势的产品的竞争力程度相较而言都处于一般水平。虽然由于受到产品价值的影响，中东欧国家的实际商品出口情况与其比较优势产品出口事实上有一定的偏差，但这些消费品的出口也基本处于中东欧国家出口排名的前几位，RCA 指数在一定程度上也能反映出中东欧国家的出口情况。

在西亚北非地区，具有极强竞争力的产品主要有以下几类，阿曼、卡塔尔、巴林、科威特、也门、阿塞拜疆和沙特阿拉伯的化石燃料，埃及、约旦和土耳其的纺织服装，格鲁吉亚、约旦和亚美尼亚的矿产，以色列和亚美尼亚的石料陶瓷和玻璃，埃及的植物和蔬菜产品。从西亚北非地区各国的商品出口可以看出，2015 年出口化石燃料排名第一的国家数量最多，有 8 个国家；此外，石料陶瓷和玻璃、矿产、植物和蔬菜等产品也是西亚北非各国出口额排名靠前的产品品类。

基于数据的可得性，中亚地区以哈萨克斯坦为代表，地处内陆的限制使得哈萨克斯坦的比较优势产品种类不多，且多为资源产品等初级产品。可以看出，哈萨克斯坦在化石燃料和矿产具有极强的竞争力，金属制品有较强的竞争力。对比之下，2015 年，哈萨克斯坦的化石燃料出口和金属制品出口排名其各类商品出口前两位，矿产出口则居第五位。

因此，总体上来说，尽管价格因素使得 RCA 指数反映的比较优势产品与这些产品实际商品出口额排名情况出现些许偏差，但整体上两者仍然表现出较为明显的一致性，而这为探索优化商品贸易结构、进一步挖掘这些国家对外商品贸易潜力，从而促进"一带一路"沿线国家的对外商品贸易合作提供了新的渠道。

表 3-14 "一带一路"沿线国家优势产品及 RCA 指数 [①] 情况

国家		具有比较优势的商品及其指数（RCA指数大于或等于1.2）
东南亚	马来西亚	机电产品（1.99）、植物和蔬菜（1.65）、化石燃料（1.24）
	新加坡	化工产品（1.74）、机电产品（1.55）、化石燃料（1.27）
	文莱	化石燃料（8.36）
	菲律宾	矿产（2.51）、机电产品（2.35）、植物和蔬菜（1.66）、皮革产品（1.33）
	泰国	塑料和橡胶（2.42）、食品（2.09）、机电产品（1.42）、植物和蔬菜（1.38）、石料陶瓷和玻璃产品（1.35）
	柬埔寨	纺织服装（15.92）、鞋类（11.94）、皮革产品（3.54）、植物和蔬菜（1.99）、木材（1.38）
	越南	鞋类（10.52）、纺织服装（3.89）、皮革产品（3.23）、植物和蔬菜（1.6）、机电产品（1.55）、动物产品（1.34）
南亚	马尔代夫	动物产品（42.51）、食品（2.02）
	斯里兰卡	纺织服装（12.86）、植物和蔬菜（4.47）、塑料和橡胶（2.03）
	巴基斯坦	纺织服装（14.63）、皮革产品（7.7）、植物和蔬菜（3.03）、矿产（1.58）
	印度	石料陶瓷和玻璃产品（3.51）、纺织服装（3.44）、皮革产品（2.73）、植物和蔬菜（1.86）、鞋类（1.75）、化工产品（1.63）
	阿富汗	植物和蔬菜（19.59）、纺织服装（3.05）、皮革产品（2.95）

---

① 不考虑贸易壁垒等国际贸易常见的贸易保护主义，一个国家某商品的显性比较优势指数（RCA）往往反映出该国在该商品的出口贸易优势大小，即某类商品的 RCA 指数越高，该国在国际贸易中对该商品的国际竞争力越强，出口占比份额越大。

续表

国家		具有比较优势的商品及其指数（RCA指数大于或等于1.2）
中蒙俄	尼泊尔	纺织服装（8.93）、鞋类（4.95）、食品（4.45）、植物和蔬菜（3.76）、皮革产品（2.88）、金属制品（1.67）
	蒙古	矿产（41.67）、石料陶瓷和玻璃产品（2.22）、化石燃料（1.71）、纺织服装（1.24）
	中国	鞋类（2.96）、纺织服装（2.21）、皮革产品（2.14）、机电产品（1.89）
	俄罗斯	化石燃料（5.02）、金属制品（1.53）、木材（1.34）
中东欧	塞尔维亚	植物和蔬菜（3.64）、食品（3.17）、木材（2.02）、鞋类（1.96）、塑料和橡胶（1.79）、金属制品（1.73）
	罗马尼亚	鞋类（3.58）、纺织服装（2.2）、植物和蔬菜（1.6）、木材（1.59）、交通运输产品（1.5）、塑料和橡胶（1.25）
	斯洛文尼亚	木材（2.28）、金属制品（1.84）、化工产品（1.46）、交通运输产品（1.46）、塑料和橡胶（1.4）
	爱沙尼亚	木材（5.15）、其他产品（1.73）、动物产品（1.69）、机电产品（1.26）
	乌克兰	植物和蔬菜（8.41）、矿产（5.78）、金属制品（3.39）、木材（2.15）、食品（2.05）
	拉脱维亚	木材（8.51）、食品（1.97）、植物和蔬菜（1.79）、动物产品（1.62）、化石燃料（1.3）
	波兰	木材（2.17）、食品（2.14）、动物产品（2.12）、塑料和橡胶（1.43）、金属制品（1.43）、其他产品（1.3）
	摩尔多瓦	植物和蔬菜（9.53）、纺织服装（3.91）、鞋类（3.88）、食品（3.84）、皮革产品（2.54）
	保加利亚	金属制品（2.69）、植物和蔬菜（2.59）、纺织服装（2.52）、食品（1.48）、鞋类（1.3）
	克罗地亚	木材（3.36）、鞋类（2.22）、食品（2.18）、皮革产品（1.61）、纺织服装（1.61）、动物产品（1.53）
	匈牙利	交通运输产品（1.84）、机电产品（1.43）、塑料和橡胶（1.31）

国家	具有比较优势的商品及其指数（RCA指数大于或等于1.2）	
	阿尔巴尼亚	鞋类（23.7）、矿产（5.66）、纺织服装（4.67）、皮革产品（1.85）、金属制品（1.75）、化石燃料（1.57）
	立陶宛	食品（2.9）、动物产品（2.89）、木材（2.32）、植物和蔬菜（1.71）、其他产品（1.62）、化石燃料（1.58）
	白俄罗斯	动物产品（6.31）、木材（1.9）、化工产品（1.83）、化石燃料（1.81）、金属制品（1.26）
	黑山	矿产（7）、金属制品（4.12）、木材（3.34）、植物和蔬菜（3.3）、食品（2.01）、皮革产品（1.58）
西亚北非	格鲁吉亚	矿产（6.17）、食品（4.97）、植物和蔬菜（3.52）、金属制品（2.36）、化石燃料（1.72）、纺织服装（1.55）
	以色列	石料陶瓷和玻璃产品（6.19）、化工产品（2.2）、其他产品（1.2）
	阿曼	化石燃料（6.74）、矿产（2.31）
	卡塔尔	化石燃料（7.71）
	巴林	金属制品（4.75）、化石燃料（3.41）、动物产品（1.56）
	埃及	植物和蔬菜（3.61）、纺织服装（3.55）、化石燃料（2.45）、矿产（1.75）、食品（1.52）、石料陶瓷和玻璃产品（1.29）
	约旦	纺织服装（5.49）、矿产（5.27）、化工产品（3.38）、动物产品（1.72）、植物和蔬菜（1.23）
	土耳其	纺织服装（4.99）、石料陶瓷和玻璃产品（1.96）、矿产（1.7）、金属制品（1.66）、植物和蔬菜（1.58）、交通运输产品（1.53）
	科威特	化石燃料（7.97）

国家	具有比较优势的商品及其指数（RCA指数大于或等于1.2）
也门	化石燃料（7.27）、动物产品（3.06）、植物和蔬菜（1.71）
阿塞拜疆	化石燃料（8.02）
亚美尼亚	矿产（24.1）、食品（3.95）、石料陶瓷和玻璃产品（3.89）、金属制品（3.02）、纺织服装（1.64）、动物产品（1.49）
沙特阿拉伯	化石燃料（6.53）、塑料和橡胶（2.53）
哈萨克斯坦	化石燃料（5.41）、矿产（3.43）、金属制品（2.26）

数据来源：世界银行 WITS 数据库，部分国家数据缺失故未在表中列出。

"一带一路"沿线国家能源发展报告

　　能源作为稀缺性资源，在社会经济发展中发挥着不可或缺的作用。能源与人类生产生活息息相关，在生活层面扮演着作为燃料用于取暖的重要角色，与千家万户的衣食住行紧紧关联；在生产层面，石油、天然气、煤炭等作为生产原料，推动着能源化工、工业制造等一系列行业领域的发展；在国家层面，能源是战略储备的必需品，掌握能源资源，确保能源安全，是每个国家保障国家安全稳定、谋求持久发展的必要物资与要素。

　　从现有数据来看，"一带一路"沿线国家的能源储量占世界总储量的一半以上，沿线国家中的俄罗斯、沙特阿拉伯是世界重要的能源产地，而中国、印度为代表的新兴市场国家则正成为世界能源消费的重要需求点。从生产量、消费量、存储量来看，"一带一路"沿线国家都占据世界能源市场的重要地位，这也带动了石油、天然气等能源的贸易发展，而中国、俄罗斯、沙特阿拉伯在能源进出口贸易中则扮演着重要角色。

一、"一带一路"沿线国家能源供需情况

"一带一路"沿线国家地跨欧亚大陆，拥有丰富的化石能源。[①] 在能源需求规模较大、库存较小的情况下，可以采用化石能源的生产量与消费量描述"一带一路"沿线国家能源供需情况。

从供给总量上看，"一带一路"沿线国家的化石能源生产量整体呈逐年上升趋势，2016 年，其化石能源总产量为 6538.4 百万吨标准油，占世界化石能源总产量的 58.1%。而在需求总量方面，随着发展中国家经济体量的扩大，尤其是中国、印度等金砖国家的崛起，"一带一路"沿线国家的能源需求也逐步提升，2016 年，其能源消费总量达到 6658.0 百万吨标准油，占世界能源消费总量的比重 48.2%。

（一）"一带一路"沿线国家能源供给量与需求量

从化石能源产量来看，中国是"一带一路"沿线国家中化石能源产量最高的国家，生产总量为 2009.9 百万吨标准油；俄罗斯、沙特阿拉伯其次，生产总量分别为 1268.6 百万吨标准油、684.1 百万吨标准油；生产总量前十的其他国家依次是伊朗、印度尼西亚、印度、卡塔尔、阿联酋、科威特、哈萨克斯坦，化石能源产量均超过了 100 百万吨标准油。

---

① 本报告的化石能源主要包括石油、天然气和煤炭三类。

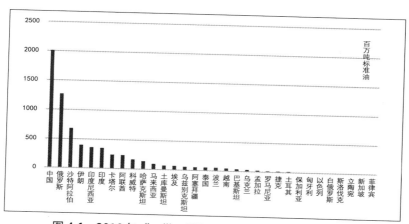

图4-1　2016年"一带一路"沿线国家的化石能源生产量

数据来源:《2017年BP世界能源统计年鉴》

从化石能源消费总量上看,中国是"一带一路"沿线国家中能源消费量最高的国家,消费总量为3053.0百万吨标准油;印度、俄罗斯的能源消费总量分列二、三位,分别为723.9百万吨标准油、673.9百万吨标准油;消费总量前十的其他国家分别为伊朗、沙特阿拉伯、印度尼西亚、土耳其、泰国、阿联酋、马来西亚,化石能源消费量基本超过了100百万吨标准油。

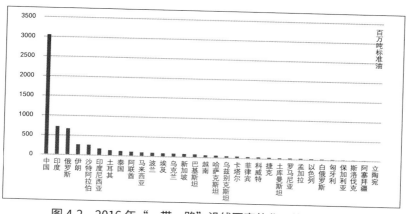

图4-2　2016年"一带一路"沿线国家的化石能源消费量

数据来源:《2017年BP世界能源统计年鉴》

从化石能源净贡献量（净贡献量＝能源生产量－能源消费量）来看，俄罗斯是"一带一路"沿线国家中能源净贡献量最高的国家，净贡献量为594.6百万吨标准油；沙特阿拉伯、卡塔尔、印度尼西亚的净贡献量也较高，分别为417.6百万吨标准油、193.4百万吨标准油、186.4百万吨标准油。

与此对应，中国是"一带一路"沿线国家中能源净贡献量最低的国家，净贡献量为－1043.0百万吨标准油，印度、土耳其、新加坡的净贡献量也较低，分别为－370.3百万吨标准油、－122.6百万吨标准油、－84.1百万吨标准油。

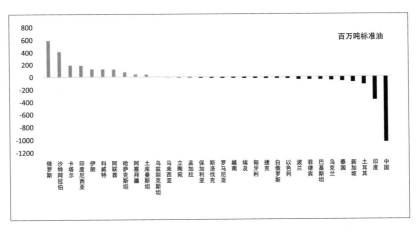

图4-3　2016年"一带一路"沿线国家的化石能源净贡献量

数据来源：《2017年BP世界能源统计年鉴》

（二）"一带一路"分地区的能源供给量与需求量

"一带一路"沿线国家按区域可以划分为中亚、中东欧、中东、南亚、东南亚、俄蒙和中国，各地区的能源供需情况有较大差异。①

从化石能源生产量来看，中国的总产量最高，2016 年达到 2009.9 万百万吨标准油，占"一带一路"沿线国家化石能源总产量的比重为 31%；其次是中东和俄蒙地区，总产量分别为 1818.2 百万标准油、1268.5 百万标准油，占比分别为 28%、19%；其他地区的化石能源产量比重较小。

从化石能源消费量来看，"一带一路"区域内中国的消费总量遥遥领先，2016 年达到 3053.7 百万吨标准油，占"一带一路"沿线国家化石能源消费总量的比重为 46%；中东、南亚地区其次，消费量分别为 997.1 百万吨标准油、839.5 百万吨标准油，占比分别为 15%、13%；俄蒙、东南亚、中东欧、中亚地区的消费量依次减少。

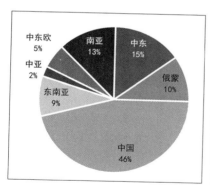

图 4-4　2016 年"一带一路"
分地区化石能源消费量情况

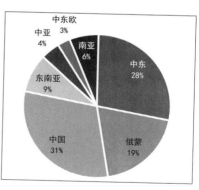

图 4-5　2016 年"一带一路"
分地区化石能源生产量情况

数据来源：《2017 年 BP 世界能源统计年鉴》

---

①　这里的分类中的中东地区是指"一带一路"沿线属西亚北非地区的 16 个国家。

从分区域角度看化石能源净贡献量，中东地区的净贡献量最高，达到 821.1 百万吨标准油，净贡献量为正的其他地区分别为俄蒙地区、中亚地区；中国的化石能源净贡献量最低，达到 -1043.0 百万吨标准油，净贡献量为负的其他地区分别为南亚、中东欧、东南亚地区。

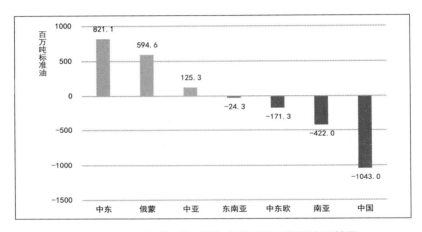

图 4-6　2016 年"一带一路"分地区化石能源净贡献量

数据来源：《2017 年 BP 世界能源统计年鉴》

（三）"一带一路"沿线国家与其他地区的能源供需对比

与世界其他地区相比，"一带一路"沿线国家的能源供需总量规模优势明显。"一带一路"沿线国家的化石能源产量达到北美地区的 3.0 倍，欧洲地区的 3.0 倍，中南美洲的 10.7 倍，非洲的 9.2 倍。而从化石能源消费量来看，"一带一路"沿线国家能源消费总量远高于世界其他地区，达到 6658.0 百万吨标准油，甚至高于欧洲和北美地区消费量的总和。

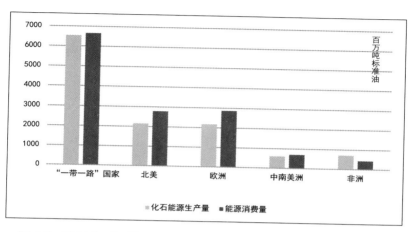

图 4-7　2016 年"一带一路"沿线国家与其他地区的化石能源供需对比

数据来源:《2017 年 BP 世界能源统计年鉴》

二、"一带一路"沿线国家能源供需结构

近年来,"一带一路"沿线国家能源生产与消费都呈现快速增长的趋势,在世界能源市场上的地位也与日俱增。分区域角度看,"一带一路"各区域的能源产量各异,消费不一,相互之间也在一定程度上有着供需互补之势;与此同时,在各个"一带一路"沿线国家之间,不同种类的能源供需也各有不同。

从化石能源产量结构来看,2016 年,"一带一路"沿线国家的石油产量为 2293.3 百万吨标准油,占化石能源产量的比重是35%;天然气产量为 1637.1 百万吨标准油,占比 25%;煤炭产量为 2608.0 百万吨标准油,占比 40%。

从能源消费量来看,2016 年,"一带一路"沿线国家能源消费结构与产量结构保持相似。其中,石油消费量达到 1783.5 百万吨标准油，占整体能源消费总量的 27.0%；天然气消费量占比 21.0%，煤炭消费量占比依然最高，达到 41.0%；水电消费量占比 6.0%；核电及其他可再生能源占比 2.0%。

（一）石油供需

在"一带一路"沿线国家的石油产量排名中，沙特阿拉伯、俄罗斯遥遥领先，作为世界性的石油生产大国，2016 年，两国石油产量分别为 585.7 百万吨标准油、554.3 百万吨标准油；伊朗、中国、阿联酋、科威特四国其次，石油产量分别为 216.4 百万吨标准油、199.7 百万吨标准油、182.4 百万吨标准油、152.7 百万吨标准油。另外，哈萨克斯坦已探明的石油储量占世界石油总储量的 1.8%，国际能源署预计，2035 年哈萨克斯坦石油产量将增加 100% 以上，未来的出口市场潜力较大。"一带一路"沿线国家的石油产量如图 4-8 所示。

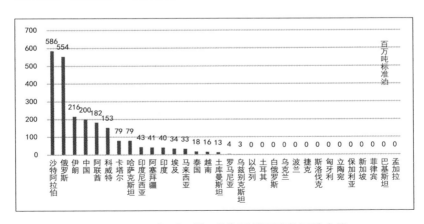

图 4-8　2016 年"一带一路"沿线国家的石油产量

数据来源：《2017 年 BP 世界能源统计年鉴》

中国在"一带一路"沿线国家中石油消费量最高,达到578.7百万吨标准油;印度紧随其后,石油消费量达到212.7百万吨标准油,成为"一带一路"第二大和世界第三大石油消费国。此外,伴随经济扩张迅速及消费水平提高,印度成为世界石油需求增长最快的国家,据国际能源署预计,印度和中国将占据未来石油需求增长的近一半水平。沙特阿拉伯和俄罗斯的石油消费量也分别达到167.9百万吨标准油、148.0百万吨标准油。而印度尼西亚、新加坡、泰国同属东南亚地区,其石油消费量增速虽有放缓趋势,但仍是重要的石油消费国。

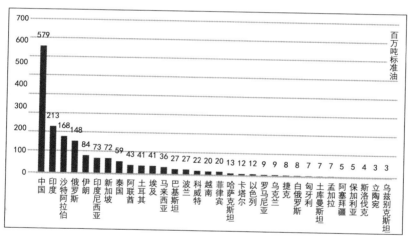

图 4-9　2016 年"一带一路"沿线国家的石油消费量

数据来源:《2017 年 BP 世界能源统计年鉴》

从石油净贡献量来看,沙特阿拉伯、俄罗斯的净贡献量最高,分别为417.8百万吨标准油、406.3百万吨标准油;同时阿联酋、伊朗、科威特的净贡献量也较高。与此对应,中国的净贡献量最低,为-379.0百万吨标准油;印度其次,净贡献量为-172.5百万吨标准油;新加坡、泰国、土耳其的净贡献量也较低。

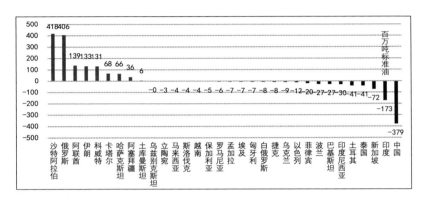

图 4-10　2016 年"一带一路"沿线国家的石油净贡献量

数据来源：《2017 年 BP 世界能源统计年鉴》

　　分地区来看，2016 年，在"一带一路"沿线国家的石油供给中，中东地区占比明显，其石油产量达到 1250.0 百万吨，占到了"一带一路"沿线国家石油总产量的 54.5%；俄蒙两国石油产量为 554.3 百万吨，占比 24%；中国、东南亚、中亚的石油产量分别为 199.7 百万吨、109.2 百万吨、94.5 百万吨，对应的占比分别为 9%、6%、4%。俄蒙和中东地区的石油供给量尽管基数很大，仍处于波动上升的走势；中东欧和中亚的石油供给量较少，但近年来涨幅明显，中亚地区 2016 年探明储量达到 41 亿吨，占全球探明储量的 1.9%，产量增长潜力十足；中国、南亚和东南亚地区的石油供应量则相对稳定。

　　对于石油消费量，中国是"一带一路"沿线国家中最大的经济体，石油消费量常年位居首位，2016 年，中国石油消费量为 578.7 百万吨标准油，占"一带一路"沿线国家石油消费量的 32%；中东地区处在石油高产地区，石油消费量也逐年增长，2016 年消费量为 422.3 百万吨标准油，占比为 24%；南亚地区石油消费量较低，但增速较快，该区域内国家都成了石油净进口国家，2016 年消费量为 246.7 百万吨标准油，占比 14%；东南亚、俄罗斯石油消费量较为稳定，2016 年消费量分别为 280 百万吨标准油、148 百万吨标准油，占比分别为 16%、8%。

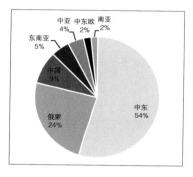

图 4-11　2016 年"一带一路"
各地区的石油生产量

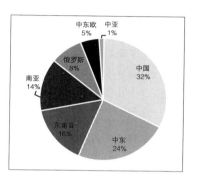

图 4-12　2016 年"一带一路"
各地区的石油消费量

数据来源：《2017 年 BP 世界能源统计年鉴》

（二）天然气供需

从天然气产量来看，俄罗斯体现出强大的供给能力，天然气产量达到 521.5 百万吨标准油；伊朗产量其次，由于伊朗储量丰富（天然气探明储量占世界总储量的 17%），天然气开采尚有潜力，如果西方制裁的危机逐渐缓解，其天然气生产量还将进一步提升；卡塔尔地处中东，虽石油产量只占 OPEC 国家的 2%，但其天然气储量占全球总储量的 13%，也是全球液化天然气第一大出口国；中国天然气产量相当可观，但依旧无法满足国内天然气需求；土库曼斯坦天然气储量巨大，占世界总储量的 9.4%，其天然气供给有扩张空间，此外土库曼斯坦天然气主要用于出口，2014 年天然气出口收入占商品出口总收入的 60% 以上。

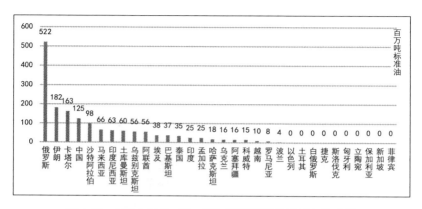

图 4-13　2016 年"一带一路"沿线国家的天然气生产量

数据来源:《2017 年 BP 世界能源统计年鉴》

　　从天然气消费量来看,俄罗斯的天然气消费量最高,达到 351.8 百万吨标准油;中国其次,天然气消费量达到 189.3 百万吨标准油,是"一带一路"沿线国家中排名第二、全球排名第三的天然气消费国;此外,在一系列推广使用天然气的政策引导下,天然气在伊朗能源消费结构中举足轻重,2016 年伊朗天然气消费量达到 180.7 百万吨标准油。

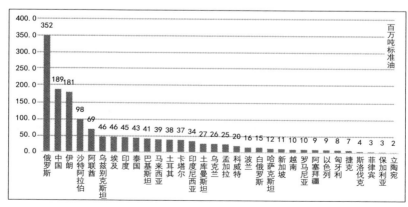

图 4-14　2016 年"一带一路"沿线国家的天然气消费量

数据来源:《2017 年 BP 世界能源统计年鉴》

从天然气净贡献量来看，俄罗斯、卡塔尔的净贡献量最高，分别为 169.7 百万吨标准油、125.6 百万吨标准油，土库曼斯坦、印度尼西亚、马来西亚的净贡献量也较高。与此对应，中国的净贡献量最低，达到 –64.8 百万吨标准油，土耳其其次，净贡献量为 –37.9 百万吨标准油，印度、白俄罗斯、阿联酋的净贡献量也较低。

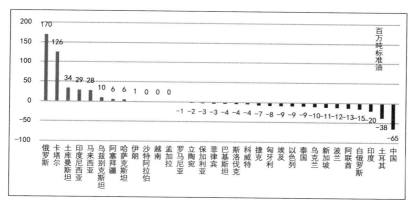

图 4-15　2016 年"一带一路"沿线国家的天然气净贡献值

数据来源：《2017 年 BP 世界能源统计年鉴》

分区域来看天然气产量，俄蒙地区的天然气产量输出稳定，除了 2009 年俄罗斯天然气产量出现短暂的下滑外，近 20 年其供应量总体上呈现稳中有进的状态，2016 年，俄蒙地区天然气产量为 521.5 百万吨标准油，占"一带一路"国家天然气产量比例为 32%。中东地区的天然气产量逐年上升，2016 年达到 552.5 百万吨标准油，较 1996 年（138.8 百万吨标准油）提高了 413.7 百万吨标准油，占总体比例最高，达到 34%。中国的天然气供给量则表现出产量低、增速快的特点，2016 年中国天然气产量达到 124 百万吨标准油，占总体比例为 8%。此外，东南亚、中亚也是天然气的重要产地，2016 年东南亚地区天然气产量达到 173.5 百万吨标准油，占比10%；中亚地区天然气产量达到134.5百万吨标准油，占比8%。

分区域来看天然气消费量，由于俄罗斯天然气供应丰富，俄蒙地区的天然气消费量常年较高，2011年后消费量有所下降，2016年，俄蒙地区消费量达到351.7百万吨标准油，占"一带一路"天然气消费总量的比重为24%。在推进天然气基础设施建设、提供用气补贴等措施的背景下，中东地区近年来天然气消费量呈上升的势头，并成为"一带一路"沿线国家天然气消费最高的地区，2016年中东地区天然气消费量达到498百万吨标准油，占总体消费比例为34%。同时，为了减少碳排放、加快能源转型，中国正大力培育天然气消费市场；近年来，中国的天然气消费量增速明显，已然成为各国竞相出口天然气的"新大陆"，2016年中国天然气消费量达到189.3百万吨标准油，占总体消费比例为13%；东南亚、南亚等地区天然气消费市场也在不断扩大，2016年消费量分别达到140.5百万吨标准油、110.7百万吨标准油，占比分别为9%、7%；中东欧地区成为唯一的天然气消费量降低的地区。

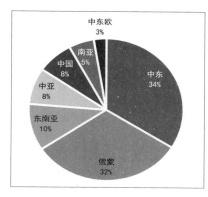

图4-16 2016年"一带一路"
各地区的天然气产量

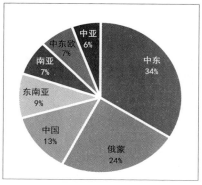

图4-17 2016年"一带一路"
各地区的天然气消费量

数据来源：《2017年BP世界能源统计年鉴》

（三）煤炭供需

从煤炭生产量看，中国是"一带一路"沿线国家煤炭产量最高的国家，产量为 1685.7 百万吨标准油，煤炭也是中国过去几十年经济增长的重要能源动力；印度煤炭产量紧跟其后，产量为 288.5 百万吨标准油，印度凭借雄厚的资源（煤炭探明储量为947.7 亿吨）和快速进步的煤炭工业，已成为"一带一路"沿线第二大煤炭生产国；印度尼西亚近年来煤炭产量维持在 250 万吨标准油左右，其探明储量达到 255.7 亿吨，成为东南亚最重要的煤炭产地，以褐煤和烟煤为主。同一地区的越南探明储量 33.6 亿吨，品质优良，以广田煤、鸿基煤为主。俄罗斯也位居前列，其他国家煤炭产量相对较少。

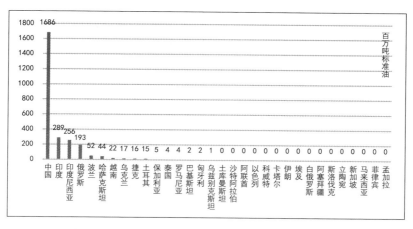

图 4-18　2016 年"一带一路"沿线国家的煤炭产量

数据来源：《2017 年 BP 世界能源统计年鉴》

从煤炭消费量看，"一带一路"沿线国家的煤炭消费排名与产量排名相似。中国、印度两国是"一带一路"煤炭消费的两大经济体，2016 年的消费量分别为 1887.9 百万吨标准油、411.9 百万吨标准油；波兰是少数几个依赖煤炭的欧洲国家之一，当前是欧洲第二大煤炭消费国，消费量为 48.8 百万吨标准油，其中波兰 90% 的电力来自燃煤，89% 的供热也依赖煤炭。

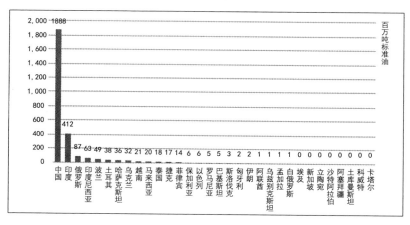

图 4-19 2016 年"一带一路"沿线国家的煤炭消费量

数据来源：《2017 年 BP 世界能源统计年鉴》

从煤炭净贡献量来看，印度尼西亚是净贡献量最大的国家，净贡献量达到 193.0 百万吨标准油，俄罗斯净贡献量也有 105.5 百万吨标准油，净贡献量为正的国家还有哈萨克斯坦、波兰等。与此对应，中国的净贡献量最低，达到 −201.8 百万吨标准油；印度也较低，净贡献量为 −123.4 百万吨标准油，净贡献量为负的其他国家主要有土耳其、马来西亚、乌克兰等。

分区域来看煤炭产量，中国煤炭产量是"一带一路"沿线国家煤炭产量的主力军，既经历了 2013 年之前的大幅度上涨，又正在经历煤炭去产能的过程，截至 2017 年 7 月，中国共退出煤炭产能 1.28 亿吨，2016 年，中国煤炭产量为 1685.7 百万吨标准油，占"一带一路"沿线国家煤炭总产量的65%；东南亚煤炭产量也在不断扩张，其中印度尼西亚、越南成为新兴的煤炭产区，2016年东南亚地区产量达到281.0百万吨标准油，占比11%；南亚地区和俄蒙地区的煤炭产量保持平稳，2016年分别达到290.3百万吨标准油、192.8百万吨标准油，占比分别为11%、7%；中东欧地区由于环保压力加重和煤炭效益下滑，近20年间不断削减煤炭产量，2016年中东欧地区产量为92.7百万吨标准油，占比为4%。

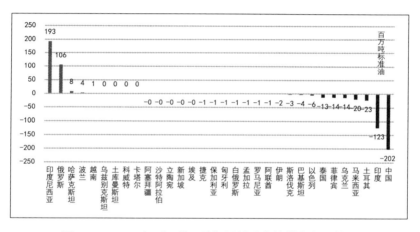

图 4-20 2016 年"一带一路"沿线国家的煤炭净贡献量

数据来源：《2017 年 BP 世界能源统计年鉴》

分区域来看煤炭消费量，中国是煤炭高产国，同时也是"一带一路"沿线国家煤炭消费量最高的国家，2016年中国煤炭消费量为1887.9百万吨标准油，占"一带一路"沿线国家煤炭消费总量的69%；2007年以来，南亚、东南亚地区煤炭消费量也逐渐提高。不仅如此，国际能源署报告还指出，未来煤炭需求量增长最多的地区将是印度和东盟，2016年，南亚、东南亚煤炭消费量分别达到 418 百万吨标准油、135.5 百万吨标准油，占比分别为 15%、5%；与此同时，中东欧、俄蒙地区作为传统的煤炭消费地区，将逐渐摆脱对煤炭的依赖，2016 年，中东欧地区、俄蒙地区的煤炭消费量分别达到 114.7 百万吨标准油、87.3 百万吨标准油，占总体煤炭消费比例分别为 4%、3%。

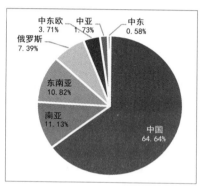

图 4-21　2016 年"一带一路"
各地区的煤炭产量

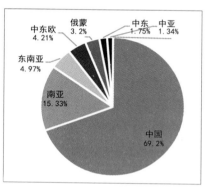

图 4-22　2016 年"一带一路"
各地区的煤炭消费量

数据来源：《2017 年 BP 世界能源统计年鉴》

（四）电能供需

1.核电

从核电消费量看，在"一带一路"沿线国家核电消费中，中国、俄罗斯处于领先地位，消费量分别达到 48.2 百万吨标准油、44.5 百万吨标准油；印度核能消费初具规模，目前印度推出核电计划，深化与美日的技术合作，其未来的核能消费还将继续提升；匈牙利核能消费是其能源消费结构的重要部分，核能发电占

其总发电量的比例约为 50%，近期又联合捷克、罗马尼亚与中国
签署核能合作协议，同中国继续深化核能利用的合作，因此其未
来核能消费还将有更大的增长空间。

分区域来看核电消费量，中国核电消费开发较晚，随着经济
增长的需求驱动，中国成为"一带一路"沿线核电消费量最高的国
家，2016 年中国核电消费量达到 48.2 百万吨标准油，占"一带一
路"沿线国家核能消费总量的 34%；受苏联时代核工业发展影响，
俄蒙地区、中东欧地区的核电消费保持较高水平，2016 年消费量
分别为 44.5 百万吨标准油、36 百万吨标准油，占比分别为 32%、
26%，此外，近年来中东欧地区正在逐渐摆脱对俄罗斯的依赖，积
极推动能源多元化；南亚地区的核电消费也在快速增长，2016 年
消费量达到 9.8 百万吨标准油，占比 7%，未来潜力较大。

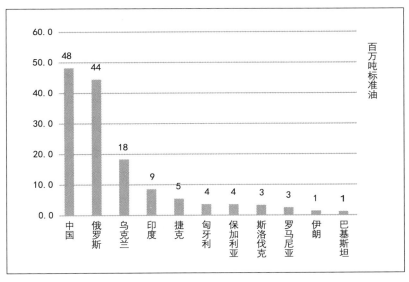

图 4-23　2016 年"一带一路"沿线国家的核电消费量

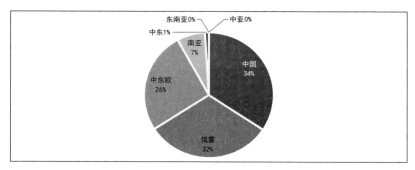

图 4-24 2016 年"一带一路"各地区的核电消费量

数据来源:《2017 年 BP 世界能源统计年鉴》

2.水电

从水电消费量看,中国水电消费占据"一带一路"沿线国家水电消费量的第一位,但与世界发达国家相比,中国水电资源仍有较大的开发潜力;俄罗斯、印度紧随其后,其中印度的可开发水电资源位居世界第五,但水电装备较少,未来水电也是印度可再生能源的重要发展方向;由于资金缺乏和技术落后,东南亚各国未能发挥当地的水力资源优势,各国水电消费的占比较低;"一带一路"沿线国家的水电消费量整体较少,发展潜力仍然较大。

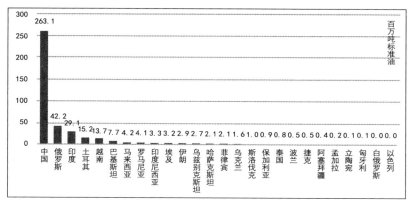

图 4-25 2016 年"一带一路"沿线国家的水电消费量

数据来源:《2017 年 BP 世界能源统计年鉴》

　　分区域来看，在水电消费量方面，中国在"一带一路"沿线国家水电消费中占比最大，2016 年中国水电消费量达到 263.1 百万吨标准油，占"一带一路"水电消费总量的比重高达 66%；俄蒙地区水电消费量虽小幅下降，仍是"一带一路"沿线国家第二大水电消费地区，2016 年消费量达到 42.2 百万吨标准油，占比 11%；南亚、东南亚等地区水能丰富，自然条件优越，水电消费基本保持平稳，2016 年消费量分别达到 37 百万吨标准油、24 百万吨标准油，占比分别为 9%、6%；中东地区水电消费量达到 21.2 百万吨标准油，占比 5%。

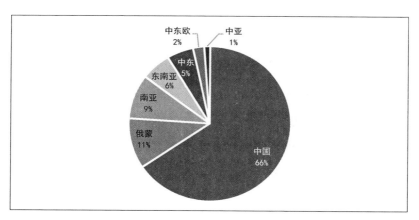

图 4-26　2016 年"一带一路"各地区的水电消费量

数据来源：《2017 年 BP 世界能源统计年鉴》

（五）"一带一路"沿线能源供需特点

1.能源生产多点开花

从能源产地看，石油主产地在中东地区、俄罗斯；天然气主要产地在中东地区、俄罗斯、东南亚地区；煤炭主产地在中国、南亚地区。"一带一路"沿线国家各地区的能源生产重心不同，直接影响到该地区的能源消费结构，如中国的煤炭消费比重最高，中东地区的天然气消费比重也比较大。

从能源产量来看，化石能源总产量前十的国家地处中东、东南亚、俄蒙、中亚等地区，基本覆盖"一带一路"沿线各区域。因此，各地区的能源生产大国，促成了"一带一路"化石能源多点开花的生产现状。

2.能源消费向东转移

从消费总量来看，中国、印度成为"一带一路"能源消费市场上两大支柱，两国的能源消费总量分列第一和第二；从消费种类上看，中国的煤炭、石油、水电、核能、可再生能源等消费量均处于第一位，印度的石油、煤炭、可再生能源消费量处于第二位，其他能源均在前十位；从消费增速上看，"一带一路"沿线国家的能源新增消费主要来自中、印高速增长的消费量。

从能源消费地来看，中国、东南亚地区、南亚地区在能源消费总量上占据靠前位置。其中，中国是"一带一路"沿线国家能源消费市场中需求规模最大的经济体，消费总量超过欧洲、北美的传统能源消费国家。由此可见，能源消费中心正在向东转移，反映了国际能源消费市场的转移，也从侧面彰显出新兴市场经济体发展的强势劲头。

3.石油地位日益重要

作为"一带一路"沿线国家供需的重要能源品种，石油的产

量、消费量均位居第二，仅次于煤炭。近年来，随着环境保护压
力的加大，能源转型已是大势所趋，煤炭产量及消费量正处于转
折点，开始逐年下降；天然气经历了近几年的大幅扩张，全球呈
现供过于求的局面，发展正处于瓶颈时期；而石油消费仍处在高
位增速的阶段，作为"一带一路"沿线国家最大的能源消费增长
点，石油消费显得愈发重要。

三、"一带一路"沿线国家能源贸易情况

"一带一路"沿线国家一方面是世界能源供需最丰富的地方，
另一方面也是世界能源贸易发生最密集的地区之一。"一带一路"
沿线区域间供需失衡，也促进了各国能源贸易的需求。

（一）"一带一路"沿线国家能源进出口总量

2014年，世界能源出口总量为5206.9百万吨标准油，而"一
带一路"沿线国家的能源出口总量为2714.9百万吨标准油，占世
界出口总量的52%。

其中，石油出口量为1846.0百万吨标准油，占"一带一路"
沿线国家能源出口总量的比重为68%；天然气出口量为443.5百
万吨标准油，占比为16%；煤炭出口量为401.6百万吨标准油，
占比为15%；电能、生物能占比则较小。

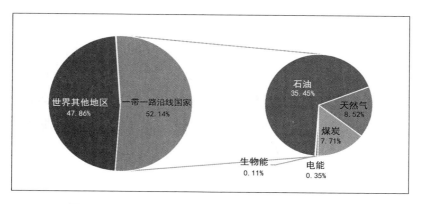

图 4-27   2014 年"一带一路"沿线国家能源出口总量

数据来源：国际能源署（IEA）

从能源出口来看，俄罗斯是"一带一路"沿线国家中能源出口量最高的国家，能源出口总量为 598.1 百万吨标准油；沙特阿拉伯其次，能源出口总量为 429.6 百万吨标准油，印度尼西亚、卡塔尔、阿联酋的能源出口量也较高，分别为 288.6 百万吨标准油、173.8 百万吨标准油、148.3 百万吨标准油。

2014 年，世界能源进口总量为 5175.1 百万吨标准油，"一带一路"沿线国家的能源进口总量为 1893.4 百万吨标准油，占世界能源进口总量的比重为 37%。

其中，"一带一路"沿线国家能源进口以石油为主，2014 年石油进口量达到 1230.4 百万吨标准油，占"一带一路"沿线国家进口能源总量的 65%；煤炭进口量为 400.9 百万吨标准油，占比为 21%；天然气进口量为 242.3 百万吨标准油，占比为 13%。

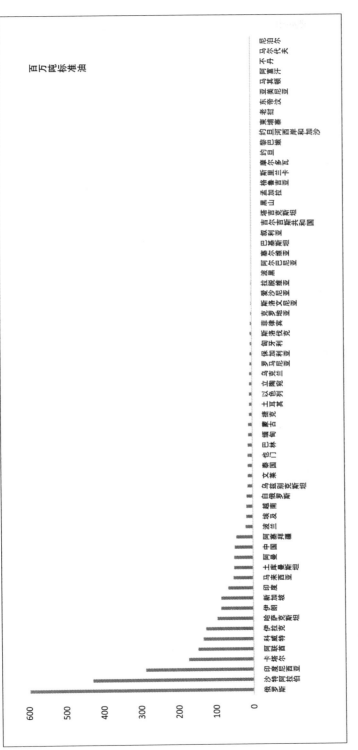

图 4-28 2014 年 "一带一路" 沿线国家的能源出口量

数据来源：国际能源署（IEA）

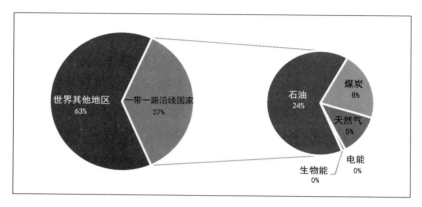

图 4-29 2014 年"一带一路"沿线国家能源进口总量

数据来源：国际能源署（IEA）

从能源进口量来看，中国是"一带一路"沿线国家中能源进口量最高的国家，能源进口量为 556.9 百万吨标准油；印度其次，能源进口量为 356.8 百万吨标准油；新加坡、土耳其、泰国的能源进口量也较多，分别为 161.4 百万吨标准油、101.6 百万吨标准油、72.4 百万吨标准油。

能源净进口量是能源进口量与能源出口量的差额，净进口量为正，说明进口量大于出口量，净进口量越大，进口需求越大；净进口量为负，则相反。从能源净进口量来看，2014 年，中国是"一带一路"沿线国家中能源净进口量最高的国家，净进口量为 507.9 百万吨标准油，印度其次，净进口量为 289.7 百万吨标准油。与其对应，俄罗斯是能源净进口量最低的国家，净进口量为 −570.8 百万吨标准油，沙特阿拉伯其次，净进口量为 −405.5 百万吨标准油，印度尼西亚、卡塔尔、科威特等国的净进口量也较低。

分地区看能源出口，"一带一路"沿线国家的能源出口地比

图 4-30 2014 年 "一带一路" 沿线国家能源进口总量

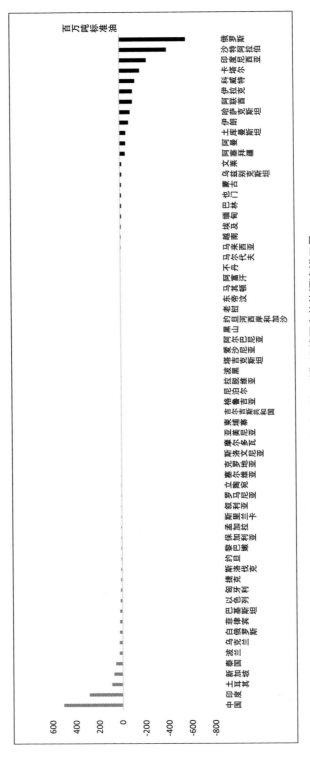

图 4-31 2014 年 "一带一路" 沿线国家的能源净进口量

数据来源：国际能源署（IEA）

较集中，主要来自中东、俄蒙、东南亚地区，这些地区2014年的能源出口量分别为1207.9百万吨标准油、606.8百万吨标准油、484.8百万吨标准油，占"一带一路"能源总出口的比例分别为44%、22%、18%；其他地区的能源出口量占比则较小。

分地区看能源进口，"一带一路"沿线各地区能源进口具有两头极端、中间均衡的特点，中国能源进口量超出其他地区，俄蒙、中亚地区能源进口量则极少。2014年，中国能源进口量达到556.9百万吨标准油，占"一带一路"沿线国家能源进口总量的29%；南亚、东南亚地区进口量分别为394百万吨标准油、389百万吨标准油，占比同为21%；而俄蒙、中亚地区进口量分别为28.5百万吨标准油、12.1百万吨标准油，占比只有1%，区域间差距显著。

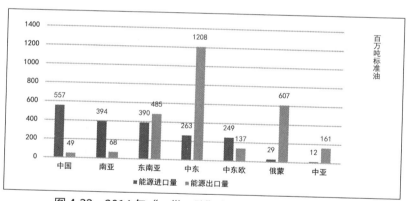

图4-32　2014年"一带一路"各地区的能源进出口总量

数据来源：国际能源署（IEA）

（二）石油进出口情况

从石油出口来看，"一带一路"石油出口量最高的国家是沙特阿拉伯，2014年出口量为429.6百万吨标准油；俄罗斯出口量排名第二，2014年达到340.9百万吨标准油。当前面对国际油价下跌的现状，沙特阿拉伯及俄罗斯正逐步削减产量，减少出口。如图 4-33 所示，出口前十的国家中，中东国家占据了 6 个，可见中东的石油出口成为"一带一路"石油资源的重要补给。

从石油进口来看，中国在"一带一路"石油进口国中独占鳌头，2014 年石油进口量达到 354.9 百万吨标准油；印度其次，2014 年印度石油进口量为 213.7 百万吨标准油，由于印度是世界第四大原油消费国，石油严重依赖进口；2014 年新加坡石油进口量为 151.7 百万吨标准油，作为世界三大炼油中心之一，新加坡成品油进出口量庞大，也成为"一带一路"沿线国家石油进口量较大的国家。另外石油进口前十国家中包括南亚四国，该地区消费结构以石油为主，因而进口需求较大。

从石油净进口量来看，中国是石油净进口量最高的国家，净进口量达到 319.9 百万吨标准油，印度其次，净进口量为 147.2 百万吨标准油，新加坡、泰国、印度尼西亚等国的石油净进口量也较高。与此对应，沙特阿拉伯是石油净进口量最低的国家，净进口量为 -405.5 百万吨标准油，俄罗斯其次，净进口量为 -337.2 百万吨标准油，科威特、阿联酋、伊拉克等国的石油净进口量也较低。

（三）天然气进出口情况

从天然气出口来看，俄罗斯是"一带一路"沿线国家天然气出口量最多的国家，2014 年出口量达到 155.7 百万吨标准油；卡塔尔其次，2014 年出口量达到 99.6 百万吨标准油；2014 年土库曼斯坦出口量为 44.7 百万吨标准油，且天然气出口占产量的比重

图 4-33 2014 年 "一带一路" 沿线国家的石油出口量

数据来源：国际能源署（IEA）

图 4-34 2014 年 "一带一路" 沿线国家的石油进口量

数据来源：国际能源署（IEA）

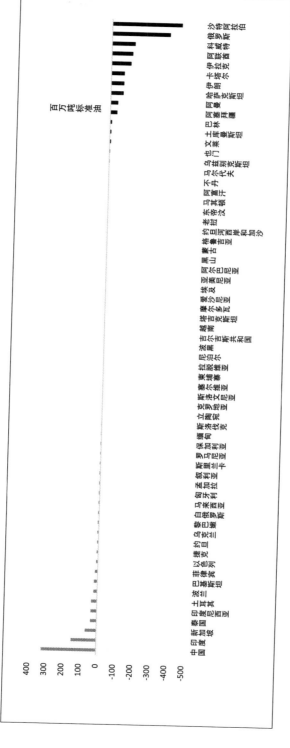

图 4-35　2014 年 "一带一路" 沿线国家的石油净进口量

数据来源：国际能源署（IEA）

极高，近年来土库曼斯坦的出口方向从俄罗斯转向中国，目前已成为中国天然气最大的供应国；印度尼西亚是世界液化天然气的主要出口国，天然气出口量紧随其后；由于产量过剩，国内消费不足，马来西亚天然气出口量继续扩大。如图 4-36 所示，出口前十的国家中，南亚、中亚、中东各三个国家，俄罗斯作为天然气最大出口国的地位短时间内无法撼动。

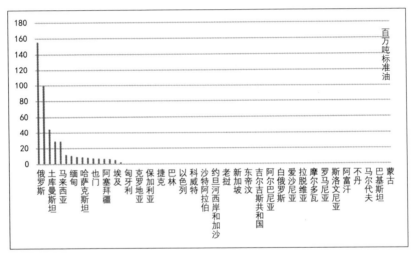

图 4-36　2014 年"一带一路"沿线国家的天然气出口量

数据来源：国际能源署（IEA）

从天然气进口来看，中国是"一带一路"天然气进口量最大的国家，2014 年进口量为 46.9 百万吨标准油，中国为实现主体能源的绿色低碳替代，天然气得以大力推广，国内供应不能满足消费需求，进口发挥更重要的补充作用；其次是土耳其，2014 年进口量为 40.5 百万吨标准油，土耳其 70% 的能源需求依赖进口，其中天然气进口占比为 95%；尽管阿联酋天然气储量丰富，可探明天然气储量占世界的 3.5%，天然气产量位居"一带一路"沿线国家前列，但 50% 的天然气消费量仍依靠进口；印度的天然气需求高涨，计划提高天然气在能源结构中的占比，成为液化天然气进口热点市场。如图 4-37 所示，天然气进口前十的国家中，中东欧、东南亚地区各占三个，都是能源进口重点地区。

从天然气净进口量来看，中国是天然气净进口量最高的国家，净进口量为 44.8 百万吨标准油；土耳其其次，净进口量为 40.0 百万吨标准油；白俄罗斯、印度、乌克兰等国的天然气净进口量也较高。

与此对应，俄罗斯是天然气净进口量最低的国家，净进口量为 -148.7 百万吨标准油，卡塔尔其次，净进口量为 -99.6 百万吨标准油，土库曼斯坦、印度尼西亚、马来西亚等国的天然气净进口量也较低。

（四）煤炭进出口情况

从煤炭出口来看，"一带一路"沿线国家煤炭出口量最大的国家是印度尼西亚，2014 年达到 237.9 百万吨标准油，由于中国煤炭需求减少、煤炭价格下跌，印度尼西亚煤炭出口大幅削减，转向国内燃煤发电；其次是俄罗斯，2014 年出口量为 100.2 百万吨标准油，当前俄罗斯煤炭企业开始出现亏损状态，出口陷入困境（乌克兰的进口一定程度缓解其出口压力）。如图 4-39 所示，俄蒙及中东欧地区分布着 5 个煤炭出口大国，这与当地的天然气为主的能源消费结构有一定关系。

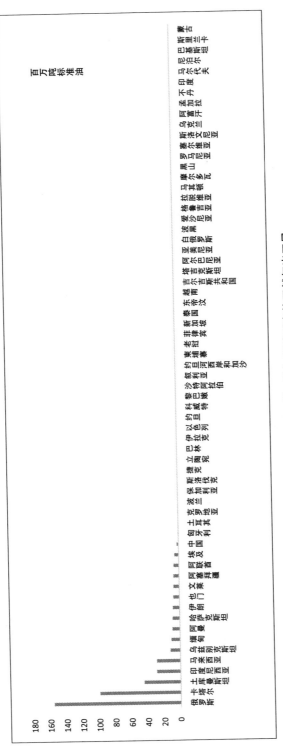

图4-37 2014年"一带一路"沿线国家的天然气出口量

数据来源：国际能源署（IEA）

图 4-38　2014 年 "一带一路" 沿线国家的天然气进口量

数据来源：国际能源署（IEA）

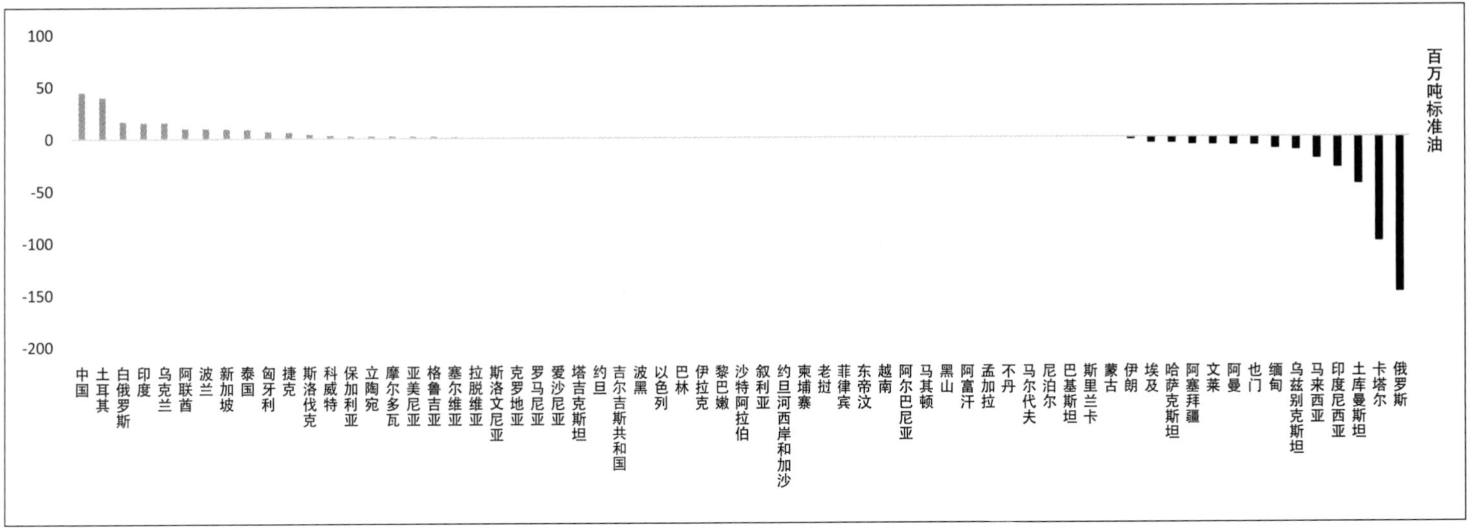

图 4-39　2014 年 "一带一路" 沿线国家的天然气净进口量

数据来源：国际能源署（IEA）

从煤炭进口来看，中印两国是"一带一路"沿线国家煤炭进口的两大主力。中国是"一带一路"沿线国家煤炭进口量最大的国家，2014 年进口量达到 154.5 百万吨标准油，鉴于海运煤价格更低、品质更高等因素，中国既是煤炭生产大国也是煤炭净进口国；2014 年印度煤炭进口量为 126.9 百万吨标准油，其燃煤发电是供电系统的主要来源，且进口煤炭成本低于国内开采成本，因此印度煤炭进口量居高不下；土耳其的能源对外依存度高，煤炭也处于进口状态。另外，煤炭进口前十位的国家中，东南亚、中东欧地区的国家有三个，分布较为集中。

从煤炭净进口量来看，中国是煤炭净进口量最高的国家，净进口量为 144.3 百万吨标准油，印度其次，净进口量为 126.4 百万吨标准油，土耳其、马来西亚、泰国等国的煤炭净进口量也较高。与此对应，印度尼西亚是煤炭净进口量最低的国家，净进口量为 –236.2 百万吨标准油，俄罗斯其次，净进口量为 –84.3 百万吨标准油，哈萨克斯坦、蒙古、波兰等国的煤炭净进口量也较低。

（五）电能进出口情况

从电能出口来看，"一带一路"沿线国家电能出口量最大的国家是捷克，2014 年出口量为 2.4 百万吨标准油，其次是中国，2014 年出口量为 1.6 百万吨标准油。总的来说，"一带一路"沿线国家电力出口总量低、差距小，其中，中东欧国家是电力出口的主力地区，建设统一电力市场很有潜力（捷克率先建立健全电力市场），但由于国有电厂的市场垄断和法律限制，影响了跨国间的电力出口。

图 4-40 2014 年 "一带一路" 沿线国家的煤炭出口量

数据来源：国际能源署（IEA）

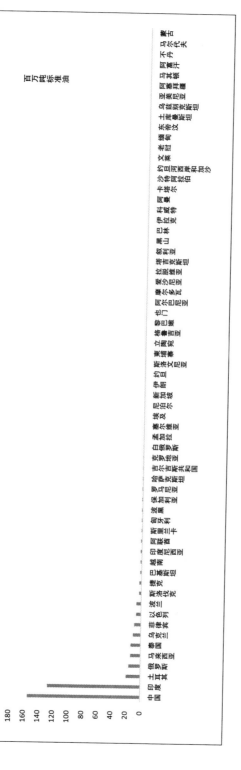

图 4-41 2014 年 "一带一路" 沿线国家的煤炭进口量

数据来源：国际能源署（IEA）

图 4-42 2014 年 "一带一路" 沿线国家的煤炭净进口量

数据来源：国际能源署（IEA）

从电能进口来看，由于电能运输存储的限制，"一带一路"沿线国家电能进出口总量都较低。匈牙利是"一带一路"沿线国家电能进口量最大的国家，2014年进口量达到1.64百万吨标准油，其电力进口量占用电总量的31%；波兰电力需求增长迅速，本国产量加上电能进口才能满足其需求。与生物能一致，电能进口量前十的国家主要来自中东欧地区，共有6个国家。

从电能净进口量来看，匈牙利是电能净进口量最高的国家，净进口量为1.15百万吨标准油，伊拉克其次，净进口量为1.05百万吨标准油，泰国、立陶宛、土耳其等国的电能净进口量也较高。

与此对应，捷克是电能净进口量最低的国家，净进口量为–1.4百万吨标准油，中国其次，净进口量为0.98百万吨标准油，保加利亚、乌克兰、俄罗斯等国的电能净进口量也较低。

（六）"一带一路"沿线国家能源贸易格局

本文采用UNcomtrade数据库，按照石油（HS2709、HS2710）、天然气（HS2711）、煤炭（HS2701）的标准整理主要能源进出口国家的近5年贸易数据。

1."一带一路"沿线国家能源贸易流向

"一带一路"能源进出口关系重大，能源贸易总量庞大，沿线国家中既有世界"石油心脏"之称的中东、欧洲供气国的俄罗斯，也有新兴市场国家"排头兵"的中国、印度，"一带一路"沿线国家的能源供给与需求在世界能源市场中举足轻重。当前在"一带一路"倡议下，沿线国家要深化互通互联，加强能源合作，因此区域内能源合作更值得关注。

图 4-43　2014 年 "一带一路" 沿线国家的电能进口量

数据来源：国际能源署（IEA）

图 4-44 2014 年 "一带一路" 沿线国家的电能净进口量

数据来源：国际能源署 (IEA)

1.1 石油

从进口总量来看，"一带一路"石油进口国对出口国的依赖性强，进口国一半以上的石油进口来自沿线国家。按进口来源，进口国分为两类，石油进口量多，优先选择石油产量大国，确保供给充足稳定；石油进口量中等，优先选择地缘关系近国，确保能源安全，降低运输费用，因此中国进口主要来自沙特阿拉伯、俄罗斯，印度来自沙特阿拉伯、伊拉克；波兰、白俄罗斯来自俄罗斯。

从出口总量来看，"一带一路"石油出口国对进口国的依赖性较弱，出口国仅小部分出口至"一带一路"沿线其他国家。中国和印度承担了这些石油出口国的主要出口量，中东欧和东南亚国家则分别成为俄罗斯、新加坡的出口去向。

表 4-1　2016 年"一带一路"区域内石油贸易流向（进出口前十国家）

出口国 进口国	沙特阿拉伯	俄罗斯	阿联酋	科威特	伊拉克	卡塔尔	新加坡	伊朗	哈萨克斯坦	印度	总计	世界进口总量
中国	51.8	54.7	13.0	16.5	36.2	0.7	5.2	31.9	3.2	0.4	213	408.9
印度	40.9	0.74	20.2	10.2	38.1	6.0	1.2	23.4	0.4	—	141	221.2
新加坡	19.5	11.1	18.1	8.39	1.86	7.52	—	2.31	—	7.52	76.3	160.6
印度尼西亚	5.54	0.21	0.53	0.31	—	0.56	15.1	14.9	—	0.06	37.2	42.40
土耳其	0.25	8.49	0.13	—	0.00	0.01	0.00	—	—	4.64	13.5	17.36
马来西亚	4.37	1.84	2.67	1.28	0.39	0.80	13.0	24.1	—	2.09	50.5	42.26
波兰	1.62	19.5	—	—	1.47	—	0.00	—	1.09	0.00	23.6	29.78
白俄罗斯	—	20.1	0.00	—	—	—	—	—	0.06	0.00	20.1	19.88
总计（百万吨标准油）	124	117	54.6	36.6	78.0	15.6	34.5	98.6	4.74	14.7	—	—
世界出口总量	423.7	410	134	128	115		91.9		66.0	61.9	—	—

数据来源：UNcomtrade、《2017 年 BP 世界能源统计年鉴》

1.2 煤炭

"一带一路"煤炭进口国对出口国的依赖性强。从进口路径看，地缘关系是进口国选择的关键因素，中国煤炭主要来自印度尼西亚、蒙古；土耳其进口主要来自俄罗斯；泰国进口主要来自印度尼西亚。

同时，"一带一路"煤炭出口国对进口国的依赖性也较强。从出口去向看，印度尼西亚、俄罗斯的出口方向多，分布散，与"一带一路"沿线较多国家有煤炭进出口贸易。

表 4-2　2016 年"一带一路"区域内煤炭贸易流向（进出口前十国家）

进口国＼出口国	印度尼西亚	俄罗斯	哈萨克斯坦	波兰	中国	蒙古	越南	乌克兰	捷克	总计	进口总量
中国	39.06	18.6	0.01	—	—	26.3	0.49	0.00	—	84.4	183.3
印度	93.15	4.09	—	—	0.40	—	0.03	0.05	—	97.7	193.1
土耳其	0.16	12.4	0.04	0.20	—	—	—	0.10	—	12.9	36.22
俄罗斯	—	—	18.66	0.00	0.00	—	—	1.06	—	19.7	19.78
马来西亚	17.27	2.33	—	—	0.09	—	0.03	—	—	19.7	24.20
泰国	16.38	—	—	—	—	—	—	—	—	16.4	21.69
乌克兰	0.08	—	—	—	—	—	—	—	—	0.08	15.65
菲律宾	17.50	0.51	—	—	0.00	—	0.16	—	—	18.2	18.48
以色列	—	—	—	—	0.01	—	—	—	—	0.01	6.01
波兰	—	5.20	0.01	—	0.00	—	0.00	0.04	0.46	5.71	8.30
总计（百万吨标准油）	183.6	43.1	18.72	0.20	0.50	26.3	0.71	1.27	0.46	—	—
出口总量	310.7	166	23.85	9.08	8.78	25.7	1.28	0.52	3.44	—	—

数据来源：UNcomtrade、越南人民报、乌克兰国家财税署

2. "一带一路"沿线主要能源出口国

2.1 俄罗斯

俄罗斯是"一带一路"沿线第二大石油出口国，主要出口荷兰、中国、德国、意大利、白俄罗斯等国。其中，出口"一带一路"沿线国家的比重较高，一般在 40% 左右，2016 年，俄罗斯出口"一带一路"沿线国家石油总量为 168.8 百万吨标准油，占石油出口总量的 41%。

俄罗斯石油出口的"一带一路"沿线国家主要有中国、白俄罗斯、波兰、拉脱维亚等国，其中大多数国家来自中东欧地区。从进口俄罗斯石油的国家来看，中国石油进口量正在逐年增加，2016 年达到 52.3 百万吨标准油；而白俄罗斯的石油进口量却有所收缩，2016 年进口量为 20.0 百万吨标准油；波兰、拉脱维亚的进口量基本持平，2016 年分别为 19.4 百万吨标准油、9.6 百万吨标准油。

另外，俄罗斯是"一带一路"沿线国家最大的天然气出口国，主要出口日本、韩国。2012—2016 年期间，俄罗斯出口到"一带一路"沿线国家天然气数量占天然气总出口量的比重较低，只有 3% 左右。2016 年，随着亚洲国家的天然气进口量激增，俄罗斯出口到"一带一路"沿线国家的天然气数量达到 5.0 百万吨标准油，比重达到 2.9%。

俄罗斯天然气出口"一带一路"沿线国家主要有波兰、乌克兰、土耳其、中国、白俄罗斯等。从进口俄罗斯天然气的国家来看，中国的天然气进口量不稳定，2016 年进口量为 0.33 百万吨；2016 年波兰、乌克兰进口量最多，分别达到 1.29 百万吨、0.92

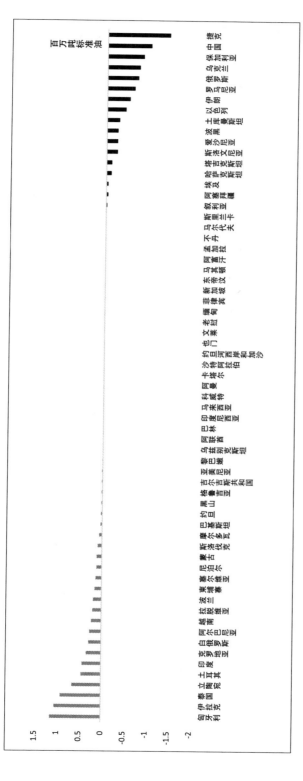

图 4-45 2014 年 "一带一路" 沿线国家的电能净进口量

数据来源：UNcomtrade

百万吨；土耳其和白俄罗斯的天然气进口量较稳定，2016 年进口量分别为 0.46 百万吨、0.28 百万吨。

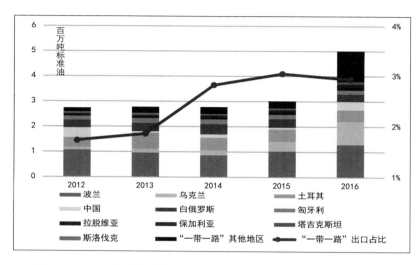

图 4-46　2016 年俄罗斯出口"一带一路"国家的天然气数量及占比

数据来源：UNcomtrade

2.2 印度尼西亚

印度尼西亚（以下简称"印尼"）是"一带一路"沿线国家煤炭出口量最大的国家，出口目的地主要是中国、印度、韩国、日本等国。印尼煤炭出口到"一带一路"沿线国家的比重很高，常年在 72% 以上。2016 年，印尼出口到"一带一路"沿线国家的煤炭总量达到 226.2 百万吨标准油，占比达到 73%。

印尼煤炭出口的"一带一路"沿线国家主要有印度、中国、泰国、马来西亚、菲律宾等。从进口印尼煤炭的国家来看，印度是印尼煤炭最大的进口国，2013 年进口量最高，达到 134.5 百万吨标准油，2016 年进口量虽有下降也有 94.6 百万吨标准油；中国从印尼进口的煤炭仅次于印度，近年来有下降趋势，2016 年进

口量达到 50.8 百万吨标准油；其次是泰国、马来西亚、菲律宾，
2016 年进口量分别为 16.3 百万吨标准油、17.3 百万吨标准油、
17.5 百万吨标准油。

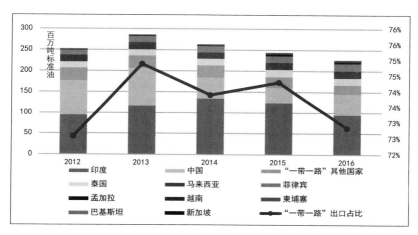

图 4-47　2016 年印度尼西亚出口"一带一路"国家的煤炭数量及占比

数据来源：UNcomtrade

　　印度尼西亚是"一带一路"天然气第二大出口国，主要出
口新加坡、日本、韩国、中国等国。印尼天然气出口到"一带一
路"沿线国家的比重一般在 50% 左右，仍呈现上升趋势，2016
年，印尼出口到"一带一路"沿线国家的天然气总量为 12.3 百万
吨标准油，比重下滑至 52%。印度尼西亚天然气出口的"一带一
路"沿线国家主要有新加坡、中国、马来西亚、阿联酋等国。从
进口印尼天然气的国家来看，出口至新加坡的天然气总量最多，
2016 年达到 5.6 百万吨标准油；中国进口量常年持平，2016 年为
3.0 百万吨标准油；马来西亚近年来的进口量出现收窄，2016 年
降至 0.5 百万吨标准油。

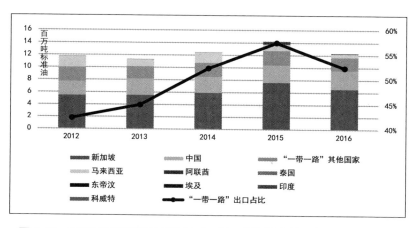

图 4-48　2016 年印度尼西亚出口"一带一路"国家的天然气数量及分布

数据来源：UNcomtrade

3."一带一路"沿线主要能源进口国

3.1 中国

中国是"一带一路"沿线国家石油进口量最高的国家，主要进口来源是沙特阿拉伯、俄罗斯、安哥拉、伊拉克、阿曼等国。如图 4-48 所示，中国从"一带一路"沿线国家进口石油总量占总进口量的比重较高，约在 66% 左右。2016 年，中国从"一带一路"沿线国家进口石油总量达到 267.0 百万吨标准油，占比为 65%。

从出口中国石油的国家来看，沙特阿拉伯是"一带一路"沿线国家中向中国出口石油最多的国家，2016 年出口量达到 51.8 百万吨标准油；俄罗斯、阿曼、伊拉克、伊朗等国对中国的石油输出逐年增加，2016 年出口量分别达到 54.7 百万吨标准油、35.1 百万吨标准油、36.2 百万吨标准油、31.9 百万吨标准油；中国进口哈萨克斯坦的石油数量则逐年下降，2016 年较 2012 年减少了 8.2 百万吨标准油。

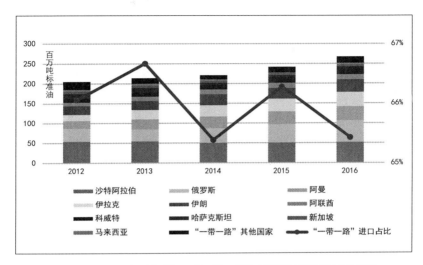

图 4-49　2016 年中国进口"一带一路"国家的石油数量及分布

数据来源：UNcomtrade

　　同样，中国也是"一带一路"沿线国家进口天然气最多的国家，主要来源是土库曼斯坦、澳大利亚、卡塔尔、阿联酋、美国等。其中中国从"一带一路"沿线国家进口天然气数量占天然气总进口量的比重很高，常年高于 70%。2016 年，中国从"一带一路"沿线国家进口天然气总量达到 50.3 百万吨标准油，占比为 71%。

　　中国天然气进口的"一带一路"沿线国家主要有土库曼斯坦、卡塔尔、阿联酋、乌兹别克斯坦等。从出口中国天然气的国家来看，土库曼斯坦是"一带一路"沿线国家中向中国出口天然气最多的国家，2016 年出口量达到 21.6 百万吨标准油，占"一带一路"沿线国家出口中国天然气总量的比重为 43%；卡塔尔出口中国的天然气数量有所下降，2016 年为 7.0 百万吨标准油；阿联酋、缅甸出口天然气数量逐年上升，这些国家逐渐成为中国重要的天然气供应地。

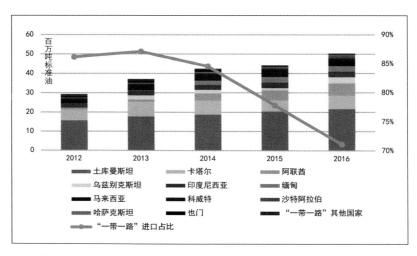

图 4-50　2016 年中国进口"一带一路"国家的天然气数量及分布

数据来源：UNcomtrade

　　另外，中国也是"一带一路"沿线国家进口煤炭最多的国家，主要进口来源是澳大利亚、印度尼西亚、朝鲜、俄罗斯等国。中国从"一带一路"沿线国家进口煤炭数量的占比在 40% 左右，近年来比重有所下滑。2016 年，中国自"一带一路"沿线国家进口煤炭总量达到 84.6 百万吨标准油，占比为 46%。

　　中国煤炭进口"一带一路"沿线国家主要有印度尼西亚、俄罗斯、蒙古、越南，中国的煤炭进口地域比较集中。从出口中国煤炭的国家来看，印度尼西亚是向中国出口煤炭量最多的国家，出口量达到 29.1 百万吨标准油；俄罗斯与蒙古一直提供稳定的煤炭供应，但越南连续两年缺席了对中国煤炭出口。

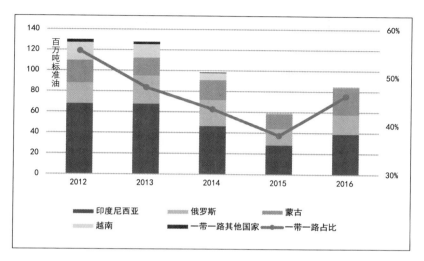

图 4-51　2016 年中国进口"一带一路"国家的煤炭数量及分布

数据来源：UNcomtrade

3.2 印度

印度是"一带一路"沿线国家第二大石油进口国，进口主要来自沙特阿拉伯、伊拉克、委内瑞拉、阿联酋等国。印度从"一带一路"沿线国家进口石油数量占总进口量的比重很高，一般在65%左右，2016 年印度自"一带一路"沿线国家进口石油总量达到 154 百万吨标准油，占比升至 70%。

印度石油进口的"一带一路"国家主要有沙特阿拉伯、伊拉克、伊朗等国。从印度进口石油的国家来看，来自沙特阿拉伯的石油供给充足稳定，2016 年进口量为 40.8 百万吨标准油；伊拉克也是重要进口源，2016 年石油进口量为 38 百万吨标准油；从科威特进口的石油数量开始减少，2016 年进口量为 10.1百万吨标准油。

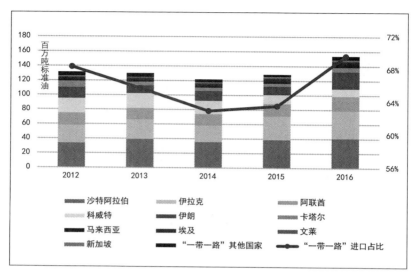

图 4-52　2016 年印度进口"一带一路"沿线国家的石油数量及分布

数据来源：UNcomtrade

　　印度是"一带一路"沿线国家第二大煤炭进口国，进口来源有印度尼西亚、澳大利亚、南非、美国等国。印度煤炭进口"一带一路"国家占煤炭总进口量的比重在一半以上，近年来比重开始下滑，2016 年，来自"一带一路"沿线国家的进口量为 97.8 百万吨标准油，占比 51%。

　　印度煤炭进口"一带一路"国家主要有印度尼西亚、俄罗斯、中国。从出口印度煤炭的国家来看，印度尼西亚向印度出口煤炭的数量最多，2016 年出口量达到 93.2 百万吨标准油；近年来俄罗斯对印度的煤炭出口量有所提升，2016 年达到 4.1 百万吨标准油。

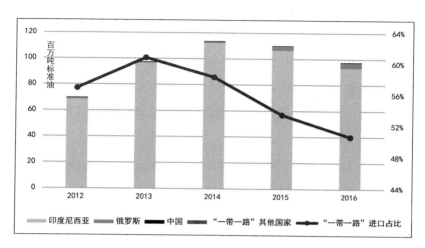

图 4-53　2016 年印度进口"一带一路"国家的煤炭数量及分布

数据来源：UNcomtrade

（七）"一带一路"沿线国家能源进出口特点

1. 能源出口重心突出，能源进口比较均衡

中东、俄蒙、东南亚地区是"一带一路"沿线国家主要能源出口地，其能源出口量分别位居"一带一路"各地区前三，出口量总和占比为 84%；以上地区也分别是石油、天然气、煤炭出口量最多的地区。总的来说，中东、俄蒙、东南亚地区成为"一带一路"能源出口的多中心。而二次能源和可再生能源，中东欧地区的出口占比较高。

南亚、东南亚、中东、中东欧等大多数地区能源进口总量相近，整体反映出"一带一路"多数地区能源供不应求的现状。例外的是，俄蒙、中亚地区的进口量较少，能源供给充足。

2. 石油出口占比最高，中国进口需求较为强烈

石油出口量占"一带一路"沿线国家能源出口总量的 70%，也成为各地区能源出口的主要部分。此外，在天然气、煤炭出口中，能源大国的相应出口量占据绝对领先态势，其"首位度"比较明显。

在"一带一路"沿线各国的化石能源进口中，中国的石油、天然气、煤炭进口量都位居首位，能源进口总量更是远远超过其他地区，带动着"一带一路"能源需求的区域联动。

3. 能源出口去向不一，能源进口依赖性强

俄罗斯出口至"一带一路"沿线国家的石油总量占总出口量的比重只有 3%，而印度尼西亚煤炭出口则集中在地缘周边国家，"一带一路"区域内的能源进出口份额相对较少。

"一带一路"能源进口国的主要贸易伙伴是"一带一路"国家，从"一带一路"沿线国家的能源进口占总进口量的比重较高，天然气进口占比甚至达到 70% 以上，由此可见，进口国对"一带一路"区域内贸易比较依赖，"一带一路"沿线国家能源合作的重要性不言而喻。

四、"一带一路"沿线国家能源安全及展望

（一）"一带一路"沿线国家能源安全问题

面对复杂的政治经济环境、经济发展水平不同及能源供给总

量不均衡等问题，"一带一路"沿线国家的能源供需矛盾更加突出。经济容量大、能源需求强的能源净进口国，能源储量多、经济发展低的能源净出口国成为"一带一路"能源市场中的重要角色。能源供需不均衡及区域内环境等因素造成的能源安全问题，对"一带一路"沿线国家造成不少困扰。

1.能源供需不平衡，进口国对外依存度强

从生产消费来看，中东、俄蒙地区能源生产高于消费，中国、南亚地区能源消费高于生产，具体国家而言，中国、印度消费量超过产量，而俄罗斯、沙特阿拉伯、印度尼西亚产量大过消费量。能源供需在地区之间、国家之间存在明显的不平衡，能源矛盾更加突出，能源安全问题更加严重。

从进出口来看，中国作为最大的能源消费国和能源进口国，能源进口量占能源消费量的 20% 左右，尤其自"一带一路"沿线国家的能源进口量占比较高，对沿线国家依赖性强；而印度能源进口量占消费量的比重达到 40% 左右，能源依赖性更强，沿线主要能源消费国的进口依存度也影响着能源安全和经济发展。

2.区域政治环境不稳定，能源进出口受影响

"一带一路"沿线国家横亘欧亚，跨地范围广阔，地缘关系较弱；人口数量庞大，语言多样，世界三大宗教交汇，社会环境复杂；各地区经济发展水平不一，产业结构各异，造就"一带一路"沿线国家复杂的经济社会环境，对能源供需情况产生影响。

"一带一路"地区涵盖了中东、南亚等地区，既是能源主要产地，也是政治最不稳定地区，近年来的恐怖主义、难民问题，

危害了经济发展、贸易投资所需的良好环境。

3. 能源结构较重，能源利用效率较低

从能源结构上看，"一带一路"能源生产消费结构严重依赖煤炭、石油，其消费占比为 70% 左右，天然气和可再生能源消费占比低于世界水平。近年来，印度煤炭进口量逐年上升，中东地区为平衡对石油依赖，也增加煤炭消费量，因此"一带一路"的能源结构变革亟待破解。

从能源效率来看，中亚、中东地区的 GDP 单位能源消耗高于世界平均水平，沙特阿拉伯、俄罗斯等能源高产国的能源效率也较低。沿线国家对丰富能源的使用率不够高效，能源转型这一趋势更显重要。

4. 能源储产比下降，供需增速不同步

从能源储量来看，世界能源总体储产比为 50，而"一带一路"国家能源储量相对丰富，新探明储量不足，与 2011 年（石油储产比为 54，天然气储产比为 90）相比，储产比在逐年下降，可再生能源的开发与推广更加迫切。

从增速上看，"一带一路"国家石油、天然气、煤炭等化石能源的消费量增速均高于产量增速，两者增速的不一致，加重了沿线国家特别是能源消费大国的需求压力。

（二）"一带一路"沿线国家能源展望

沿线国家的能源安全问题，关键要处理能源总量与能源结构

的关系、能源生产内部与外部的关系、宏观环境与微观举措的关系，一般可以考虑以下措施。

1.加强能源基础设施互联互通，推动能源互联网建设

2016 年 3 月，国家发展改革委、外交部、商务部发布《推动共建丝绸之路经济带和 21 世纪海上丝绸之路的愿景与行动》，提出"加强能源基础设施互联互通合作，共同维护输油、输气管道等运输通道安全，推进跨境电力与输电通道建设，积极开展区域电网升级改造合作"。

能源领域的互通互联不仅要实现石油、天然气、电力运输渠道的畅通，更要实现"一带一路"区域间能源的相互联结。在油气领域，可以开展跨境油气通道建设合作，建成以中东、俄罗斯、中亚等资源国为中心，向欧洲、东南亚、东亚等方向延伸的油气通道；在核能领域，中东欧和西亚国家是重要的核能市场，合作建设核电站较多，建设规模较大；在电力领域，可以打造实现中国与中亚五国的电网相连，充分利用中亚地区的风能、太阳能资源，也发挥电网的资源优化配置功能，将中国西北地区与中亚地区的可再生能源互补消化。

"一带一路"区域的各种能源基础设施互联互通，也是全球能源互联网的重要部分。能源互联网，借用未来学家里夫金提出的概念，指的是"用智能电网为载体，分布式的生产和消费，实现装备、信息、能源的互通互联，最终达到清洁替代和电力替代"。能源互联网的建设以特高压电网为骨干网架（通道）、以输送清洁能源为主导、全球互联的坚强智能电网，关键将风能、太阳能等可再生能源接入电网中。虽然当前能源互联网建设还需突

破瓶颈，如大容量、低成本的能量输送通道及储能设施，廉价的能源供应方法，智能的能源调度机制。不断扩展"一带一路"能源基础设施互联互通建设，也成为推动全球能源互联网发展的重要力量。反过来看，全球能源互联网建设，也是加强"一带一路"能源安全的重要抓手。

2. 加快能源转型，实现清洁化高效化

能源转型，是各种能源结构不断变化的过程，基本趋势是化石能源向低碳能源转变，最终进入可再生能源为主的能源时代。

当前的能源结构正向更加多元化发展。页岩气开发的快速发展，成为化石能源的新增主力；中国在"十三五"期间，规划提高水电、风电、太阳能、光伏等可再生能源发电项目。能源出口国也转变经济结构，沙特阿拉伯推出"2030 愿景计划"，尽早摆脱对石油的依赖，俄罗斯也不断修订能源安全战略，增强油气话语权，降低对能源的依赖。

不过，能源转型仍需面对技术阻碍和低油价的威胁，可再生能源的前进道路既要面对可行性和必要性的斗争，也要迎接传统能源的阻挠，能源转型道阻且长。

3. 发挥能源金融作用，提高能源融资能力

能源金融，是指通过整合能源与金融，实现能源资本与金融资本不断融合，促进产业之间互动协调的金融活动，一般分为能源产品的虚拟衍生品市场，如能源期权期货市场，或者实体能源金融市场，如直接投资、融资支持能源市场发展。

加快建立统一开放的电力市场，构建油气市场的竞争机制，打造完善"一带一路"能源市场；推进"天然气人民币"，降低区域内流通成本，提高区域经济竞争力；积极推动可再生能源合作，推进能源资源就地就近加工转化合作，形成能源资源合作上下游一体化产业链；重点投资可再生能源和清洁能源的基础设施投资，建立以可再生能源为主的微电网。

4. 参与能源定价机制，融入能源治理平台

能源定价机制，是确定能源进出口贸易的交易价格模式，主要由相关能源产品的期货市场决定。发达国家通过金融资本控制世界能源期货交易，从而操纵国际能源价格走势，而"一带一路"作为能源进出口国的集中地，在国家能源价格定价的问题上缺少话语权。

"一带一路"国家需要从三方面争取定价权，一是发挥能源消费大国的市场作用，在原材料进口和产品出口两方面获取有利定价；二是建立区域内的能源品种期货市场，实现人民币国际化，让沿线国家也参与进入能源定价机制中；三是进一步加强区域内的能源合作，尤其是能源净出口国与进口国的贸易合作，降低对少数国家的能源依赖。

过去，能源治理平台长期以来受西方国家主导。伴随着中国、印度等新兴市场能源消费大国成为国际能源署的"积极联系国"，以及二十国集团杭州峰会签署《国际能源宪章宣言》，"一带一路"沿线国家越来越多加入能源治理平台的建设中，也提高了新兴能源消费大国的话语权。

5.完善能源储备体系，提高能源存储技术

为了降低能源供应量波动对消费国的影响，还可以从能源储备体系、储存技术等方面想办法。

能源储备是根据国内石油消耗量和国际石油市场价格的变化，在保证石油供给安全的前提下，确定成本最优的储备量。"一带一路"能源消费大国，面临对外依存度大的问题，需要建立并完善自身的能源储备体系，确保能源安全及经济发展稳定。

能源存储事实上是先吸收然后释放电力，实现电力的生产与使用相分离。能源存储技术适用于各种类型的能源供应，满足能源消费者便捷获取的需求，降低了能源运输成本，尤其对于可再生能源的分布式推广大有裨益。其中新能源汽车的推广和电力存储技术的使用，正是能源存储技术的有力证明。

"一带一路"沿线国家基础设施发展报告

  近年来基础设施建设成为世界各国关注的焦点，一方面是广大发展中国家长期以来存在基础设施建设的刚性需求，例如中国在改革开放后大力开展道路、电力、水利、通信等各个方面的基础设施建设，为国内市场主体提供了良好的生产和贸易的环境，并成为中国近几十年来高速发展的重要基石。另一方面，当前世界一些发达国家也希望通过改善基础设施水平促进经济增长并改善居民生活。如 2014 年欧盟委员会主席容克提出 3150 亿欧元规模的、以促进战略基础设施建设及新兴产业发展的投资计划。

  关于基础设施对于经济发展的作用，经济学家对此也有很充分的研究。早期古典经济学家从促进劳动分工角度认识基础设施，亚当·斯密认为劳动分工水平受到市场规模的制约，而道路、桥梁等基础设施将会扩大市场规模。其后，经济学家注意到基础设施具有影响社会需求从而支持经济发展的作用，为应对资本主义经济危机，凯恩斯提出政府应该投资公共工程（主要方面即基础设施），指出了基础设施通过经济系统的乘数效应产生数倍于投资额的社会总需求，从而提高经济发展水平。

目前，经济学家普遍认为基础设施作为公共产品具有显著的"外部性"，能够提高市场生产要素的效率，避免要素边际生产力下降，使经济体具备内生增长的动力。基础设施对经济发展的主要作用包括：1. 基础设施建设可以使生产投资环境更加完善，减少生产要素在经济系统中流动的摩擦性，从而提高全要素生产率。2. 良好的基础设施有利于降低企业自有的资本品的运行故障频率、减少维护成本，从而增加使用年限并且发挥更高的效率。3. 基础设施建设特别是交通基础设施建设增加了区域间的通达性，扩大了经济分工的空间范围，从而促进了市场分工的加深和经济增长。

结合世界经济论坛（WEF）发布的《全球竞争力报告》所展示的各国基础设施建设情况得分，并对各国国民收入水平（人均GDP）加以考察，很容易发现二者之间的正相关性。世界上大部分发达国家都具有良好的基础设施，如美国、英国、日本、德国、法国等国的基础设施得分均超过 90 分。而在"一带一路"沿线国家中，除了新加坡作为城市国家得分为 100 分，大部分国家基础设施皆位于 30—70 分之间。即使如沙特阿拉伯、卡塔尔这样国民收入较高的国家，其基础设施建设与发达经济体相比也存在较大差距。而事实上，"一带一路"沿线国家涵盖更多的则是像菲律宾、越南、巴基斯坦、印度这样国内人口基数大、发展需求迫切、但受制于基础设施供给不足，从而发展相对滞后的国家。

根据世界银行统计数据，"一带一路"沿线国家仍有 4.1 亿人缺乏电力供应，2.8 亿人无法获得安全的饮用水，15.4 亿人无法得到基本的医疗卫生服务。许多国家经济发展受困于道路交通、能源供应和信息通信等各方面的基础设施不完善；区域整体发展

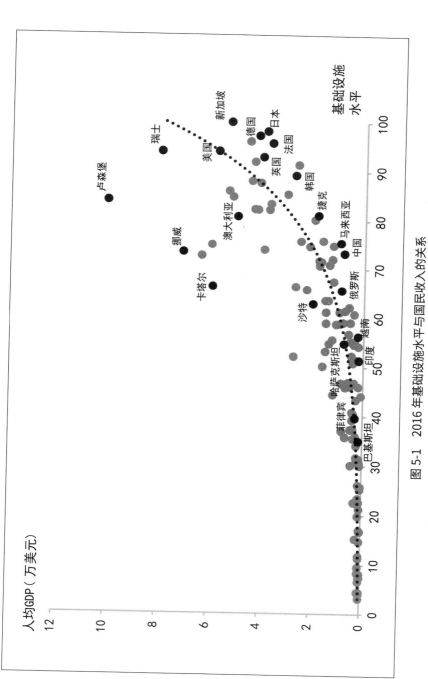

图 5-1　2016 年基础设施水平与国民收入的关系

数据来源：世界经济论坛（WEF），世界银行数据库（WDI）

也由于基础设施联通的滞后，没有办法实现协作共赢的目标。国务院发展研究中心"一带一路"设施联通研究课题组研究指出，2016—2020 年"一带一路"沿线国家基础设施合计投资需求至少达 10.6 万亿美元，其中中国之外的投资需求约为 1.4 万亿美元。可以看出基础设施建设在"一带一路"沿线地区发展中关键的作用和紧迫的需求。中国政府在推动实施"一带一路"倡议中将基础设施建设确定为优先领域，以期通过基础设施互联互通为此后地区之间贸易便利化、人员流通和区域一体化奠定良好基础。

本章参考世界银行《1994 年世界发展报告》和张军教授的《中国为什么拥有了良好的基础设施》一文，结合数据的可得性，选取了四大类、十项具体指标来评价"一带一路"沿线国家基础设施发展水平。四大类指标分别是：交通基础设施、能源基础设施、通信基础设施和社会基础设施。前三类基础设施作为物质资本直接参与社会生产，有助于加快经济增长速度；社会基础设施则是通过增加人力资本和社会资本，间接推动经济发展。

具体而言，交通基础设施由两个指标组成，分别是航空货运量和铁路总里程；能源基础设施包括电力消费量、能源使用量和通电率 3 个指标；通信基础设施由固定电话数、互联网服务器数、移动电话注册数 3 个指标组成；而社会基础设施包括获得改善水源的人口和获得改善卫生设施的人口两个指标。

10 项具体指标中，铁路总里程数据来自美国中央情报局（CIA）数据库，通信基础设施数据来自国际电信联盟（ITU），其他指标数据均来自世界银行数据库（WDI）。部分国家的相关数据可能存在缺失的情况，在统计区域总值及均值时选择剔除这些国家。由于数据缺失国家通常在此项指标上发展程度不高、数量占比较小，因此基本不影响整体统计的可靠性。同时，蒙俄地区由于国家数量少、差异大，不具备分析区域发展的代表性，故多数分析中未将俄蒙地区单列。

一、"一带一路"沿线交通基础设施发展情况

交通基础设施是实现区域间人员交流、货物流动的基本条件。完善的交通设施有利于降低市场间的交易成本，也是加强区域间经贸联系、直至形成区域统一市场的基础。因此在"一带一路"建设中，交通运输肩负"开路先锋"重任，发挥先行引领作用。[1]

"一带一路"沿线国家在陆路运输方面，表现为道路总里程较大，道路网密度较高，但人均道路拥有量较小，总体仍有巨大发展空间。在航空运输方面，"一带一路"沿线国家发展水平较低，因此建设、运营成本都相对较高的航空业在区域内发展整体滞后，区域内个别国家由于地理位置等优势条件，成为重要的航空枢纽，成为"一带一路"航空运输的亮点。

（一）铁路发展整体不足，西南西北方向发展潜力大

"一带一路"地区的土地面积超过 5000 万平方公里。在如

---

[1] 杨传堂，李小鹏."一带一路"建设，交通运输要先行 [J]. 人民论坛，2017，（18）：6–8.

此广大的连片区域中实现人员和物品互联互通，铁路是重要的工具。铁路运输具有运输量较大，运输距离较长，运输时间较短，运输成本相对较低的优势，是降低商品运输成本的重要手段。同时铁路建设有利于在沿线国家和地区形成若干支点和支线，从而扩展空间上的联系，使"一带一路"区域联系更加紧密。

据美国中央情报局统计，2014年"一带一路"沿线国家铁路建设总里程超过54万公里。居世界铁路总里程数前五位的国家中有3个是"一带一路"沿线国家，分别是中国（第二）、俄罗斯（第三）和印度（第五）。"一带一路"沿线地区在铁路建设总量上较大，但相比于数量巨大的人口和广阔的土地面积，则铁路发展仍显不足。

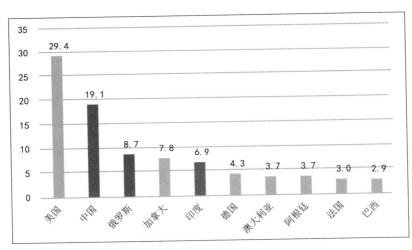

图 5-2　2014 年"一带一路"沿线地区铁路里程

数据来源：美国中央情报局，北京师范大学新兴市场研究院测算

在铁路总体发展程度上，"一带一路"沿线地区与世界平均水平基本相当。"一带一路"沿线地区铁路网密度方面为 1.11 公里/百平方千米，略高于世界平均水平（1.02 公里/百平方千

米），但与高收入国家（1.45公里/百平方千米）仍有较大差距。人均铁路里程是反映人们获得的铁路服务的便捷性指标。在这一指标上，"一带一路"沿线地区1.24公里/万人的水平距离世界平均水平（1.89公里/万人）仍有不小差距。说明"一带一路"沿线地区的铁路发展在满足区域内人民生活方面仍有较大的增长需求。

铁路建设受到地理环境、人口分布、经济发展水平和国家战略的影响。"一带一路"沿线地区按照地理分区考察，中东欧地区铁路建设水平明显高于其他地区，铁路运输条件良好；东南亚建设水平较低、但发展需求强烈；南亚地区铁路发展程度尚可，但仍难满足发展需求；西亚地区由于自然和社会环境铁路发展需求并不高。值得一提的是，通过单独考察前苏联地区各国的铁路发展情况，发现中国可以通过利用与苏联国家的传统交往优势，尝试更广泛的欧亚陆路交通建设。

在东南亚地区，由于地形和气候条件较为复杂，铁路建设难度较大，并且区域内各国经济和工业发展水平有限，不具备在复杂地形条件下建设铁路的能力。因此，东南亚地区的铁路建设在铁路网密度和人均铁路里程方面都滞后于"一带一路"其他区域。但随着社会经济发展对于交通运输的需求增强，东南亚国家一直以来积极筹划区域内铁路建设，早在20世纪90年代东盟国家就提出建设泛亚铁路的计划。经过多年的努力协调，目前中泰铁路和中老铁路已经进入建设施工阶段，东南亚的铁路网络建设正逐渐起步。

在南亚五国中，印度和巴基斯坦出于国家发展的需要和国家战略的考虑，积极开展铁路建设。目前区域内铁路网密度已经达到 1.9 公里 / 百平方千米，处于相对较高的水平。但由于区域内人口数量较多，目前的铁路建设水平仍然无法很好满足居民交通需求。西亚地区以荒漠为主，城市较为分散且人口密度低，铁路客运需求较低。而地区内石油等大宗商品出口则主要通过海上运输或可建设能源输运管线，铁路货运需求同样较低。因此在该区域铁路不作为主要的交通发展方向。

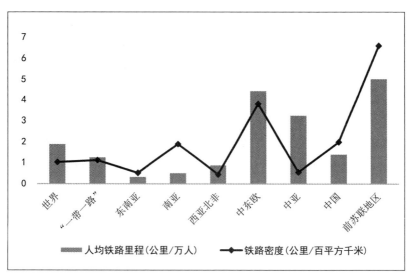

图 5-3　2014 年"一带一路"沿线地区铁路里程

数据来源：美国中央情报局，北京师范大学新兴市场研究院测算

中东欧地区地形平坦、人口稠密、经济发展水平较高，是"一带一路"沿线铁路交通建设水平较高的地区。区域内铁路密度达到 3.8 公里 / 百平方千米，人均铁路里程数为 4.4 公里 / 万人。同时，通过考察前苏联地区 15 个国家铁路建设情况发现，前苏联地区国家铁路建设无论从铁路密度（6.6 公里 / 百平方千米）还是人均铁路里程（5.0 公里 / 万人）都明显高于"一带一路"沿线平均水

平，铁路建设较为完善。这主要得益于苏联时期高度发达的工业建设水平和社会主义国家统一规划交通建设的便利性。

由此可以发现，以中国为起点，通过中亚、俄罗斯地区，再经过中东欧各国最终到西欧发达国家的欧亚大陆路上交通网络均具有良好的基础建设水平。同时中国与沿线国家大多存在 20 世纪社会主义国家的传统外交基础，加之中国商品生产能力与沿线各国工业品需求相契合，因此中国西北向至欧洲陆路交通存在巨大的发展空间。

总体而言，"一带一路"沿线地区铁路基础设施建设在我国西北方向上已经具有良好基础，并且逐步实现商品贸易的联通。可以在对外统一议价、轨道标准对接、班列全程保险等具体领域继续深化合作，使中欧班列更好地发挥互联互通的重要作用。在中国西南方向的东南亚地区，铁路交通网络尚处于建设阶段。对于我国轨道交通建设企业是一个良好的发展机遇，应当积极与相应国家合作参与当地轨道交通建设。

（二）借助地理优势，部分国家航空运输突出

航空运输业是国际运输业中重要的一个方面。航空运输具有速度快、安全性高、附加值高等优势，但对于相关基础设施建设、后勤服务水平和地理位置也有较高要求。

据世界银行统计，"一带一路"沿线 65 个国家 2015 年航空货运总量约为 709 亿吨－公里，在运输总量上超过欧盟（333 亿吨－公里）和北美自贸区（393 亿吨－公里），但仍然不及经合组织和世行定义的高等收入国家。就人均水平来说，"一带一路"沿线国

家航空业发展水平一般，人均 15.8 吨－公里的航空货运量与中高收入国家基本相当，但与发达经济体 65 吨－公里／人—120 吨－公里／人的水平仍然相差较大。说明"一带一路"沿线地区经济基础、居民收入、市场容量并不足以发展起普遍高水平的航空运输服务。

虽然总体发展水平不高，但这并不意味着"一带一路"沿线地区航空运输业没有发展前景。相反，"一带一路"地区的区位恰好契合航空运输业发展的特质。"一带一路"沿线地区航空运输业既有亮点也有良好的发展前景。

表 5-1   2015 年"一带一路"沿线地区与全球其他主要经济区域航空货运量对比

	总货运量（亿吨-公里）	人均货运量（吨-公里/人）
"一带一路"沿线地区	709	16
高收入国家	1438	122
中高收入国家	375	15
经合组织	1028	80
欧盟	333	65
北美地区	393	110

数据来源：世界银行数据库（WDI），北京师范大学新兴市场研究院测算

从全球航空货运业的格局看。全球航空货运量前 20 位中，"一带一路"沿线国家（地区）占到 10 个；全球航空货运前 10 位中，"一带一路"沿线国家（地区）占到了 5 个。可以看出"一带一路"沿线地区在全球航空货运行业处于十分重要的地位。从国别角度看，"一带一路"沿线地区航空运输业集中在少数几个大国和地理位置优越的国际航运中心。"一带一路"沿线地区航空运输

业集中程度非常高，前10位国家的航空货运量占全部区域航空
货运总量的92.5%。在排位靠前的国家中，中国、俄罗斯和印度
主要由于人口较多、经济总量较大的区域大国，因此货运总量较
大。而其他如阿联酋、中国香港、新加坡等国家和地区则是依靠
自身优越的地理位置和良好的经济基础发展起航空运输等高端服
务业，并以此作为经济发展的重要支柱。

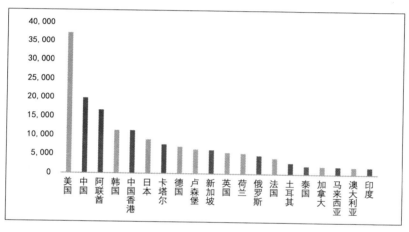

图5-4　2014年全球航空货运量前20位国家（地区）
（深色为"一带一路"沿线国家）

数据来源：世界银行数据库（WDI），北京师范大学新兴市场研究院测算

　　"一带一路"地区横跨欧亚大陆，联结了太平洋、印度洋和
地中海，区域内多有地理位置关键的国家和地区。例如，中国香
港地区和新加坡由于良好的地理位置、特殊的经济制度安排和国
际化的发展战略，很长时间以来都是重要的国际航空运输枢纽，
航空运输业在国民经济中占有重要地位。另外，中东地区近年来
正逐步发展成为新的全球航空枢纽。据世界银行数据，中东北非
地区航空货运量自1990年至2015年增长了10.7倍，远高于全球

3.3 倍的平均水平；航空货运量占比也从 1990 年的 4.7% 增长到 2015 年的 15.2%。21 世纪以来区域内三大代表性的航空企业阿联酋航空（EK）、阿提哈德航空（EY）和卡塔尔航空（QR）迅速崛起，长期位于全球十大航空公司之列。中东地区航空运输业迅速发展的主要原因有以下几点：1. 地理位置优越，中东地区位于亚太地区和欧洲的联结处，距离世界上 2/3 的人口所在地区的飞行时间均不超过 8 小时。2. 经济基础雄厚，依靠石油出口，中东国家积累了大量的财富，特别是外汇储备，为其在国际市场购买大量飞机提供了条件。3. 国家战略支持，中东地区由于地理条件限制导致陆路交通发展落后，区域内国家把发展航空运输业作为提升其全球经济地位的国家战略，因此投入大量资金并制定适宜的出入境政策以支持航空运输业发展。

总体而言，受到经济发展水平限制，"一带一路"沿线地区航空运输业整体发展水平仍然较低。但由于地理位置关键，区域内众多地区成为重要的国际航空枢纽。随着区域内整体经济发展和新兴经济体快速崛起，"一带一路"沿线各地区有望成为全球航空市场重要的增长点和航空网络的关键区域。

二、"一带一路"沿线能源基础设施发展情况

能源是人类活动的物质基础。在工业革命后，充足的能源供应成为经济社会发展的重要保障。因此能源基础设施的建设对经济发展具有基础性作用。一方面，国内能源基础设施建设满足了

国内的国民经济各部门特别是工业发展的能源需要；另一方面，国际能源基础设施建设也是国际能源贸易的重要前提条件。由于国际能源基础设施统计数据尚不完善，这里主要讨论"一带一路"沿线各国国内能源基础设施。

"一带一路"沿线区域覆盖了中国和印度在内的大量发展迅速的新兴市场国家，因而能源需求增长的动能十分强。英国石油公司（BP）预测，到2035年，中国和印度的石油需求增长将占到世界的一半，亚洲（不包括中东）超过40%的一次性能源需求将有赖于进口。因此，与能源需求增长相匹配的能源基础设施建设对"一带一路"沿线地区来说十分重要。

能源使用量既反映了一个国家经济发展对能源的需求，也从侧面反映了能源基础设施的完善程度。从能源使用量上看，"一带一路"沿线65个国家消费了全球近一半（48.6%）的能源，而中国作为全球第二大经济体占据了"一带一路"沿线地区能源消费的近一半（45.0%）。其他能源使用量相对较大的国家还有印度、俄罗斯、印度尼西亚等。中亚和西亚地区作为重要的化石能源生产地，能源供应充足价格低廉，相应的能源使用量也相对较高，因而两地区人均能源消费量高于世界平均水平。中东欧地区发展程度较高，能源基础设施建设完善，能源消费水平与世界平均水平基本一致。

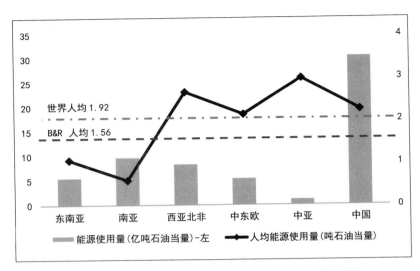

图5-5 2014年"一带一路"沿线地区能源使用量对比

数据来源：世界银行数据库（WDI），北京师范大学新兴市场研究院测算

在人均能源使用量方面，"一带一路"地区整体低于世界平均水平，主要原因在于东南亚和南亚人均消费量较低，两地区人均能源使用量均不及"一带一路"沿线国家平均水平。导致两地区人均能源消费低下的主要原因，一方面是当地能源相对缺乏，例如南亚地区基本没有较大的化石能源生产地，而主要依靠太阳能、风能等新能源；另一方面，地区能源基础设施不完善也限制了能源消费，例如在东南亚地区地形、气候复杂，输变电设备建设不完善，限制了生活和生产用电。

供电覆盖率（接受供电人口／总人口）可以比较直接地反映地区电力基础设施总体建设水平。"一带一路"沿线地区供电覆盖率总体为91.0%，略高于全球85.3%的平均水平。区域内部呈现"北优南劣"的电力建设格局。北部地区中东欧、中亚、俄罗斯、中国等地区基本实现100%的供电覆盖。西亚北非地区除也门、叙利亚等国因战乱导致电力设施受到破坏,其他和平国家电力设施建设比较完备。而在南部的东南亚和南亚地区,由于发展程度较低,加之自然地理条件复杂,区域内电源建设和输配电网建设都比较落后。南亚地区的供电覆盖率仅为 80.0%,区域内大国印度和孟加拉国供电覆盖率仅为 79.2% 和 62.4%。根据彭博新能源财经对印度企业展开的调查,印度每个月的平均停电次数 14次,因缺电造成的商业损失约 2%。而孟加拉国电力供应短缺也影响到其境内纺织和漂染工业的发展。南亚地区传统化石能源比较缺乏,因而发展太阳能、风能等新能源成为其解决能源短缺的重要发展方向。

表 5-2 2015 年"一带一路"沿线地区电力覆盖率对比

地区	供电覆盖率
全球	85%
"一带一路"沿线	91%
东南亚	92%
南亚	80%
西亚北非	97%
中东欧	100%
中亚	100%
中国	100%

数据来源:世界银行数据库(WDI),北京师范大学新兴市场研究院测算

东南亚地区供电覆盖率为 91.5%,高于南亚地区,但能源供应状况同样紧张。一方面,区域内仍然有许多国家电气化水平低、电网基础设施建设不足,缅甸、柬埔寨、老挝等国的电力覆盖率均未超过 80%。另一方面,东南亚地区同样面临能源利用率低、电源建设不足,能源电力供应紧张的局面。例如印度尼西亚是东盟最大

经济体，并且能源储量丰富，是世界第四大煤炭生产国、亚洲第二大石油生产国。但 2015 年印度尼西亚发电装机容量 5135 万千瓦，仅为中国江苏省装机容量（9529 万千瓦）的一半左右，而印度尼西亚人口 2.6 亿，超过中国江苏省 3 倍以上。因此，印度尼西亚长时间面临电力供应短缺的问题，严重影响了本国经济发展。

东南亚地区目前能源利用面临的现实状况是：能源储量丰富（包括化石能源、水能、风能等），但能源开发利用率低、电力输配网络建设落后，导致地区能源供应不足，严重影响了居民生活和经济发展。造成这一情况的主要原因在于建设资金短缺和开发能力不足。为此，东南亚各国政府开始重视能源电力项目的建设和开发。据中金公司统计，东南亚主要国家未来 5 年的发展规划中，基础设施投资规模有望达到 2.8 万亿元，其中能源电力占比 46%。柬埔寨、缅甸、老挝、越南、印度尼西亚未来 5 年发电能力年均复合增长率分别为 24%、19%、16%、13% 和 9%。可以看出东南亚能源基础设施建设存在巨大的发展空间，中国大型能源建设企业正在利用资金和技术优势积极进入东南亚能源市场。

三、"一带一路"沿线通信基础设施发展情况

当今世界，信息技术正在成为推动社会经济发展的主导力量。一方面，高效的信息传输可以有效整合各个国家（地区）核心生产要素和优势资源，从而推动生产效率的提升；另一方面，以移动互联网为代表的新型信息技术与传统产业结合催生出的新

生产方式和新产业形式，直接推动经济发展。因此，通信基础设施和传统的交通、能源基础设施一样，成为支持社会经济发展的重要方面。2015 年国务院发布的《推动共建丝绸之路经济带和 21 世纪海上丝绸之路的愿景与行动》也直接指出"共同推进跨境光缆等通信干线网络建设，提高国际通信互联互通水平，畅通信息丝绸之路"，强调了通信设施联通的重要性。

目前，"一带一路"沿线地区通信基础设施整体发展仍然不充分，主要是由于区域内许多国家发展时间相对较短，在传统通信设施建设方面与发达国家差距较大。但是在新兴的移动通信方面，"一带一路"沿线国家与发达国家差距相对较小，表明新兴通信方式在"一带一路"地区有良好的发展潜力。

（一）信息化水平整体偏低，区域差异较大

国际电信联盟（ITU）发布的《衡量信息社会报告（2017）》对全球 176 个经济体的信息通信技术发展指数（IDI）进行了排名，全球平均分值为 5.11。在"一带一路"沿线 65 个国家中，41 个国家得分高于全球平均水平，20 个国家得分低于全球平均水平（另有 4 个国家没有评估分值）。虽然国家数量超过全球平均水平的国家占 2/3，但 41 个高于平均分的国家的人口总数为 20.78 亿人，而低于平均分的国家的人口总数为 24.59 亿人。可以看出"一带一路"沿线地区大部分人口仍然处于较低的信息服务水平。

从具体通信设施建设情况来看，"一带一路"沿线国家落后的情况更为明显。2015 年"一带一路"沿线国家每百人固定电话注册数量为 10.3 个，低于全球 14.4 个 / 百人的平均水平。2016 年

"一带一路"沿线国家每百万人互联网服务器数量为 45.1 台，仅为全球平均水平（213.7 台 / 百万人）的 1/5 左右。全区域只有中东欧 20 国互联网服务器建设水平（281.3 台 / 百万人）超过全球平均水平，其他各地区均不足 40 台 / 百万人，互联网设施建设比较落后。

"一带一路"沿线地区的通信基础设施建设水平差异较大，总体呈现"西高东低"的特征。中东欧发展时间长、国民收入较高，是"一带一路"沿线通信设施建设水平最高的地区，全区 20 个国家 IDI 指数得分均高于全球平均水平。同样，西亚北非地区国家较为富裕、通信建设的投入较大，除了叙利亚、巴勒斯坦等国由于战乱导致通信设施受到破坏以外，区域内通信设施比较完善，IDI 得分高于全区平均水平的国家占比达到 72%。通信建设水平最低的是南亚地区，全区 8 个国家仅马尔代夫以 5.25 分略高于世界平均水平，并且 IDI 指数得分后 4 位的全部为南亚国家。其他区域如东南亚和中亚通信建设水平高于世界平均的国家占比均不超过 40%，通信建设缺口较大。

表 5-3　2016 年"一带一路"沿线地区 IDI 指数得分情况

	高于全球平均	低于全球平均	无分值	高分比
"一带一路"沿线	41	20	4	63%
东南亚	4	7	0	36%
南亚	1	7	0	13%
西亚北非	13	3	2	72%
中东欧	20	0	0	100%
中亚	1	2	2	20%
蒙俄	1	1	0	50%
中国	1	0	0	100%

数据来源：国际电信联盟（ITU），北京师范大学新兴市场研究院测算

（二）传统网络基础薄弱，移动网络发展迅速

互联网是目前最为重要并且发展前景最为广阔的信息通信手段。互联网通信主要分为以个人电脑为基础的传统互联网和以移动电话为基础的移动互联网。"一带一路"沿线国家在传统互联网建设领域落后、与世界先进水平差异很大，而在移动互联网使用领域差距相对较小，并且表现出良好的发展前景。

互联网初创于 20 世纪 60 年代，兴起并发展于 20 世纪 90 年代至今。在这一时期，发展中国家由于国民经济落后和人民素质不高的原因，并没有大规模建设网络通信设备的经济基础和市场基础。因此，发展中国家在传统网络基础设施建设和使用方面都落后先进国家较多。2016 年"一带一路"沿线国家平均每百万人拥有互联网服务器仅为 45 台，远远低于全球高收入国家 1211 台／百万人的互联网服务器建设水平，也明显低于世界平均水平（214 台／百万人）。区域内只有发展程度最高的欧洲地区国家互联网服务器建设水平高于世界平均水平，其他各地区都远不及这一水平。

传统的固定宽带使用情况与互联网服务器建设类似，"一带一路"沿线地区每百人注册用户为 5 户左右，仅为世界平均水平（12 户／百人）的 40% 左右。欧洲地区固定宽带使用情况相对较好，注册情况为 18 户／百人，达到中高等收入国家的水平。值得一提的是，中国互联网产业在近年来高速发展。宽带注册用户数由 2014 年的 2 亿户，快速上升到 2016 年的 3.2 亿户，两年内增长幅度达到 61.1%。固定宽带使用水平也达到 23 户／百人的较高水平。

表 5-4 2016 年"一带一路"沿线地区通信设施建设情况

地区	互联网服务器		固定宽带注册		移动电话		移动宽带注册	
	台/百万人	与世界平均比	户/百人	与世界平均比	台/百人	与世界平均比	户/百人	与世界平均比
全球	214	1.00	12	1.00	101	1.00	52	1.00
"一带一路"	45	0.21	5	0.42	102	1.01	46	0.87
东南亚	26	0.12	5	0.40	135	1.34	63	1.21
南亚	7	0.03	2	0.13	83	0.83	17	0.33
西亚北非	37	0.17	8	0.63	106	1.05	49	0.93
中东欧	281	1.32	18	1.46	117	1.16	59	1.13
中亚	12	0.06	1	0.08	106	1.05	51	0.97
中国	21	0.10	23	1.90	99	0.98	67	1.28

数据来源：国际电信联盟（ITU），北京师范大学新兴市场研究院测算

移动互联网是近 10 年才高速发展的新兴通信方式。随着智能手机的普及和移动宽带不断提速降费，移动互联网在普通居民的日常生活中使用频率越来越高。同时，以移动互联网和其他传统产业结合产生的新兴产业形态则是社会经济中最为活跃的部分。

在移动互联网普及方面，"一带一路"沿线地区与世界先进水平相对接近，并且表现出较好的发展潜力。2016 年，"一带一路"沿线国家每百人移动电话注册数为 102 台，已经超过全球 101 台 / 百人的平均水平，沿线区域只有南亚地区明显落后于世界平均水平，而东南亚地区 135 台 / 百人的发展程度已经超过高收入国家（125 台 / 百人）的水平。在移动宽带普及方面，"一带一路"沿线地区仍然相对滞后，2016 年"一带一路"沿线地区移动宽带注册用户数为 46 户 / 百人，为世界平均水平（52 户 / 百人）的 87.3%，主要落后地区仍是南亚，并且极大地拉低的"一带一

路"整体平均水平。"一带一路"其他区域都接近或高于世界平均水平。

（三）东南亚和南亚互联网经济前景广阔

总体看来，"一带一路"沿线大部分国家以个人电脑（PC）为基础的传统互联网发展方面相对落后，而以手机等移动终端为基础的移动互联网发展程度则相对较好。在互联网发展方面，沿线区域值得关注的主要有东南亚和南亚两大地区。这两大地区多是新兴的发展中国家，人口众多并且中产阶级发展迅速；在互联网通信发展方面，两地区都跨越了 PC 为基础的阶段而直接进入移动互联网阶段。人口规模的优势与智能手机普及相结合，使得东南亚和南亚众多国家拥有了发展以移动互联网为基础的数字经济的有利条件。近年来，两地区的电子商务、移动支付、即时通信和网络游戏等互联网经济蓬勃发展。

而两大地区移动通信发展方面也存在一定不同之处。在东南亚地区移动互联网普及和使用程度相对较高，已经基本度过前期基础设备普及阶段，进入互联网科技和商业模式创新阶段。东南亚地区已经成长起来一批本土的电子商务平台、移动生活服务平台和网络游戏公司。谷歌、淡马锡联合发布的《2017 年东南亚网络经济研究报告》称东南亚地区的互联网经济规模到 2025 年将达到 2000 亿美元，占地区 GDP 的比例也将由 2017 年的 2% 攀升至 2025 年的 6%。目前，东南亚有望像中国一样，利用后发优势在移动网络端实现突破性发展。

南亚地区，如印度，其人口数量优势较东南亚地区更为明显，但受收入水平的限制，区域内移动通信整体还处于初期发展阶段。由于相对于电脑的成本优势，移动电话成为区域内通信发展的主流。根据科纳仕咨询（Canalys）公司的报告，在 2017 年第三季度后印度超越美国，成为全球第二大智能手机市场。根据印度不断增长的人口规模、经济发展速度和较低的市场饱和度，可以预见印度在今后一段时期内将会成为世界最主要的智能手机市场。同时，相关的网络通信基础设施也将有很大的建设需求。后期在移动终端普及和网络提速降费之后，印度也将逐渐释放发展互联网经济的巨大潜力。

四、"一带一路"沿线社会基础设施发展情况

涉及医疗、卫生、文化等行业的社会基础设施，是提高居民生活水平的重要推动力，长期来看也是提升劳动力素质、助推经济发展的重要因素。特别是对于部分相关基础建设薄弱的发展中国家，提高社会基础设施供给水平将显著提高居民劳动力水平，成为经济发展的重要基础。

通过考察安全饮用水和基本卫生设施的建设情况，发现"一带一路"沿线地区在社会基础设施水平方面基本与世界平均水平一致。在医疗卫生建设方面，区域内中东欧和西亚地区由于经济发展水平较高，因此卫生设施建设比较完善，获得改善卫生设施的人口超过 90%。中亚地区虽然经济发展一般，但得益于苏联时期高福利的社会建设，医疗卫生基本做到全面覆盖。中国和东南

亚地区较为相似，人口众多、区域间发展差异较大，部分发达区域的医疗卫生水平已经达到先进水平，但是同时也还存在大量欠发达区域，这些区域的卫生设施建设还很不完善，因此地区整体获得改善卫生设施的人口在 70% 左右，略高于世界平均 68% 的水平。南亚地区是"一带一路"沿线医疗卫生水平最低的地区，主要原因是政府支持的公立医疗系统不足以覆盖庞大的贫困人口。例如印度，2017 年政府医疗卫生预算占总预算的比例仅为 2.27%，为 4887.8 亿卢比（约合 520 亿元人民币）。同样是人口超过 10 亿，中国 2017 年政府医疗卫生支出为 14044 亿元，几乎是印度的 3 倍。而南亚地区不佳的卫生条件使其人口优势并未得到充分发挥。近年来，劳动密集型的国际公司更倾向于在东南亚新建工厂，而非人口规模更大的南亚地区。

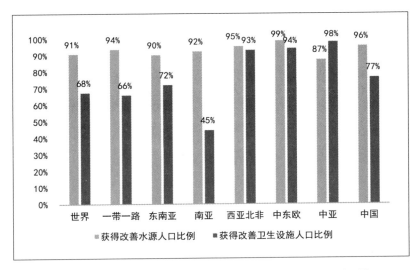

图 5-6　2015 年"一带一路"沿线地区饮用水和卫生设施对比

数据来源：世界银行数据库（WDI），北京师范大学新兴市场研究院测算

在安全水源建设方面，中东欧发达地区的卫生饮用水基本可以覆盖全部人口。东南亚和南亚地处热带临近海洋，降水比较充足。但由于降水季节分配不均加之区域内水利基础设施不完善，两地仍有接近 10% 的人口无法获得安全饮用水。可以看出，在东南亚和南亚水电设施的建设可以发挥电力生产和水源调配的双重作用，对区域发展的意义重大。西亚和中亚地区大部分属于干旱的沙漠气候。但是由于西亚国家富裕且临近海洋，很多国家如沙特阿拉伯、阿联酋都大规模实施海水淡化措施，从而有效缓解了区域内淡水资源不足的情况。相比之下，中亚国家则由于深处内陆，没有条件和财力进行咸水淡化或者特殊水源利用。区域内水资源贫乏且分配不均，乌兹别克斯坦和土库曼斯坦的人均淡水拥有量仅分别为 264 毫升和 531 毫升，属于严重缺水国家。将先进的节水技术运用于生产和生活中，是解决当地水资源缺乏的重要措施。

五、"一带一路"基础设施项目建设情况

"一带一路"沿线国家或地区通过道路、桥梁、通信等基础设施实现联通后，将发展为和谐统一的经济带，这一经济带反过来也将会成为"一带一路"建设的具体载体。中国也提出要与"一带一路"沿线国家一起规划建设六大经济走廊，即中蒙俄经济走廊、新亚欧大陆桥经济走廊、中国—中亚—西亚经济走廊、中巴经济走廊、中国—中南半岛经济走廊和孟中印缅经济走廊。本节接下来从六大经济走廊发展考察"一带一路"基础设施建设情况。

（一）中蒙俄经济走廊

中蒙俄经济走廊是"一带一路"倡议与俄罗斯"跨欧亚大铁路"和蒙古国"草原之路"进行对接而产生的。主要是将中国华北、东北地区与蒙古东部和俄罗斯南部主要经济区在交通运输、口岸通关和经贸合作等方面加强联通和合作。2016年9月，中国国家发改委发布《建设中蒙俄经济走廊规划纲要》。目前，中蒙俄经济走廊建设主要集中在交通运输和能源设施上，在此基础上未来有望实现更深入的经贸合作以和人员往来。

在交通运输建设方面，2015年6月，俄罗斯企业与中国中铁二院联合中标莫斯科—喀山高铁项目，目前项目已完成勘察工作。该项目是莫斯科—北京欧亚高速走廊的重要部分，建成后莫斯科至喀山的行程时长将从目前的11个小时缩短到3个半小时。2016年5月，内蒙古策克口岸跨境铁路通道项目正式开工建设，该条铁路是第一条采用中国标准轨距建设的境外铁路，向北与中西伯利亚铁路相连最终通往欧洲。铁路建成后策克口岸将成为中国第一大陆路口岸和蒙古国最大口岸。2017年5月内蒙古乌力吉口岸基础设施项目开工，口岸建成通关后将与欧亚大陆桥联通，连接长江经济带，将成为三大欧亚大陆桥和"一带一路"的重要枢纽节点。

在能源设施建设方面，中俄油气合作将是中国重要能源通道之一。2015年中俄东线天然气管道开工建设，2017年8月俄罗斯远东阿穆尔天然气加工厂开工，将成为中俄天然气管道东线建设项目的源头。中俄东线天然气管道预计2020年建成投产，最终供气量可达到每年380亿立方米，对于中国能源结构调整将产生重要作用。此外，中国公司还积极参与俄罗斯能源项目开发和建设。在俄罗斯北极地区的最大的 LNG 项目亚马尔项目中，中国石油和丝路基金分别参股 20% 和 9.9%，2017 年 12 月项目开始投产，预计每年为中国输送 400 万吨 LNG。2017 年 6 月，北京燃气集团公司以 11 亿美元获得了俄罗斯东西伯利亚最大的油气田上乔斯克油气公司 20% 的股权，将加强京津冀地区能源供应保障。

在经贸合作方面也有初步发展。中蒙二连浩特—扎门乌德跨境经济合作区 2015 年规划建设，以"两国一区、境内关外、封闭运行"模式运行。重点发展国际贸易、加工贸易、综合保税等。目前，蒙古国一侧核心园区已经建设完成。中方一侧园区基础设施也于 2017 年 9 月全面开工建设，预计 2020 年能建成运营。

（二）新亚欧大陆桥经济走廊

新亚欧大陆桥又名"第二亚欧大陆桥"，是从中国江苏省连云港市到荷兰鹿特丹港的国际化铁路交通干线，全长 10900 公里，横跨世界 30 多个国家和地区。相比于原亚欧大陆桥减少 3000 公里运距。并且沿途的经济体更为发达，经贸活力更高。但由于途经国家众多，通关成本较高。因此，如何与沿线国家达成合作协议，协调各国铁路运输系统，推动沿线国家通关便利化，从而推动贸易、投资合作，是新欧亚大陆桥经济走廊建设的重要课题。

新亚欧大陆桥建设在 1992 年就基本完成，但受限于经贸货运量和国家通关成本，长期以来新亚欧大陆桥并没有发挥显著的经济通道效用。但随着中国经济发展以及与欧洲贸易日益深化，2011 年装载电子产品的列车从中国重庆出发，经新疆阿拉山口出境，经过哈萨克斯坦、俄罗斯、白俄罗斯、波兰最终达到德国杜伊斯堡，开启了中欧班列的序幕。继重庆开通"渝新欧"后，成都、武汉、郑州等城市也陆续开通本城市通过新疆开往欧洲的中欧班列。2017年中国已有35个城市，累计开行57条运行线路，连接欧洲12个国家、34个城市，全年共计开行3600列中欧班列。根据《中欧班列建设发展规划（2016—2020年）》，2020年中国向欧洲地区开行5000列中欧班列。中欧班列是完善欧亚物流网络、降低物流成本、加深沿线地区经贸合作的重要举措，对提升中国对外开放的深度和建设"一带一路"具有重要意义。目前，中欧班列仍然面临经济效益不足、政府补贴较高的问题，下一步中欧班列需要加强市场化运营能力。

依托铁路干线，中国与沿线国家开展了广泛的经贸合作，经贸园区成为新亚欧大陆桥经济带发展的亮点。中哈霍尔果斯边境合作中心是中国较早的境外合作园区，2006年开始建设，2011年封关运营。在"一带一路"倡议提出后，园区成为沿线重要的支点，2017年园区内客商日均采购超过500万元人民币。中哈（连云港）物流合作基地是"一带一路"建设首个实体平台，2014年项目一期建设主体完成，年最大装卸能力41万标箱，主要经营国际多式联运、拆装箱托运、仓储等国际货物运输业务。目前二期项目正在扩建粮食泊位和筒仓，建设粮食中转基地。中国—白俄罗斯工业园是中国在全球范围内建设的最大海外工业园区，规划建设总占地91.5平方公里，园区起步区3.5平方公里已完成"七通一平"，形成可供招商进驻的土地303公顷。2017年园区已经入驻包括中兴、华为、中联重科、白俄纳米果胶等25家企业。[1]2015 年筹建的青岛欧亚经贸合作产业园区是经商务部批准的国内唯一横跨欧亚大陆、境内外双向互动的合作园区。2017 年境内园区已吸引了 21 个欧亚项目入驻；境外已启动建设了海尔俄罗斯工业园、印度尼西亚青岛综合产业园等一批境外园区项目。[2]计划"十三五"期间设立 17 个境外产业园区。

在信息通信领域，中国电信开展了与新亚欧大陆桥走向相同的"丝路光缆项目"。项目面向中亚、西亚、南亚等国家，通过光缆等基础设施建设和电信运营模式的创新，实现沿线国家网络互联互通，并为内陆国家提供连接海上光缆的网络出海通道。丝路光缆项目初期以中国乌鲁木齐市为起点，经吉尔吉斯共和国、塔吉克斯坦，连接阿富汗首都喀布尔，未来进一步延伸至中亚、南亚、西亚其他国家，并通过海、陆运输方式通达中东、非洲和欧洲。截至 2017 年 11 月，中国电信与吉尔吉斯共和国、塔吉克斯坦和阿富汗完成了相关协议的签署。

（三）中国—中亚—西亚经济走廊

中国—中亚—西亚经济走廊以新疆为出发点，经过中亚五国和阿拉伯半岛抵达波斯湾和地中海沿岸。这一经济走廊主要联结中亚、西亚两大油气富集地区，是重要的能源运输通道。因此，在这一经济走廊上能源和交通的基础设施建设是重点发展方向。

---

① 《专访：中白工业园实质性开发初见成效——访中白工业园开发公司首席执行官胡政》，新华网，http://www.xinhuanet.com/fortune/2018-01/11/c_1122246868.htm。
② 《青岛欧亚经贸合作产业园已吸引 21 个欧亚项目入驻 总投资 180 亿元》，中国新闻网，http://news.china.com.cn/live/2017-08/30/content_38690482.htm。

在能源设施方面，最重要的工程是中国—中亚天然气管道项目，管道穿越土库曼斯坦、乌兹别克斯坦、哈萨克斯坦，并在中国霍尔果斯入境。2008 年项目正式开始建设，并分为 A/B/C/D 四线。A 线、B 线和 C 线分别于 2009 年、2010 年和 2014 年投产，输气能力达到 550 亿立方米／年。D 线已于 2014 年 9 月开始建设，计划产量为 300 亿立方米／年。届时，来自中亚的天然气将有望占据中国天然气消费量的 20% 左右，对中国能源安全和能源结构调整发挥重要作用。在石油大国沙特阿拉伯，中国石化与沙特阿拉伯国家石油公司合作建设中沙延布炼厂，这是中国在沙特阿拉伯最大的投资项目。该项目于 2016 年 1 月投产运营，每日可生产 26.3 万桶超低硫柴油燃料和 10 万桶清洁汽油，项目对于推动中沙两国在能源领域深化合作具有重要意义。

中国企业不仅开放海外能源资源，同时也为当地建设能源设施，助力当地经济社会发展。乌兹别克斯坦安格连燃煤火电厂工程项目，是中国在乌兹别克斯坦的第一个火电厂施工项目。项目于 2014 年启动建设、2016 年 8 月并网发电，为缓解当地用电紧张局面发挥了重大作用。杜尚别 2 号热电厂项目是塔吉克斯坦重点建设项目，2012 年 10 月项目正式启动建设，2014 年 9 月项目一期工程竣工并网发电供热，2016 年 12 月二期工程建成投产。全年总发电量达 22 亿度，可解决塔吉克斯坦 60% 的电力缺口，满足杜尚别地区 70% 的供热需求。项目对塔吉克斯坦经济发展和改善民生有重要作用。

在中亚地区，塔吉克斯坦的瓦赫达特—亚湾铁路，2015 年 5 月由中国铁建十九局开工建设，2016 年 8 月开通运营。这条铁路使塔吉克斯坦重要的化工城市亚湾与首都杜尚别的交通距离缩短了 152 公里，缓解了塔吉克斯坦南部交通不便的状况。在乌兹别克斯坦，2016 年 6 月中铁隧道集团承建的中亚最长隧道卡姆奇克隧道建成通车，为安格连—帕普铁路全线贯通奠定基础，该铁路将拥有乌兹别克斯坦近 1/3 人口的费尔干纳盆地与首都塔什干联通。

中国—塔吉克斯坦工业园是"一带一路"中较为成熟的工业园区。园区于 2014 年启动建设，以中资企业塔中矿业所拥有的矿山为依托，从采矿、冶炼、建材、贸易等方面实现全产业链发展。2017 年根据塔吉克斯坦建议和要求，园区进一步扩建，建设一园多区，覆盖塔吉克斯坦北部，形成一个综合型产业园区。2016 年规划建设的中国—阿曼产业园位于阿曼杜库姆经济特区内，占地面积 11.72 平方公里，拟建项目规划总投资 670 亿元人民币，包括石油化工、建筑材料、电子商务等 9 个领域。中国 – 沙特阿拉伯吉赞经济城规划面积 103 平方公里，接纳人口达 15.6 万人，拥有 14 个具体发展产业，目前，重工业项目所需的水、电、路等基础设施基本具备。

（四）中巴经济走廊

中巴经济走廊是 2013 年李克强总理出访巴基斯坦期间提出，从中国新疆喀什出发、越过喀喇昆仑山口、进入巴基斯坦境内、抵达瓜达尔港的一条中巴经济大动脉。中巴经济走廊是南北向连接"丝绸之路经济带"和"21 世纪海上丝绸之路"重要通道，是"一带一路"上的关键枢纽。由于中巴两国传统的友好关系，中巴经济走廊从政策沟通、顶层设计到具体项目落地实施都取得了显著的成果。中巴经济走廊的规划包括公路、铁路、油气管道和通信光缆四大方面，预计投资额达540亿美元。

巴基斯坦电力短缺是限制其经济发展和各类基础设施建设的重要原因。因此，能源电力设施是中巴两国共建经济走廊的先行领域。2015年5月和7月，卡拉奇卡西姆港燃煤电站项目和旁遮普省萨希瓦尔燃煤电站项目先后开工建设。两个项目总装机容量均为132万千瓦，合计年均发电约180亿千瓦时，预计可以填补巴基斯坦40%的电力缺口。2017年7月萨希瓦尔燃煤电站全面建成投产，同年11月卡西姆港燃煤电站首台机组已投产发电。不仅限于火电开发，中巴双方在清洁能源领域也有广泛合作。巴基斯坦北部卡洛特水电站于2016年初开工建设，装机容量为72万千瓦，是巴基斯坦第五大水电站，目前项目顺利进行，预计2021年竣工并投入运营。巴基斯坦吉姆普尔风电项目是中国东方集团规划设计并投资建设的，是巴基斯坦最大的风力发电项目，装机容量99万千瓦。项目已于2017年8月建成投产。卡拉奇核电项目（K2、K3）是由中国中原对外工程公司承建，采用中国自主研发的第三代核电技术产品——华龙一号，发电能力为220万千瓦，预计2020年建成发电。

在交通设施建设方面，巴基斯坦南部的瓜达尔港建设被誉为"一带一路"的旗舰项目。瓜达尔港战略位置重要，南临阿拉伯海，距离全球主要的石油运输通道霍尔木兹海峡仅400公里。瓜达尔港是应巴基斯坦要求，于2002年由中国援建，建成后运营情况不佳。2013年巴基斯坦将瓜达尔港以及900多公顷的瓜达尔自由贸易区的经营权移交给中国海外港口控股公司。由此瓜达尔港开始了新一轮的建设，包括港口扩建、海岸线公路、自贸区建设和国际机场等九大项目。2016 年 11 月瓜达尔港实现首次通航。目前瓜达尔港基础设施建设和商业开发正在稳步推进。

道路建设也是项目前期的重点。2016 年 5 月两国合作开工新建卡拉奇至拉合尔高速公路，苏库尔—木尔坦段，项目路线全长 393 公里。卡拉奇至拉合尔高速公路连接了巴基斯坦两大城市，建成后将成为巴基斯坦南北经济的大动脉，也将巴基斯坦南部的瓜达尔港与中国新疆喀什相连通。中巴双方在 2016 年 4 月开展了喀喇昆仑公路升级改造二期工程，在哈维连至塔科特间新建高速公路，逐渐将跨国公路延伸至巴基斯坦内陆地区，有利于进一步推动两国经贸合作和人员交流。在轨道交通方面，中方提供 82 亿美元优惠贷款启动了巴基斯坦 1 号铁路干线改造项目，该铁路南部城市卡拉奇向北经拉合尔、伊斯兰堡至北部城市白沙瓦，全长 1726 公里，是巴基斯坦南北铁路干线。项目完成后，1 号铁路火车时速将从目前 70 公里 / 小时提升至 160 公里 / 小时。

（五）中国—中南半岛经济走廊

中国—中南半岛经济走廊是以中国广西和云南的重要城市为起点，穿过中南半岛的越南、老挝、柬埔寨、泰国、马来西亚等国，向南抵达新加坡。这一经济走廊既是中国西南开放的门户，也是中国与东盟国家合作的经济走廊。由于中国与东盟国家已经有较长时间的经贸合作，因此区域内基础设施建设合作进展也较好。

如前所述，能源是制约东南亚地区发展的重要因素。因此，能源建设是东南亚国家的重点工作。在越南，中国能建广西院承包的越南永河水电站已于 2016 年 9 月竣工投产，总装机容量

为 2.1 万千瓦。此外，中国企业还承建了越南永新燃煤电厂一期
BOT 项目和越南海阳燃煤电厂，投资金额分别达到 17.55 亿美元
和 18.69 亿美元，装机容量均为 120 万千瓦。届时将很大程度上
改善越南国内电力供应紧张的局面，对越南工业发展和人民生活
改善具有重要作用。在缅甸，2016 年中国云南能投联合外经股份
有限公司和缅甸电力与能源部共同投资建设联合循环天然气发电
厂，设计发电量为 10.6 万千瓦，供应仰光地区用电，目前已投
入使用。在马来西亚，2016 年 11 月中国电建和海外公司组成的
联营体中标 40 万千瓦燃气循环电站。2017 年 8 月中国能建葛洲
坝集团获得马来西亚巴勒水电站总承包权，该电站总装机容量约
130 万千瓦。

交通运输特别是轨道交通一直是东南亚诸国谋求建设更高水
平的区域经济共同体的基础。1995 年，东盟会议就曾提出联合
中南半岛五国，建设一个超越湄公河流域的并与中国昆明相连的
铁路网络。但是由于资金筹措、技术标准、海关安检等一系列问
题，中南半岛国际铁路建设一直没有实际进展。近年来，随着中
国高铁技术的发展和"一带一路"倡议的提出，中国和中南半岛
之间的铁路网络建设正在逐步推动。2016 年底中国玉溪至老挝
万象的中老铁路全线开工。中老铁路全长 418 公里，设计客运时
速和货运时速分别达到 160 公里 / 小时和 120 公里 / 小时。截至
2017 年 11 月，中老铁路全部 6 个标段均在全面开工建设，计划
2021 年 12 月底竣工通车。[①] 中国参与投资建设的中泰铁路，从泰
国北部重要口岸廊开到南部首都曼谷和重要城市罗勇，是中南半

---

① 《中老铁路全线动工　预计2021年底通车》，人民网，http://world.people.com.
cn/n1/2017/1115/c1002-29648309.html。

岛铁路网络的重要组成部分。项目从 2014 年启动至今，由于经济、社会、环境等多方面的问题，进展较慢。2017 年 12 月项目一期工程在泰国呵叻府开工。中泰铁路建成后向北连接中老铁路直至中国云南，向南与马来西亚、新加坡相连形成中南半岛铁路南北向的主干线。对于沿线地区产业、物流、旅游等各方面发展具有重要带动作用。印度尼西亚雅万高铁（雅加达—万宁）是中国高铁"走出去"另一项重要工程，2016 年 8 月，雅万高铁获得全线建设许可证，目前已经实现全线基础设施全面开工。①

中国和东盟国家长期的经贸合作已经孕育出相当规模的产业园区。2006 年启动开发的泰中罗勇工业园是东南亚地区发展最成熟的中国工业园之一，截至 2017 年 9 月，园区已入驻中国企业 75 家，包括金属冶炼、机械制造、汽车汽配、化工等多个产业。罗勇工业园成为中国传统优势产业在泰国的产业集群中心与制造出口基地。2013 年开始建设的马中关丹产业园是"一带一路"的重点项目，马中关丹产业园的规划面积为 12 平方公里，首期 6 平方公里园区的基础设施建设初步完成，截至 2017 年 9 月，园区已经吸引投资约 71 亿美元。其他中外合作的工业园区还有老挝万象赛色塔综合开发区、越南龙江工业园、中国·印尼经贸合作区和中印尼青山工业园区。

在信息互联互通方面，中国和中南半岛国家合作发展迅速。较早之前，中国就与中南半岛上的越南、缅甸等国建成了陆地跨境光缆，此后跨境光缆多次扩容。2017 年中国—老挝陆地跨境光缆单项工程。中国云南省也借此提出建设"辐射南亚、东南亚国

---

① 海外网，http://news.haiwainet.cn/n/2018/0123/c3541093-31243736.html。

际信息通信枢纽"。而中国广西壮族自治区以中国—东盟信息港基地建设为抓手，从基础设施、信息共享、技术合作、经贸服务和人文交流 5 个方面出发，面向东盟服务西南和中南，发展互联网经济及信息技术产业。截至 2018 年 1 月，信息港已建成项目30 个，正在建设项目 42 个。[①]

（六）孟中印缅经济走廊

孟中印缅经济走廊是 2013 年李克强总理出访印度期间提出，其他三国积极响应，并成立了孟中印缅经济走廊联合工作组，工作组目前已经召开了三次会议研究经济走廊推进的工作。但由于区域内两大国中国和印度在政治外交方面还存在诸多尚未解决的问题，因此孟中印缅经济走廊整体建设较为迟缓，但在孟加拉国和缅甸，中国仍然开展了一些基础设施方面的建设工作。

中国与缅甸主要在能源领域开展合作。中缅油气管道自 2010年开始建设，是我国确立的第四大能源进口通道。克服了沿线地区不利的自然条件和战乱的影响，2013 年中缅天然气管道建成、并向中国供气。2017 年中缅天然气管道向中国的实际输气量约为40 亿立方米，后期有望进一步增加天然气供应量，将改善云贵地区居民用气不便的现状。中缅石油管道建设相对滞后，2014 年 5月管道机械完工，但直至 2017 年 6 月原油管道才正式投产向中国供应石油，截至 2017 年底，经由该管道已向中国运输原油 437 万吨。皎漂港是中缅油气管道的起点，也是世界级的天然良港，缅

[①] 中国新闻网，http://www.gx.chinanews.com/news/2018/0130/20690.html。

甸政府在皎漂设立经济特区。2015 年由中信集团主导的联合体中标皎漂工业园和深水港项目。两大项目总工期约为 20 年，项目运营期为 50 年。不仅限于能源运输，中缅两国也在能源开采方面进行合作。中国振华石油公司获得缅甸第一和第三大油田仁安羌和稍埠油田石油采收合同，进行勘探开发和生产，较大地提高了油田的产量和工作效率。目前两大油田产量占缅甸国内陆上原油总产量的 42% 左右。

中国与孟加拉国的基建合作同样集中在能源方面。随着经济发展和产业转移，孟加拉国用电量快速增长。日均用电量从 2009 年的 300 万千瓦增长到 2017 年的 1550 万千瓦，增长超过 5 倍。但目前国内正常发电的机组仅为 800 万千瓦。孟加拉国的通电率仅为 62.4%，是南亚国家中最低的，甚至低于遭受战乱的阿富汗。因此电力建设是孟加拉目前的重点工作。中国企业目前在孟加拉国建成和在建的电站总装机容量占全国的 60%。在"一带一路"倡议下，中国企业又承接了帕亚拉燃煤电站 PPP 项目，建成后将成为孟加拉国最大的燃煤电站。项目预计总投资约 24.8 亿美元，装机容量 132 万千瓦，建成后预计可满足孟加拉国 10% 左右的用电需求。

"一带一路"沿线国家的国际直接投资发展报告

在经济全球化趋势下，国际直接投资发挥了配置全球资源、拓展生产与市场、推动技术的转移与扩散等作用，并成为促进世界经济发展的重要力量。正如彼得·德鲁克在《从世界贸易到世界投资》一书中说到的：国际投资逐渐取代国际贸易，成了推动各国经济增长的主导因素。

2013 年中国提出"一带一路"倡议，强调相关各国要打造互利共赢的"利益共同体"和共同发展繁荣的"命运共同体"，强调包括政策沟通、设施联通、贸易畅通、资金融通、民心相通等在内的互联互通，而国际直接投资是促进沿线国家联通的重要手段，也是"一带一路"建设的重要内容。

从 21 世纪初开始，国际直接投资流入和流出流量总体呈现周期性波动趋势，在 2007 年，国际直接投资流入流量达到了峰值 1.91 万亿美元，流出流量也在峰值 2.18 万亿美元。其后，受 2008 年金融危机影响，国际直接投资受到了巨大的挫伤，出现了明显的下降。

国际直接投资流入方面，2016 年，国际直接投资流向发达

经济体的流量进一步增加，流入量较上年上升 5 个百分点，达到
1.03 万亿美元。联合国贸发会议（UNCTAD）《2017 世界投资报
告》指出，发达国家国际直接投资的增加主要是由股权投资流动
所驱动的，尽管其活力较前一年有所减少，但继续表现出较大活
力。值得关注的是，发展中国家的国际直接投资流入流量基本保
持了持续而稳定的增长趋势，甚至在 2014 年首次超过发达国家经
济体；然而，2016 年其国际直接投资流入流量为 0.65 万亿美元，
相比于 2015 年下降了 14%，创下近年来连续 5 年最低值。

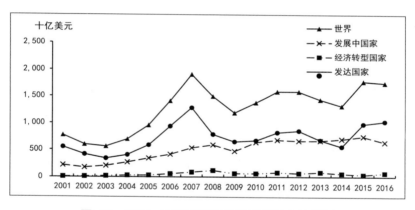

图 6-1　2001—2016 年国际直接投资流入流量图

数据来源：UNCTAD 数据库 Foreign Direct Investment

随着金融危机的影响逐渐消散，世界经济逐渐复苏，各国对
外直接投资的热情也在恢复，但是始终明显低于 2007 年，并且
发达国家在世界对外投资中占据主导地位。2016 年，发达经济体
对外投资的流量为 1 万亿美元，相较于 2007 年低了 11 个百分点，
但其在全球对外直接投资的份额却只是从 2015 年的 74% 下降到
72%。发展中国家与经济转型国家在对外直接投资方面总体上也
呈现一定的增长，但是增长缓慢。

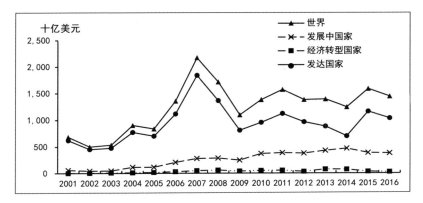

图 6-2　2001—2016 年国际直接投资流出流量表

数据来源：UNCTAD 数据库 Foreign Direct Investment

2016 年，全球对外直接投资流量排名前二十的经济体，国际直接投资流出流量总和为 1.513 万亿美元，占全球当年总量的 79.52%。在这 20 个经济体中，有 14 个发达经济体，占 70%，6 个其他经济体（中国、中国香港、韩国、俄罗斯、新加坡、中国台湾）多位于"一带一路"沿线。

表 6-1　2016 年全球对外直接投资流量排名前二十的经济体情况
（单位：十亿美元）

经济体（2015年排名）	2016	2015
美国（1）	299	183
中国（5）	**174**	**145**
荷兰（3）	66	62
日本（4）	57	45
加拿大（9）	42	35
中国香港（8）	**32**	**31**
法国（12）	27	27
爱尔兰（2）	24	23
西班牙（11）	23	23
德国（7）	18	18

经济体（2015年排名）	2016	2015
卢森堡（10）	303	128
瑞士（6）	138	129
韩国（17）	67	72
俄罗斯（15）	**44**	**166**
新加坡（13）	**44**	**93**
瑞典（21）	50	104
意大利（18）	24	27
芬兰（186）	31	15
比利时（14）	20	-16
中国台湾（22）	**30**	**15**
总计	1513	1315

数据来源：UNCTAD，国际直接投资 /MNE database（www.unctad.org/ 国际直接投资 statistics）。其中，字体加粗为"一带一路"沿线经济体。

一、"一带一路"沿线国家国际直接投资情况

"一带一路"沿线有 65 个国家，在政治、经济、社会文化等方面差异非常大。① 按照世界银行以人均国民生产总值为标准的

---

① "一带一路"沿线覆盖 65 个国家，包括东亚的中国、蒙古，东盟 10 国（新加坡、马来西亚、印度尼西亚、缅甸、泰国、老挝、柬埔寨、越南、文莱和菲律宾），西亚 17 国（伊朗、伊拉克、土耳其、叙利亚、约旦、黎巴嫩、以色列、巴勒斯坦、沙特阿拉伯、也门、阿曼、阿联酋、卡塔尔、科威特、巴林、希腊和埃及），南亚 8 国（印度、巴基斯坦、孟加拉国、阿富汗、斯里兰卡、马尔代夫、尼泊尔和不丹），中亚 5 国（哈萨克斯坦、乌兹别克斯坦、土库曼斯坦、塔吉克斯坦和吉尔吉斯共和国），独联体 7 国（俄罗斯、乌克兰、白俄罗斯、格鲁吉亚、阿塞拜疆、亚美尼亚和摩尔多瓦）和中东欧 16 国（波兰、立陶宛、爱沙尼亚、拉脱维亚、捷克、斯洛伐克、匈牙利、斯洛文尼亚、克罗地亚、波黑、黑山、塞尔维亚、阿尔巴尼亚、罗马尼亚、保加利亚和马其顿）。

划分,"一带一路"沿线国家绝大多数为中等收入国家,仅有18个国家跻身发达国家行列。[①] 因此,"一带一路"沿线国家的外国直接投资也存在着很大的差异。

(一)"一带一路"沿线国家国际直接投资总体情况

2010年至2016年,"一带一路"沿线国家对外直接投资量只占到世界对外直接投资总量的20%左右,吸引外国直接投资大于对外直接投资,所以沿线国家整体的流量呈现净流入状态。2016年,"一带一路"沿线国家国际直接投资流入流量总计4248.85亿美元,占世界总量的24.33%;国际直接投资流出流量总计2915.49亿美元,占世界总量的20.07%。沿线国家的国际直接投资流入流量相对比较稳定,国际直接投资流出流量总体呈现上升趋势,特别是2013年以后,沿线国家对外直接投资相比之前实现了较快的增长,这与"一带一路"倡议的实施,沿线国家的企业整体上积极参与到"一带一路"倡议可能存在着重要关系。

---

① 此处借鉴世界银行以2015年的国民生产总值为标准,对世界各国经济状况进行基本分类。具体来说,人均国民生产总值在1025美元以下的为低收入国家,介于1026美元和4035美元之间的为中低收入国家,介于4036和12475美元之间的为中高收入国家,超过12476美元的为高收入国家。

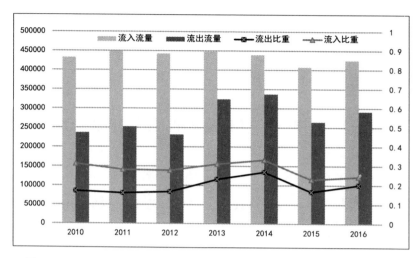

图 6-3 2010—2016 年沿线国家双向直接投资流量及占世界总量比重图

单位：百万美元

数据来源：UNCTAD 数据库 Foreign Direct Investment

（二）"一带一路"沿线国家国际直接投资区域比较

1."一带一路"沿线国家吸引外资能力不平衡，东亚和东南亚地区整体较强

2016 年，东亚、西亚、南亚、中亚、独联体、中东欧 6 个地域其国际直接投资流入流量分别 2307.21 亿美元、547.26 亿美元、503.63 亿美元、145.59 亿美元、488.82 亿美元、256.34 亿美元，依次占"一带一路"沿线国家总额的 54.30%、12.88%、11.85%、3.42%、11.50%、6.03%。东亚地区国际直接投资流入总量占所有沿线国家的一半以上。

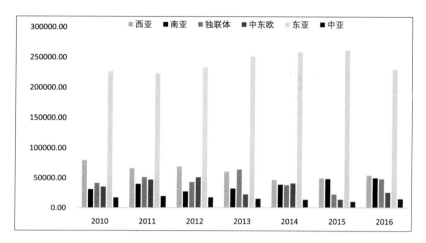

图6-4　2010—2016年"一带一路"沿线地区国际直接流入流量情况
单位：百万美元

数据来源：UNCTAD 数据库 Foreign Direct Investment

　　"一带一路"沿线 65 个国家中，国际直接投资流入流量最多的是中国，达到了 1337 亿美元。其次是新加坡、印度、俄罗斯、越南、以色列、土耳其、波兰、马来西亚和哈萨克斯坦。其中，中国、新加坡、俄罗斯、印度也是截至 2016 年国际直接投资流入存量最多的前四位沿线国家。这些国家普遍经济规模较大，营商环境较好，所以可以吸引到较多的外国直接投资。

　　2016 年，国际直接投资流入流量排名后 10 位的国家分别是乌兹别克斯坦、阿富汗、不丹、文莱、立陶宛、斯洛伐克、也门、蒙古、匈牙利、伊拉克，其中有 8 个国家的国际直接投资流入流量出现了负数，这意味着这些国家当年来自国外的直接投资总体小于外国撤出的投资。

　　"一带一路"沿线国家多为新兴经济体和发展中国家，这些国家在开放和发展过程中大多面临政治维稳、经济发展、社会转型、政策调整等诸多挑战。就"一带一路"沿线整体而言，营商环境不容乐观。根据世界银行《2015年全球营商环境报告》的统计数据，营商环境体现在开办企业、执行合同等10个方面，而"一带一路"国家在很多方面的表现都不尽如人意。缅甸在开办企业方面排名全球倒数第一，需要通过11个程序、耗时72天才能新设一个企业，所需成本和实缴资本下限分别占缅甸人均收入的156%和6190%，耗时费力而且成本极高。东帝汶在登记产权、执行合同和解决破产3个方面均排名全球倒数第一。以执行合同为例，东帝汶司法系统在解决商务纠纷时，从原告提起诉讼到实际付款需耗费1285天，成本按索赔额的百分比计算为163%，共需51个流程才能完成执行合同的全过程，耗时费力而且得不偿失。因此，营商环境也是制约沿线国家吸引外资的重要因素，亟待各国努力改善。

政治风险是影响对外来投资吸引力的重要因素。在2013年国家风险国际指南对"一带一路"沿线国家的政治风险评估中，仅有东南亚地区的文莱、新加坡属于极低风险国，东南亚地区其他国家的政治风险也相对较低。西亚既是陆上"丝绸之路经济带"的重要组成部分，又有许多"海上丝绸之路"沿线港口，是"一带一路"交汇之地。但是，在极高风险国家中，绝大部分是西亚国家，因此，虽然该地区油气资源丰富，但是普遍较高的政治风险制约了这些国家吸引外资的能力。

表 6-2 "一带一路"沿线部分国家的政治风险

极高风险	高风险	中等风险	低风险	极低风险
伊拉克 （39.63） 叙利亚（41.29） 埃及（46.75） 孟加拉国 （48.17） 巴基斯坦 （48.79） 伊朗（49.71）	也门（50.00） 黎巴嫩（52.79） 缅甸（53.71） 白俄罗斯 （53.75） 斯里兰卡 （54.08） 印度尼西亚 （55.63） 土耳其（55.67） 泰国（57.29） 俄罗斯（58.04） 塞尔维亚 （58.50） 摩尔多瓦 （58.63） 印度（58.83） 亚美尼亚 （59.00）	越南（60.25） 阿塞拜疆 （60.54） 菲律宾（62.42） 约旦（62.50） 乌克兰（63.50） 巴林（63.88） 保加利亚 （65.21） 阿尔巴尼亚 （65.67） 哈萨克斯坦 （65.92） 罗马尼亚 （65.92） 蒙古（66.71） 科威特（66.75） 以色列（67.04） 沙特阿拉伯 （67.58） 克罗地亚 （69.67） 斯洛文尼亚 （69.79）	拉脱维亚 （70.08） 爱沙尼亚 （71.75） 阿曼（72.50） 卡塔尔（72.50） 匈牙利（72.75） 马来西亚 （72.75） 立陶宛（73.54） 斯洛伐克 （73.83） 捷克（74.21） 波兰（74.42）	文莱 （80.13） 新加坡 （83.00）

注：数据来源于 PRS 集团年度风险评估指南（International Country Risk Guide，ICRG）；ICRG 仅涵盖"一带一路"沿线 47 国，但数据统计较为权威，从政府稳定性、社会经济条件、投资执行状况、内部和外部冲突、军队干预政治、腐败、法制、宗教与民族冲突、民主程度、行政效率等 12 个方面对全球 146 个国家以打分的方式综合权衡政治风险，总分 100 分，并按照不同分数段划分为五个风险级别，分数越高说明政治风险越低；括号中的数字代表 2013 年各国的政治风险得分。

2."一带一路"国家对外直接投资能力差异较大

企业对外直接投资受到国内外宏观、行业和自身等多方面因素的影响。Helpman等（2004）通过构造一个多国多部门垄断竞争企业模型，发现生产率低的企业只服务于国内市场，生产率高的企业从事出口，而生产率最高的企业进行对外直接投资。[①] 因此，一国企业所拥有的基于所有权的资源和能力决定了这个国家对外直接投资的情况。

2016年，东亚、西亚、南亚、中亚、独联体、中东欧 FDI 流出流量分别为 2185.14 亿美元、430.18 亿美元、54.49 亿美元、-53.67 亿美元、303.26 亿美元、-3.90 亿美元。东亚地区 FDI 流出总量占所有沿线国家的一半以上，也就是说东亚地区相对于其他地区有更强的投资能力。

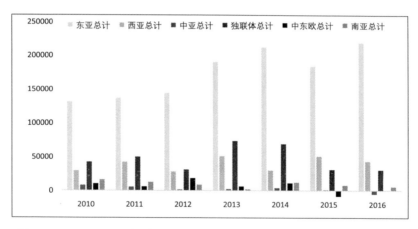

图 6-5　2010—2016 年"一带一路"沿线地区国际直接投资流出流量情况
单位：百万美元

数据来源：UNCTAD 数据库 Foreign Direct Investment

---

① Melitz M, Helpman E, Yeaple S. Export Versus FDI with Heterogeneous Firms[J]. *American Economic Review*, 2004, 94.

"一带一路"沿线 65 个国家中，国际直接投资流出流量最多的是中国，达到了 1831 亿美元。其次是俄罗斯、新加坡、阿联酋、泰国、以色列、沙特阿拉伯、卡塔尔、波兰、马来西亚。其中，中国、新加坡、俄罗斯也是截至 2016 年国际直接投资流出存量最多的沿线国家。这些国家普遍经济发展情况较好，对外投资能力也比较强。

2016 年，国际直接投资流入存量排名后 10 位的国家分别是蒙古、波黑、孟加拉国、摩尔多瓦、黑山、马其顿、老挝、阿富汗、叙利亚和吉尔吉斯共和国。其中，蒙古有 39345.4 万美元，吉尔吉斯共和国仅有 170 万美元。流出流量排名中，摩尔多瓦、文莱、立陶宛、黑山、克罗地亚、希腊、哈萨克斯坦、科威特、匈牙利和印度尼西亚排名最后 10 位，且均为负值，即这些国家当年对外直接投资撤资较多。

（三）中国与印度的外国直接投资比较

"一带一路"建设有利于中国充分发挥巨大的产能优势、资金与技术优势，开拓广阔的市场空间，开展国际合作，开创全方位对外开放的新格局。利用外资是中国对外开放基本国策的重要内容，中国一直积极提倡鼓励外国直接投资。[1] 习近平总书记在多个国际场合强调，中国利用外资的政策不会变，对外商投资企业合法权益的保护不会变，为各国在华投资企业提供更好服务的方向不会变。李克强总理也指出，中国要始终成为富有吸引力

---

[1] 《中国外商投资发展报告（2016）》。

的外商投资热土。印度作为南亚次大陆的人口和国土面积第一大国，对于"一带一路"建设有着特殊的意义。印度总理纳伦德拉·莫迪提出了"印度制造"（Make in India）的运动，他 2015 年在讲话中提到，"印度的外国直接投资增加 40%，这很好地显示了印度国际自信正在提高"。2016 年，两国的外国直接投资流量和存量均排在"一带一路"沿线国家的前列，因此，将两国的外国直接投资进行比较就显得很有意义。

1. 中国的国际直接投资流量超过印度的两倍，但印度近年的增速加快

2016 年，中国的国际直接投资流入流量为 1337 亿美元，流入存量为 13544 亿美元，印度的国际直接投资流入流量为 623 亿美元，流入存量为 3285 亿美元。2010 年至 2016 年，中国与印度每年的国际直接投资流入流量基本保持相似的变化趋势，每年中国的流量均超过印度的两倍多，但是印度从 2012 年开始的增速要显著快于中国。

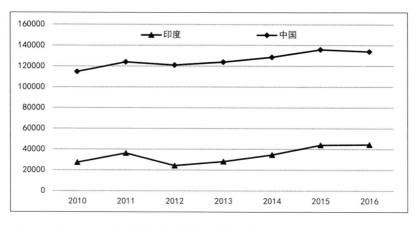

图 6-6　2010—2016 年中国与印度国际直接投资流入流量情况　单位：百万美元

数据来源：UNCTAD 数据库 Foreign Direct Investment

印度绿地投资吸引力快速提升。《2016 外国直接投资报告》显示，2015 年在中国的绿地投资项目数为 789 个，印度为 697 个。在中印两国吸引的绿地投资趋势图（图 6-7）中，印度吸引的绿地投资的能力不断增强，在 2015 年首次超过中国。2016 年，印度连续第二年成为接收绿地投资最多的"一带一路"国家。绿地投资会直接导致东道国生产能力、产出和就业的增长。2015 年下半年，印度总理莫迪去美国先后拜访了谷歌、百事、福特等世界五百强企业的 CEO，鼓励这些企业到印度进行直接投资。此后，印度吸引的绿地投资快速增长，这应该与印度总理的这种拜访有着密不可分的关系，即东道国政府对于吸引外国直接投资的态度以及采取的政策会直接影响本国获得的投资量。

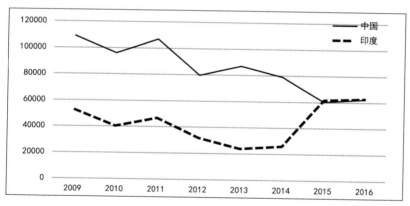

图 6-7　2009—2016 年中印两国吸引绿地投资情况　单位：百万美元

数据来源：CEIC 数据库

2.两国吸引的外国资本投资的行业相似，营商环境或将决定外资流向

将 2011 年至 2015 年的国际直接投资中资本投资进行累计，中国和印度两国的行业分布情况如下图所示，印度排名前五的行

业有运输设备、电子信息技术、环境科技、金融服务和工业；中国排名前五的行业有运输设备、电子信息技术、环境科技、能源与建筑。中国的外国直接投资中对电子信息技术行业的投资达到了225亿美元，位列所有行业之首。印度的外国直接投资中对运输设备行业的投资为241亿美元，位列第一，电子信息技术为23.9亿美元，排名第二。两个国家的前5个行业中，有3个行业是相同的，分别是运输设备、电子信息技术和环境科技。

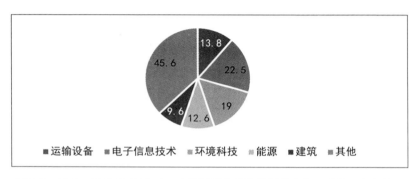

图6-8　2011—2015年印度FDI中累计资本投资的行业分布　单位：十亿美元

数据来源：《外国直接投资报告2016》

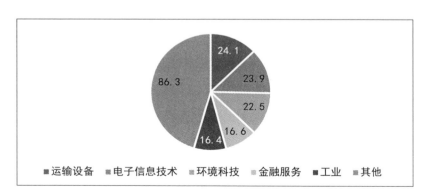

图6-9　2011—2015年中国FDI中累计资本投资的行业分布　单位：十亿美元

数据来源：《外国直接投资报告2016》

因此，两个国家吸引外国直接投资的行业十分相似，这意味着两国在这些相同行业上拥有的资源禀赋是相似的，而营商环境因素可能将最终决定两国吸引外资的水平，为此，中印两国均对国内的营商环境改善做出了很多努力。2015 年，中国政府继续加快推进各项改革开放举措，努力营造更加公平、透明、可预见的营商环境。为加快推进外商投资体制改革，在上海、广东、天津、福建 4 个自由贸易试验区探索实行准入前国民待遇加负面清单的管理模式，在投资、贸易、金融、事中事后监管、创业创新、区域战略等多个领域基础性制度方面做出了有益尝试。此外，中国取消和下放 311 项行政审批事项，取消 123 项职业资格许可和认定事项，彻底终结了非行政许可审批；工商登记前置审批精简 85%，全面实施三证合一、一照一码，深入推进了简政放权、放管结合、优化服务改革。与此同时，印度的政府也提出了"印度制造"的口号，目标是将印度营商便利指数从全球第 142 位提升至第 50 位。为此，印度外贸总局及其他部门如工业政策促进局都已采取一系列措施提升印度排名。例如，印度商工部正紧锣密鼓联系包括税收和海关在内的各部门，着手减少文书工作以降低出口商的交易成本、改善营商环境。商工部计划将出口所需的 9 种文件降至 3 种；将进口所需的 10 种文件降至 4 种。据印度出口组织联合会（FIEO）预测，减少文书工作、实现所有港口电子数据连通将减少 3% 的交易成本，节约资金达 200 亿—250 亿美元。

二、中国与沿线国家的双向直接投资情况

中国政府积极推动"一带一路"建设，稳步开展国际产能合作，不断完善"走出去"工作体系，中国企业融入经济全球化步伐加快。2015 年中国对外直接投资实现历史性突破，流量首次位列全球第二位，并超过同期吸引外资水平，首次实现双向直接投资项下的资本净输出。

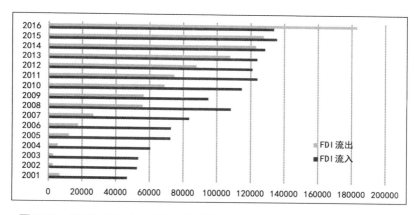

图 6-10　2001—2015 年中国双向直接投资流量对比图　单位：百万美元

数据来源：《2015 中国对外直接投资统计公报》

（一）中国对"一带一路"沿线国家投资情况

1. 中国对沿线国家直接投资增长迅速，地区分布相对集中

2015 年中国对"一带一路"沿线国家的投资流量为 189.3 亿美元，占当年对全球直接投资流量总额的 13%，同比增长 38.6%，是对全球直接投资增幅的 2 倍。流量位列前十的投资目的地国家有：新加坡、俄罗斯、印度尼西亚、阿联酋、印度、土耳其、越

南、老挝、马来西亚、柬埔寨。当年，中国对沿线国家直接投资
的存量为 1156.79 亿美元，前 10 位为新加坡、俄罗斯、印度尼
西亚、哈萨克斯坦、老挝、阿联酋、缅甸、巴基斯坦、印度和蒙
古，中国对这 10 个国家的投资总流量占到对所有沿线国家投资
总量的 73%。新加坡无论是存量还是流量均位列第一，这与新加
坡工业、金融中心和转口贸易发达、政治稳定、投资环境透明，
又与中国文化相近密切相关。阿联酋的流量排名第四，存量排名
第六，这与阿联酋是西亚中东地区重要的金融中心和转口贸易中
心，且拥有丰富的石油、天然气资源有重要关系，中国在阿联酋
投资企业多从事建筑工程、贸易服务等领域。《2015 中国对外直
接投资统计公报》显示，2015 年中国企业对"一带一路"相关国
家并购项目 101 起，并购金额 92.3 亿美元，占并购总额的 17%。
其中以色列、哈萨克斯坦、新加坡、俄罗斯、老挝等国家吸引中
国企业并购投资均超过 10 亿美元。

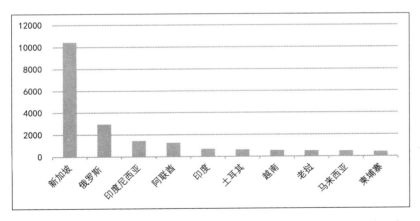

图 6-11　2015 年中国对"一带一路"沿线国家直接投资流量前 10 位国家
单位：万美元

数据来源：《2015 中国对外直接投资统计公报》

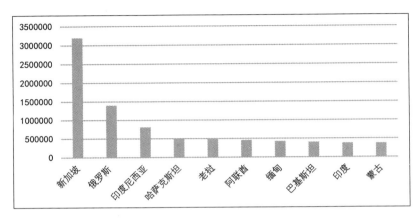

图 6-12　2015 年中国对"一带一路"沿线国家直接投资存量前 10 位国家
单位：万美元

数据来源：《2015 中国对外直接投资统计公报》

从时间序列来看，2007 至 2015 年度中国对世界和沿线国家直接投资的流量情况如图 6–13 所示，中国对沿线国家的直接投资相对于其对世界的投资一直差距很大，且有差距不断的拉大的趋势。2013 年以后，随着"一带一路"倡议的提出，中国对沿线国家的直接投资也有一定的增加，但是增幅依旧远小于对世界总的投资增长。

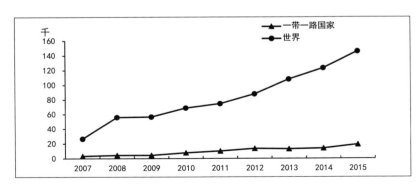

图 6-13　2007—2015 年中国对世界、一带一路沿线国家直接投资流量情况
单位：万美元

数据来源：《2015 中国对外直接投资统计公报》

2. 中国对东盟国家与俄罗斯直接投资情况

东盟是"一带一路"建设的重点方向、重点地区，聚集了许多合作建设"一带一路"的重点国家和重点项目。2015 年，中国对东盟直接投资快速增长，流量首次突破百亿美元达到 146.04 亿美元，同比增长 87%，2015 年末对东盟投资存量为 627.16 亿美元。2015 年末，中国共在东盟设立直接投资企业 3600 多家，雇佣外方员工 31.5 万人。

中国对东盟地区投资的主要行业中，排名第一的是租赁和商务服务业，为 160.89 亿美元，占 25.7%，主要分布在新加坡、印度尼西亚、老挝、越南、菲律宾等；其次是制造业 93.59 亿美元，占 14.9%，是中国对东盟投资涉及国家最广泛的行业，其中投资额上亿美元的国家有：印度尼西亚（18.18 亿美元）、越南（17.08 亿美元）、泰国（15.1 亿美元）、新加坡（13.52 亿美元）、老挝（9 亿美元）、马来西亚（8.99 亿美元）、柬埔寨（7.9 亿美元）、缅甸（2.53 亿美元）、菲律宾（1.18 亿美元）；电力/热力/燃气及水的生产和供应业 78.66 亿美元，占 12.5%，主要分布在新加坡、缅甸、老挝、印度尼西亚、柬埔寨等。

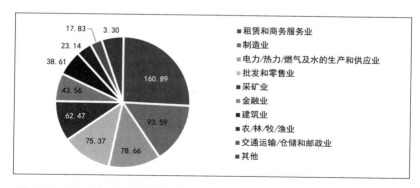

图 6-14　2015 年中国对东盟直接投资存量分布的主要行业　单位：亿美元

数据来源：《2015 中国对外直接投资统计公报》

俄罗斯是"一带一路"倡议的积极支持者、重要参与者和关键合作伙伴，不仅具有丰富的资源，也对中亚、中东欧地区地缘政治有较大影响力，在中国对"一带一路"沿线地区的投资合作中有着重要的战略意义。在中俄双方共同努力下，在两国能源、基础设施、航空航天、金融等传统领域大项目扎实推进的同时，双边在农业合作、跨境电商和高新技术产品等领域出现一些新亮点。

中国对俄罗斯直接投资快速增长，2015年直接投资流量为29.61亿美元，当年的存量为140.2亿美元。其中，投资流量创历史最高值，同比增长367.3%，占对欧洲投资流量的41.6%。从行业分布情况看，中国对俄罗斯的直接投资存量主要集中在采矿业（39.9%）、制造业（22.29%）、农/林/牧/渔业（17.6%）、租赁和商务服务业（9.4%）、批发和零售业（3%）、房地产业（2.6%）、建筑业（2.2%）等行业。

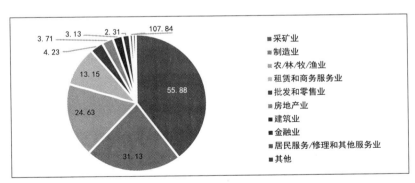

图 6-15　2015 年中国对俄罗斯直接投资的主要行业　单位：亿美元

数据来源：《2015 中国对外直接投资统计公报》

2015年，在中国对外直接投资涵盖的国民经济的19个行业大类中，投资制造业的流量为199.9亿美元，同比增长108.5%，占当年流量总额的13.7%，这也是当年中国对外投资增长较快行业之一。中国对东盟和俄罗斯的直接投资行业分布中，制造业均位列第二位。中国对俄罗斯的投资行业相对分布比较集中，在对俄罗斯的直接投资中，采矿业，制造业，农／林／牧／渔业这前3个行业占所有行业的 79.7%。采矿业位列第一，这与俄罗斯丰富的矿产资源也有密不可分的关系。而对东盟的投资中，租赁和商务服务业、电力／热力／燃气及水的生产和供应业、批发和零售业和金融业均位列前茅，这些行业主要是第三产业，这也顺应了世界经济的高端化服务化的趋势。可见，中国对外直接投资的行业选择基本遵循了因地制宜的原则，顺应世界对外投资的发展趋势，充分考虑了当地的资源禀赋，并结合自身的特点发挥跨国投资的优势，有利于实现中国企业价值链上的增值。

（二）"一带一路"沿线国家对中国投资情况

《2017 世界投资报告》显示，中国已经和"一带一路"沿线国家签订了超过 50 个投资协议，涉及 6 个主要的国际经济走廊。随着越来越多的经济资源被调动起来，投资活力迅速增强。一些位于主要经济走廊的国家开始积极主动参与到区域之间的对外直接投资中。

2015 年，"一带一路"沿线国家对中国的投资流量为 81.83 亿美元，同比增长 26%，占当年世界对中国投资流量总额的 6.12%。流量位列前十的国家有：新加坡、马来西亚、沙特阿拉伯、印度尼西亚、阿联酋、波兰、印度、文莱、泰国、菲律宾。其中新加坡对中国的直接投资达到了中国吸引外资总量的 84%，新加坡对中国吸引外资总量的走势起到了主要作用。

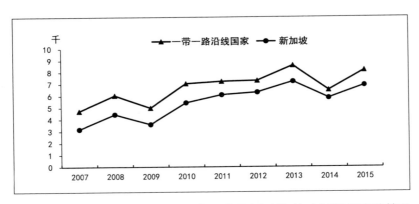

图 6-16　2007—2015 年"一带一路"沿线国家和新加坡对中国直接投资情况
单位：百万美元

数据来源：CEIC 数据库

　　2006 年至 2015 年，"一带一路"相关国家对中国的投资存量为 641.86 亿美元，存量位列前十的国家有：新加坡、马来西亚、文莱、沙特阿拉伯、泰国、菲律宾、印度尼西亚、印度、以色列和土耳其。在这前 10 个国家中，东盟国家达到了 6 个。

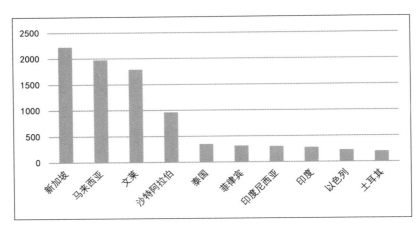

图 6-17　2006—2015 年"一带一路"沿线国家对中国累计直接投资前 10 位的国家
单位：百万美元

数据来源：CEIC 数据库

三、对"一带一路"沿线国家的建议

（一）改善本国投资环境，增加对外国直接投资的吸引力

外国直接投资可以为本国带来先进的技术、管理理念等知识，而这些知识会通过不同的渠道传导给东道国的企业，从而促进东道国整体的技术进步，进而促进经济增长。特别是"一带一路"沿线国家主要是发展中国家，这些来自外国的直接投资有利于其改善基础设施建设与加强互联互通，扩大外国资本流入，充分发挥资源禀赋优势，促进国内经济发展，从而推动世界经济格局的均衡发展，所带来的收益一般都比较大。为了吸引更多的外国直接投资，可以从以下几个方面改善本国的投资环境。

1. 增进区域间战略互信

民主、民族、法制根基不稳是大部分"一带一路"沿线国家普遍存在的风险。[①]"一带一路"国家贯穿亚欧非大陆，地理覆盖范围广，政治、经济、文化、民族、社会差异性大，在如此广袤的区域开展海外投资，必然面临着地缘政治风险。比如，中亚的吉尔吉斯共和国、塔吉克斯坦、乌兹别克斯坦，南亚的阿富汗、巴基斯坦，东南亚的缅甸、柬埔寨，西亚的叙利亚、伊拉克、伊朗、黎巴嫩、巴勒斯坦等。一些国家政治风险根深蒂固，有的风险会外溢到邻国，甚至成为整个地区性问题。不少国家由于地缘

---

① 蒋姮."一带一路"地缘政治风险的评估与管理 [J]. 国际贸易，2015，（08）：21-24. [2017-09-20]. DOI：10.14114/j.cnki.itrade.2015.08.004.

关系存在冲突或紧张局势，不利于开展国际合作和国际投资。要改善这一状况，除了要提升沿线国家本国的政治稳定性，也需增进政府间的信任与支持，这也是区域间政治交往和经贸活动的前提与保障。沿线国家要增进战略互信，积极推行经济外交政策，坚持求同存异，以互利共赢的原则共同推进"一带一路"沿线的外国直接投资，寻求利益契合点，打造命运共同体，通过实际行动消除不必要的误会与分歧，从国家层面增进战略互信。

2.充分利用区位优势以及资源禀赋

从历史上来看，"丝绸之路"是连接亚欧大陆的古代东西方文明的交汇之路，沿线国家各有特色，具有巨大的市场潜力和增长潜力。2016 年，在世界对外直接投资的区位选择中，中国、俄罗斯、新加坡这几个沿线国家跻身前列。同时，沿线有一些国家吸引外资的能力仍处于相对弱势，对此，这部分国家要抓住机遇，利用好本国已有的资源优势，开发本国市场的潜力，在国际市场上积极推广本国的资源能力，从而吸引更多的外国投资。

3.改善营商环境

区位因素和资源禀赋是难以改变的，但是，外国投资者的区位决策不仅取决于各地区的区位优势差异，同时还取决于各区域政府提供的良好的营商环境。各种制度因素在解释保存国际直接投资能力方面扮演着重要而积极的角色[①]，印度在最近几年大力改

---

① 赵立斌.跨国公司国际直接投资与东盟国家参与全球生产网络进程 [J]. 国际经贸探索，2014，30（01）：69-80.[2017-09-19].DOI：10.13687/j.cnki.gjjmts.2014.01.003.

善国内的营商环境，出台一系列一般性优惠政策，并结合国家自身的发展提出一些行业鼓励政策和区域性优惠政策，从而推动了外国直接投资的能力不断提升。因此，为了加强区域间国际直接投资的合作程度，每个国家都有必要进一步深化开放与合作，增进政策沟通、设施联通、贸易畅通、资金融通、民心相通，为区域间的跨国直接投资营造一个更加良好的投资环境。

（二）适应东道国环境，提升跨国企业投资能力

发展对外直接投资能合理有效地利用国外的资源，促进国内经济发展。然而，进入外国市场也存在着很多的风险，需要不断提升跨国企业的投资能力。

1. 充分了解市场并进行风险评估

通常，企业在进行投资之前要秉持谨慎的态度，做好市场调研工作，在条件允许的情况下对当地的基础设施及资源条件进行实地考察，详细了解国家和地方的投资、税收、劳务等相关法律法规及手续流程，选择风险较低的投资项目，在拟订合同时要明确约定双方责任，避免漏洞。此外，企业要详细了解东道国的投资优惠政策，包括针对外资的一般性优惠政策、行业优惠政策和地区性优惠政策，还有东道国所参与的合作组织相关规定以及中国与东道国签订的双边协议等，可以充分利用这些优惠政策和规定来降低成本。

2.提高法律观念并积极融入当地

对外投资很容易由于未能融入当地社会而导致不良后果。例如，中国电力投资集团公司在缅甸的密松水电站项目，这一造福于民的民生工程本应当受到当地政府和民众的一致欢迎，结果却事与愿违，项目于 2011 年 9 月被迫中止，缅甸总统吴登盛声称"密松项目破坏当地自然景观、破坏当地人民的生计"。导致失败的具体原因主要有 3 点：一是过分倚重政府公关。二是没有很好地处理与国际非政府组织、当地环保机构的关系，致使问题被不断放大。三是中国的海外投资企业大都较少与当地社区民众和新闻媒体进行交流互动，也不像欧美跨国公司那样进行捐助等公益活动，充满神秘感。

（三）中国应加强对"一带一路"沿线国家投资的统筹协调

"一带一路"沿线国家遍布亚欧大陆，自然地理条件、经济发展阶段、地缘政治角色等差异决定了各国的发展战略及利益诉求千差万别。面对这种区域间经济、政治、文化等巨大差异，中国担负着讲好"一带一路"故事、做好"一带一路"实事的重要责任。2017 年 1 月中旬，习近平主席在达沃斯世界经济论坛上郑重向国际社会表明中国坚定支持经济全球化，强调当前"最迫切的任务是引领世界经济走出困境"，希望"一带一路"倡议可以起到引领作用，"为解决当前世界和区域经济面临的问题寻找方案"[1]。

---

[1] 习近平：《共担时代责任，共促全球发展——在世界经济论坛 2017 年年会开幕式上的主旨演讲》，2017 年 1 月 18 日，新华网。

无论是对外直接投资还是引入外国直接投资，中国均取得了较快的发展，并位列沿线国家的前列。不过，虽然中国对"一带一路"国家的投资在不断增长，但是相对于其他地区的投资总量依旧较少，并且投资的区位选择也相对比较集中。这主要是由于"一带一路"建设的主体是企业，倾向于投资风险小、收益大的相对发达国家。随着"一带一路"沿线国家基础设施和经济建设以及政局的持续稳定和营商环境不断改善，发展中国家会给企业提供更多的投资机遇。在共建"一带一路"不断推进的过程中，中国应更好地统筹协调国内外利益，全面评估项目商业风险，强化双边经贸协定与规则，推广复制成熟对外合作模式，打造重点示范性工程，积极对接沿线国家区域发展战略，从而通过共建"一带一路"，推动沿线国家共同发展。

总的来说，"一带一路"沿线国家经济发展水平虽然有所差异，但都有着收入迈向新水平、产业迈向新高度的挑战，共同繁荣发展的目标。为了实现这一共同目标，应对全球经济发展的挑战，各个国家应以创新为根本，共议创新发展蓝图，协同推进创新战略，依托这种双边、多边机制和区域合作平台，加强区域间的直接投资，共同寻找新的经济增长点，减少或消除市场分割，从而可以实现互利共赢，推动全球治理体制更加公正合理。

"一带一路"沿线国家金融业发展报告

　　自"一带一路"倡议提出以来，经过各方的共同努力，在顶层设计、政策沟通、设施联通、贸易畅通、资金融通、民心相通等方面都取得了一系列丰硕的成果。如果将"一带一路"倡议看作一个有机体，设施联通是"骨骼"，贸易畅通是"肌肉"，那么资金融通可以称为血液系统。当今世界，全球化进程的加快使得世界各国都愈发深入地参与到全球价值链当中，经济金融化、金融全球化成为新的全球微观基础。因此，明晰"一带一路"沿线国家金融业发展水平，对于深化"一带一路"沿线国家金融合作，进一步推进"一带一路"建设至关重要。本章主要研究"一带一路"沿线国家金融业发展概况、金融业支撑的行业分布与"一带一路"沿线国家金融合作的举措，并指出所面临的潜在风险与挑战。

一、金融业发展概况

"一带一路"沿线 65 个国家覆盖了亚洲、欧洲、非洲，这些国家的人口状况、资源禀赋、经济水平等条件有很大差别。从人类发展指数（Human Development Index, HDI）指标[1] 来看，"一带一路"沿线 65 个国家在 2015 年时，有 18 个处于极高人类发展水平，有 24 个处于高等人类发展水平，18 个处于中等人类发展水平，5 个处于低等人类发展水平。这也直观地描述了"一带一路"沿线的 65 个国家经济社会发展水平存在巨大差异。所以，对"一带一路"沿线国家金融市场的描述也不能一概而论。

（一）股票市场

对于股票市场的衡量采用以下 4 个指标：a.股票市场市值，b.市场流动性，c.周转率，d.上市公司个数。[2]

a.股票市场市值用上市公司市值和上市公司市值占 GDP 的比重来衡量。世界银行 2010 年数据显示，在 65 个国家中，数据可得的有 41 个国家，其中上市公司总市值最大的为中国，为 4.0 万亿美元，印度（1.6 万亿）和俄罗斯（0.9 万亿）分列二、三位，排在后三位的国家是马其顿（6.5 亿）、亚美尼亚（1.5 亿）和吉尔吉斯共和国（0.8 亿）。2016 年的数据中，"一带一路"沿线仅

---

[1] 联合国开发计划署（UNDP）于 1990 年创立，其中包括预期寿命、教育水准和生活质量三个维度，用于衡量世界各国的经济社会发展水平。

[2] 数据来源：世界银行 WDI 数据库。

有 24 个国家数据可得，中国上市公司总市值达 7.3 万亿美元仍位
列第一，俄罗斯上市公司市值缩水 3300 亿美元，由第三名下降至
第四名。对比 2010 和 2016 两个年度数据，在 24 个国家中，仅有
10 个国家的上市公司市值出现增长，剩余 14 个国家都出现了市
值缩水的情况。上市公司市值占 GDP 比重最大的为新加坡，2010
年为 273.8%，2016 年下降到 215.7%；在 41 个数据可得的国家
中，斯洛伐克、亚美尼亚和吉尔吉斯共和国比值最小，这与上市
公司市值结果大体是相同的。

表 7-1　2016 年 "一带一路" 沿线国家上市公司市值

	国家	上市公司市值（百万美元）	国家	占GDP比重（%）
"一带一路"沿线国家中对应指标最高的国家	中国	7320738	新加坡	215.7
	印度	1566680	马来西亚	121.4
	新加坡	640428	泰国	106.4
	俄罗斯	622052	卡塔尔	101.5
	沙特阿拉伯	448831	菲律宾	78.6
"一带一路"沿线国家中对应指标最低的国家	阿曼	23285	伊朗	22.7
	匈牙利	22553	土耳其	20
	巴林	19394	匈牙利	18.1
	斯里兰卡	18679	斯洛文尼亚	12
	斯洛文尼亚	5262	埃及	9.9

资料来源：世界银行 WDI 数据库

　　b. 股票市场的流动性用交易股票价值与 GDP 的比值表示。在
30 个数据可得的国家中，2016 年中国位列第一（163.4%），泰国
（79.9%）和新加坡（63.3%）分列二、三位；巴基斯坦、乌克兰
和孟加拉国排名最后三位；参考世界银行 2010 年数据，上市公司

市值与 GDP 比值增大的有 6 个国家（中国、泰国、沙特阿拉伯、阿联酋、菲律宾和哈萨克斯坦），剩余的 24 个国家出现了一定幅度的减小，考虑到每个国家 GDP 规模不同，比重下降的程度不做横向比较。

c. 周转率由交易股票价值 / 上市公司总值衡量。中国排名第一（273.2%），土耳其（168.6%）、泰国（80.9%）分列二、三名；在 24 个数据可得的国家中，斯洛文尼亚、哈萨克斯坦和巴林排在最后 3 位。

d. 上市公司个数，在 33 个数据可得的国家中，印度以 5820 个上市公司排名第一，中国（3052 个）排名第二，马来西亚（893 个）排名第三；捷克、黎巴嫩、科威特排名后 3 位。对比 2010 年的数据，33 个数据可得的国家中有 40% 左右的国家该指标减小，其中减幅较大的国家有：科威特减少 100%，俄罗斯减少 56.5%，斯洛文尼亚减少 47%，克罗地亚减少 33.3%。

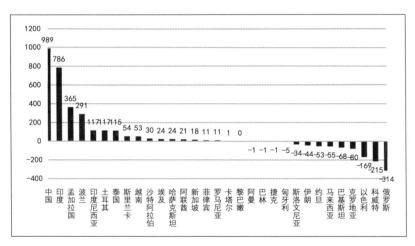

图 7-1　2010—2016 年"一带一路"沿线国家上市公司数目变化

资料来源：世界银行 WDI 数据库，北京师范大学新兴市场研究院测算

综合上述 4 项指标，数据可得的国家共有 24 个。每项指标都排在前 50%，即股票市场表现在 65 个国家中相对较好的国家共有 5 个，分别为：印度、中国、马来西亚、泰国和新加坡；每项指标都排在后 50%，即股票市场规模较小、表现较差的国家有 3 个，分别为：斯洛文尼亚、哈萨克斯坦和阿曼。

（二）债券市场

本小节从债务余额的角度对"一带一路"沿线国家的债券市场进行描述。债务余额由国内债务余额和国际债务余额组成。由于"一带一路"沿线国家债券市场大多比较不发达且总量小，65 个国家中仅有 39 个可得部分数据。[①]

截至 2016 年 12 月，中国的债务余额 9.41 万亿美元，在所有数据可得的"一带一路"国家中排在首位；印度 0.80 万亿美元、俄罗斯 0.36 万亿美元分列二、三位；其余债务余额排名前十的国家分别是新加坡、泰国、马来西亚、波兰、土耳其、以色列和匈牙利，它们的债务余额均超过 1000 亿美元。

从债务结构来看，大部分国家以国内债务为主，中国的国内债务余额 9.12 万亿美元仍排在所有国家的首位，印度（0.76 万亿美元）、俄罗斯（0.25 万亿美元）分列二、三位。国际债务余额最高的国家是新加坡（0.12 万亿美元）。

不同国家的债券发行人所贡献的比重也不同，以国内债券为例，印度、巴基斯坦、新加坡、阿联酋和黎巴嫩的全部债券来

---

① 数据来源：国际清算银行数据库。

自于政府机构；菲律宾、克罗地亚、匈牙利和土耳其4国政府机构作为发行方的债券比重也占90%以上；在泰国、中国、俄罗斯，金融或非金融类企业作为发行人的债券比重较大，均超过了50%。国际债券也存在同样的情况，黎巴嫩、立陶宛、埃及等7个国家所有新发的国际债券均来自政府机构；罗马尼亚、巴基斯坦和波兰有90%的国际债券由政府发行；而俄罗斯、中国、新加坡等国家的公司债占比较大（超过50%）；新加坡、印度、泰国、沙特阿拉伯等国家的公司债占比为100%。

综上所述，"一带一路"沿线国家的债券市场同股票市场一样，面临发展很不均衡的状况，除少数国家（中、印、俄等）外，大多数国家面临市场规模小、发行方式单一的局面。

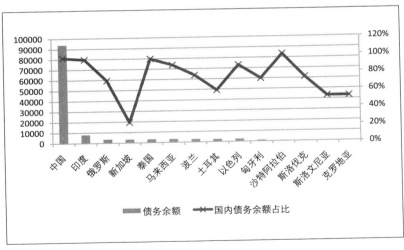

图 7-2 "一带一路"沿线国家债券市场规模（亿美元）

资料来源：国际清算银行数据库

（三）信贷市场

本部分从货币供给量、信贷市场基本情况和发展水平 3 个维度[①]进行分析。

1.货币供给量

在描述"一带一路"沿线国家信贷市场之前，先对这些国家的货币供给量（M2）情况进行简单概述。在数据可得的 54 个国家中，货币存量占 GDP 比重最高的国家是黎巴嫩（279.0%）；其次为中国（208.3%），越南（137.7%）；占 GDP 比重超过 100% 的国家还有新加坡、马来西亚、泰国、约旦和尼泊尔；货币存量占 GDP 比重排在后 3 位的国家是阿塞拜疆、阿富汗和塔吉克斯坦，均不超过 35%。在这些国家中 M2 增速最快的是埃及（39.5%）；其次为塔吉克斯坦（37.1%）和伊朗（28.0%）；中国 2016 年 M2 增速（11.3%）排名第二十；约旦、俄罗斯、阿塞拜疆、卡塔尔和伊拉克 M2 增长率为负。

2.信贷市场基本情况

根据国际货币基金组织 IMF 数据库的统计数据，市场的基本情况由两个指标衡量：a.信贷市场总体规模，b.按部门划分的信贷市场规模。

国内信贷总额可以用于衡量指标 a（信贷市场总体规模），但由于 IMF 数据库提供的数据均采用本国货币单位计量，故不能直

---

① 数据来源：世界银行 WDI 数据库。

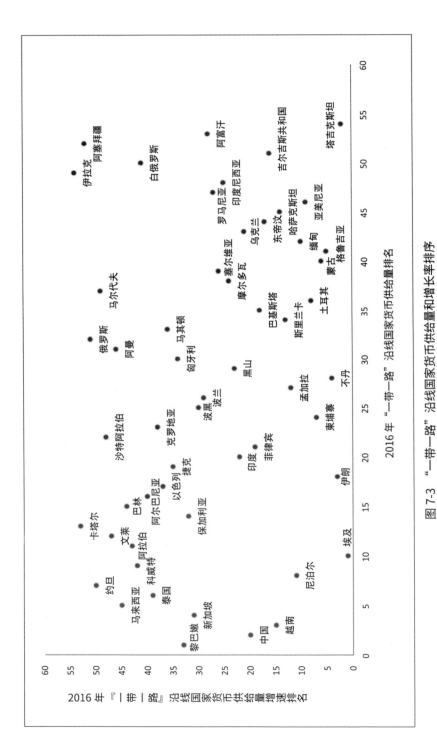

图 7-3 "一带一路" 沿线国家货币供给量和增长率排序

资料来源：世界银行 WDI 数据库，北京师范大学新兴市场研究院测算。

接比较。本文采用的方法是比较各国在 10 年的时间里信贷总额增加的倍数；在 53 个数据可得的国家中，白俄罗斯、蒙古、吉尔吉斯共和国信贷总额增长了超过 10 倍，柬埔寨、不丹、亚美尼亚、伊朗和缅甸增长超过 5 倍；增长倍数小于 1 的国家共有 17 个，其中立陶宛和阿富汗信贷总额不增反减位列最后两名。

指标 b（按部门划分的信贷市场规模）由三个二级指标衡量，即向政府部门的贷款、向私人部门的贷款和向其他部门的贷款。2016 年中国向私人部门的贷款与 GDP 的比值为 157%，在所有国家中排名最高；泰国（147%）和新加坡（132%）分列二、三位，这 3 个国家处于世界平均水平（131%）之上；排名前 10 位的均为亚洲国家；向私人部门贷款占 GDP 比重不足 20% 的国家有 6 个（塔吉克斯坦、巴基斯坦、东帝汶、立陶宛、伊拉克、阿富汗），其中阿富汗和伊拉克由于战争频发整体金融市场的发展都处于比较低迷的状态。而从对私人部门贷款额度的增长率来看，格鲁吉亚、尼泊尔和柬埔寨以超过 20% 的年增长率分列前三，阿塞拜疆以 –22% 的增长率排在最后一位。综合两个指标，向私人部门贷款额度和增长率均排在后 10 名的国家有 6 个（白俄罗斯、阿塞拜疆、吉尔吉斯共和国、塔吉克斯坦、东帝汶、阿富汗），这些国家贷款市场体量较小且增长速度缓慢。对贷款流向政府部门的这一指标，埃及在存量和增量两方面均居前 10 名；阿富汗、柬埔寨、文莱、阿曼、东帝汶 5 个国家均居后 10 名。阿曼和尼泊尔在贷款流向其他部门这一指标中表现突出；摩尔多瓦、塔吉克斯坦、吉尔吉斯共和国、东帝汶和阿富汗 5 个国家流向其他部门的贷款较少且增长不足。

表7-2　2016年"一带一路"沿线国家信贷市场总体规模

		信贷总额增加倍数	信贷总额（本币）
信贷总额增加倍数 最多的国家	白俄罗斯	14.47	40441739581
	蒙古	12.04	18239471690009
	吉尔吉斯共和国	10.21	18507783243458
	柬埔寨	9.57	47795275481437
	不丹	6.26	79532865665
信贷总额增加倍数 最少的国家	拉脱维亚	0.08	20394021662
	匈牙利	0.06	20397248000000
	斯洛文尼亚	0.01	28642080000
	立陶宛	(0.66)	5847428174
	阿富汗	(7.13)	−16083922605

资料来源：世界银行 WDI 数据库，数据加括号表示负值。

表7-3　2016年"一带一路"沿线国家按部门划分的信贷市场规模

	国家	向私人部 门贷款占 GDP比重	国家	向政府部 门贷款占 GDP比重	国家	向其他部 门贷款占 GDP比重
"一带一 路"沿线 国家中对 应指标最 高的国家	泰国	147.43	埃及	69.37	埃及	27.05
	马来西亚	124.06	马尔代夫	39.99	格鲁吉亚	26.01
	科威特	98.97	卡塔尔	35.51	尼泊尔	22.11
	阿联酋	85.89	巴基斯坦	30.70	柬埔寨	20.87
	尼泊尔	81.01	乌克兰	26.21	土耳其	20.85
"一带一 路"沿线 国家中对 应指标最 低的国家	缅甸	20.68	文莱	−10.06	白俄罗斯	−0.84
	塔吉克斯坦	19.21	柬埔寨	−11.20	克罗地亚	−3.26
	巴基斯坦	16.23	科威特	−15.43	塔吉克斯坦	−3.78
	东帝汶	14.70	阿曼	−17.86	文莱	−5.47
	阿富汗	3.57	东帝汶	−23.51	摩尔多瓦	−5.60

资料来源：世界银行 WDI 数据库。

3. 信贷市场发展水平

根据世界银行 WDI 数据库的划分，信贷市场的发展水平主要由两个指标体现：其一为法律对借款方的保护程度，其二为信贷信息的可获得性。第一个指标由 0—12 依次渐强分为 13 级。其中评级 ≥ 10 的国家有 4 个，分别为：黑山、柬埔寨、匈牙利和罗马尼亚；评级 ≥ 5（世界平均水平）的国家有 35 个；有 3 个国家（约旦、东帝汶、也门）该项评级为 0，即该国不存在对借款方的保护法律。信贷信息的可获得性这一指标由 0—8 依次渐强分为 9 级。其中，评级 ≥ 5（世界平均水平）的国家有 53 个；在评级 <5 的 12 个国家中，有 7 个国家（阿富汗、孟加拉国、伊拉克、约旦、缅甸、尼泊尔和也门）该项评级为 0，即该国信贷信息几乎不可从私人或公共部门获得。两项指标均位于世界平均水平以上的（含等于）国家有 32 个，均低于世界平均水平的国家有 7 个。

综合看"一带一路"沿线国家信贷市场的上述指标，所有指标数据均可得的国家共有 40 个。其中有 2 个国家（蒙古、斯里兰卡）各项指标都处于前 50% 的行列，容易借贷但应留意其潜在金融风险；有 5 个国家（文莱、罗马尼亚、白俄罗斯、东帝汶、阿富汗）80% 的指标都处于后 50%，借贷难度较大。由此可见，"一带一路"沿线国家信贷市场发展并不完善，绝大多数国家面临规模小、信贷数额小、分流不均衡、相关法律不健全和信息不对称等问题，这些问题使得我们很难找到真正意义上信贷市场发展较好的国家；但是有一些国家各项指标表现均比较差、信贷市场非常不发达，对这些国家的金融合作难度要有预期。

表 7-4 "一带一路"沿线国家信贷市场发展水平

	国家	法律对借款方 的保护程度	国家	信贷信息的 可获得性
	蒙古	12	格鲁吉亚	8
"一带一路" 沿线国家中对 应指标最高的 国家	柬埔寨	11	拉脱维亚	8
	匈牙利	10	亚美尼亚	8
	罗马尼亚	10	马来西亚	8
	阿富汗	9	波兰	8
	叙利亚	1	孟加拉国	0
"一带一路" 沿线国家中对 应指标最低的 国家	塔吉克斯坦	1	缅甸	0
	约旦	0	伊拉克	0
	东帝汶	0	约旦	0
	也门	0	也门	0

资料来源：世界银行 WDI 数据库。

（四）商业银行

此外，还可以选取其他 5 个指标了解"一带一路"沿线国家商业银行概况：a 代表商业银行储蓄账户个数（每千人），b 代表商业银行的贷款账户个数（每千人），c 代表商业银行分行个数（每 10 万人），d 代表 ATM 机个数（每 10 万人），e 代表银行坏账率。[1]

在"一带一路"沿线的 65 个国家中，有 34 个国家的 a 指标（代表商业银行储蓄账户个数）数据可得。其中最高的为新加坡，

---

[1] 数据来源：世界银行 WDI 数据库.

平均每千人拥有 2261 个储蓄账户，爱沙尼亚位列第二（2097/ 千人）；高于世界平均水平（447/ 千人）的国家有 27 个。

b 指标（代表商业银行的贷款账户个数）有 38 个国家数据可得，其中最高的为新加坡，平均每千人拥有 1152 个贷款账户，是 38 个国家中唯一的贷款账户过千的国家；高于世界平均水平（129/ 千人）的国家有 25 个，在低于世界平均水平的 13 个国家中，阿富汗和缅甸并列最后一名（3/ 千人）。

c 指标（代表商业银行分行个数）有 61 个国家数据可得。其中数目最大的为蒙古，平均每 10 万人拥有 70.4 个商业银行分行；保加利亚位列第二（60.4）；高于世界平均水平（12.6）的国家有 32 个；在低于世界平均水平的 29 个国家中，乌克兰和白俄罗斯均小于 1，位列最后两名。

d 指标（代表 ATM 机个数）有 60 个国家数据可得。人均数目最多的国家为俄罗斯，平均每万人拥有 17.3 台 ATM 机；克罗地亚、保加利亚、泰国和以色列依次位列其后，每万人平均超过 10 台；高于世界平均水平（4.1/ 万人）的国家有 35 个；阿富汗在所有国家中排名末位（0.09/ 万人）。

上述 4 项指标均高于世界平均水平（含等于）的国家有 9 个，分别是文莱、克罗地亚、拉脱维亚、格鲁吉亚、科威特、泰国、波兰、土耳其、匈牙利。

e 指标（代表银行坏账率）有 43 个国家数据可得。其中坏账率最低的国家为乌兹别克斯坦，仅为 0.4%；其次为爱沙尼亚（0.9%）；坏账率低于世界平均水平（4%）的国家有 16 个；所有国家中乌克兰坏账率最高，达 30.5%。

二、金融业支持的行业分布

分析"一带一路"沿线国家银行及其他金融机构的融资情况发现，资金支持的重点行业主要有电力和能源、制造和服务、交通和运输、房地产和旅游、保险养老金和共同基金等。而教育、农业等行业获得的资金支持相对较少。对于制造行业，获得资金支持的项目主要目的是改善相应的行业环境、完善基础设施建设、建造新的厂房和设备、扩大生产规模提升产品质量等。许多"一带一路"沿线国家农村人口比重大，但村庄之间的道路连通性不强，这在很大程度上阻碍了农村人口融入市场获得服务，极大地限制了农村发展。交通运输业获得资金的项目主要用于改善本国的道路联通状况，增加交通和运输的便利程度。本文选取部分实例来介绍金融机构的投资情况。

（一）电力和能源

欧洲复兴开发银行于 2015 年 12 月批准格鲁吉亚风力发电项目，计划投资 2400 万美元，用于在格鲁吉亚中心地区建设 1300GWh 风力发电设备。项目建成后能够覆盖整个城市在冬天的季节性供暖需求，同时满足格鲁吉亚建设低碳城市的规划。①

欧洲复兴开发银行于 2005 年完成的俄罗斯电网公司现代化项目，总投资 50 亿卢布。该项目旨在通过变电站设备的修复与更

---

① 资料来源：欧洲复兴开发银行网站，http://www.ebrd.com/work-with-us/project-finance/project-summary-documents.html。

换,降低俄罗斯电网公司输变电系统的损耗,有助于提高俄罗斯电力系统的效率和可靠性。[1]

(二)制造和服务

对于制造和服务业的信贷大多流向了私人部门。2016年9月欧洲复兴开发银行通过了向Salonit Anhovo公司提供1500万欧元长期贷款的决议,用于垂直整合斯洛文尼亚建筑材料生产商。这项贷款主要为公司安装能够提高燃料燃烧效率的设备,同时支持引进热盘技术与氯气循环系统,从而节省能源和资源。

2015年12月欧洲复兴开发银行向乌克兰的Kronospan UA公司提供4000万欧元的信用贷款。这项贷款用于改善并扩大现有生产区域以增加生产量。同时,Kronospan公司还会投资新建用于提高生产效率的锅炉和过滤器设备。增加的生产量可以满足Kronospan公司向欧盟国家出口的需要,提高生产效率、减少废物排放的生产设备可以为该行业制定能源和废物效率标准,为其他公司起到积极的示范作用。[2]

---

① 资料来源:欧洲复兴开发银行网站,http://www.ebrd.com/work-with-us/project-finance/project-summary-documents.html。

② 资料来源:欧洲复兴开发银行网站,http://www.ebrd.com/work-with-us/project-finance/project-summary-documents.html。

（三）交通和运输

欧洲复兴开发银行和亚投行于 2016 年 6 月联合通过的杜尚别—乌兹别克斯坦改善边界道路项目，欧洲复兴开发银行向项目贷款 6250 万美元，亚投行向项目贷款 2750 万美元。该项目将加强杜尚别和乌兹别克斯坦边界道路的连通性，从而加强亚洲公路网和中亚区域经济合作走廊塔吉克斯坦地区的连通性，这将有助于加强国家和区域贸易，减少交通拥堵，改善道路安全。

亚投行于 2017 年 4 月通过古吉拉特农村道路项目，该项目预估投资达 15 亿美元。印度约有 30 万个村庄没有全天候通行的道路，极大地限制了农村开展经济活动，使得印度大多数农村人口没办法融入经济活动。本项目是针对这一问题而开展的修建道路计划。项目建成后计划改善 33 个地区 1060 个村庄的公路连通性，惠及人口达 800 万人。①

（四）房地产和旅游

欧洲复兴开发银行于 2017 年 6 月批准了由 Globalworth 房地产投资有限公司发起的高级无抵押公司欧洲期权投资，EBRD 投资占债券发行总额的 9%。这是罗马尼亚首个双重上市债券。EBRD 共投资 5000 万欧元，用于支持 Globalworth 公司投资于办公、住宅、轻工和仓库等建筑，同时向绿色建筑等领域发展。

2012 年 11 月，塞尔维亚的贝尔格莱德泽门的零售园区建设

---

① 资料来源：亚洲基础设施投资银行网站，https://www.aiib.org/en/projects/approved/index.html.

项目获得融资 2550 万欧元，其中有 1350 万来自欧洲复兴开发银行。贝尔格莱德正处于零售业发展的初期阶段，人均现代零售业务仅占其他中东欧首都平均水平的 20%。该项目将另外增加 15309 平方米的净出租面积，向中心及周边地区引进现代零售格局。由于国际性的零售商在当地市场不足，该项目将为各种零售商提供扩张平台。现有品牌的进入和扩张预计将通过降低价格和更经济实惠的品牌来使该地区的终端消费者受益。[1]

三、金融合作的举措

（一）多国共同出资设立区域性金融机构

2015 年 3 月中国政府发布的《推动共建丝绸之路经济带和 21 世纪海上丝绸之路的愿景与行动》中提到，资金融通是"一带一路"建设的重要支撑，要深化金融合作，推进亚洲货币稳定体系、投融资体系和信用体系建设；扩大沿线国家双边本币互换、结算的范围和规模；推动亚洲债券市场的开放和发展；共同推进亚洲基础设施投资银行、金砖国家开发银行筹建，有关各方就建立上海合作组织融资机构开展磋商等。目前，对于"一带一路"沿线国家提供资金支撑的区域性金融机构主要有以下几个。

---

[1] 资料来源：欧洲复兴开发银行网站，http://www.ebrd.com/work-with-us/project-finance/project-summary-documents.html。

1. 亚洲基础设施投资银行

亚洲基础设施投资银行（Asian Infrastructure Investment Bank, AIIB）简称"亚投行"，重点支持基础设施建设，成立宗旨是为了促进亚洲区域的建设互联互通化和经济一体化的进程，并且加强中国及其他亚洲国家和地区的合作，是首个由中国倡议设立的多边金融机构，总部设在北京，法定资本 1000 亿美元。亚投行于 2015 年 2 月 25 日宣告成立，截至 2017 年 8 月，已有 56 个成员单位和 24 个意向成员单位。其中包括亚洲 40 国、欧洲 23 国、南美洲 6 国、大洋洲 5 国、非洲 5 国、北美洲 1 国，与"一带一路"沿线 65 个国家重合 39 国，其中亚洲 34 国，欧洲 4 国以及非洲 1 国。其中亚投行的成员单位涵盖了 60% 的"一带一路"沿线国家。有专家在 2015 年进行了相关统计，当时"一带一路"沿线国家与亚投行成员国的重合度为 55%，由此可见，随着越来越多的"一带一路"国家加入亚投行，对于基础设施建设的支持也可以惠及更多的沿线国家。

截至 2017 年 6 月，亚投行共审核通过了 17 个项目，累计提供资金 28 亿美元，而这些项目主要集中在印度、印度尼西亚、孟加拉国、塔吉克斯坦等国家，涉及的行业包括能源、交通、城市发展等。亚投行在 2016 年 12 月发布的商业计划书上披露，亚投行成员国正面临高达 21 万亿美元的基础设施建设缺口，并且这一缺口到 2030 年预计达到 40 万亿美元。

表 7-5　亚投行成员单位和"一带一路"沿线国家情况

只属亚投行成员单位				同属于亚投行成员单位和"一带一路"沿线国家				只属于"一带一路"国家	
中国香港	亚洲	比利时	欧洲	阿塞拜疆	亚洲	卡塔尔	亚洲	也门	亚洲
以色列	亚洲	希腊	欧洲	孟加拉国	亚洲	沙特阿拉伯	亚洲	伊拉克	亚洲
韩国	亚洲	爱尔兰	欧洲	文莱	亚洲	新加坡	亚洲	阿联酋	亚洲
吉尔吉斯共和国	亚洲	西班牙	欧洲	柬埔寨	亚洲	斯里兰卡	亚洲	土库曼斯坦	亚洲
阿联酋	亚洲	阿根廷	南美洲	中国	亚洲	塔吉克斯坦	亚洲	以色列	亚洲
塞浦路斯	亚洲	玻利维亚	南美洲	格鲁吉亚	亚洲	泰国	亚洲	不丹	亚洲
奥地利	欧洲	巴西	南美洲	印度	亚洲	土耳其	亚洲	吉尔吉斯共和国	亚洲
丹麦	欧洲	智利	南美洲	印度尼西亚	亚洲	乌兹别克斯坦	亚洲	叙利亚	亚洲
芬兰	欧洲	秘鲁	南美洲	伊朗	亚洲	越南	亚洲	黎巴嫩	亚洲
法国	欧洲	委内瑞拉	南美洲	约旦	亚洲	阿富汗	亚洲	阿尔巴尼亚	欧洲
德国	欧洲	澳大利亚	大洋洲	哈萨克斯坦	亚洲	亚美尼亚	亚洲	克罗地亚	欧洲
冰岛	欧洲	新西兰	大洋洲	老挝	亚洲	巴林	亚洲	拉脱维亚	欧洲
意大利	欧洲	斐济	大洋洲	马来西亚	亚洲	科威特	亚洲	斯洛伐克	欧洲
卢森堡	欧洲	萨摩亚	大洋洲	马尔代夫	亚洲	东帝汶	亚洲	塞尔维亚	欧洲
马耳他	欧洲	汤加	大洋洲	蒙古	亚洲	俄罗斯	欧洲	黑山	欧洲
荷兰	欧洲	埃塞俄比亚	非洲	缅甸	亚洲	匈牙利	欧洲	立陶宛	欧洲
挪威	欧洲	马达加斯加	非洲	尼泊尔	亚洲	波兰	欧洲	乌克兰	欧洲

续表

只属亚投行成员单位				同属于亚投行成员单位和"一带一路"沿线国家				只属于"一带一路"国家	
葡萄牙	欧洲	南非*	非洲	阿曼	亚洲	罗马尼亚	欧洲	斯洛文尼亚	欧洲
瑞典	欧洲	苏丹	非洲	巴基斯坦	亚洲	埃及	非洲	摩尔多瓦	欧洲
瑞士	欧洲	加拿大	北美洲	菲律宾	亚洲			捷克	欧洲
英国	欧洲							白俄罗斯	欧洲
								波黑	欧洲
								保加利亚	欧洲
								爱沙尼亚	欧洲
								马其顿	欧洲
								巴勒斯坦	亚洲
				"一带一路"沿线国家（属亚投行成员单位占比：60%）					
亚投成员单位（属"一带一路"国家占比：48.8%）									

资料来源：亚投行网站，北京师范大学新兴市场研究院测算。

2.丝路基金

丝路基金是由外汇储备、中国投资有限责任公司、中国进出口银行、国家开发银行共同出资，依照《中华人民共和国公司法》，按照市场化、国际化、专业化原则设立的中长期开发投资基金，重点是在"一带一路"发展进程中寻找投资机会并提供相应的投融资服务。丝路基金秉承商业化运作、互利共赢、开放包容的理念，尊重国际经济金融规则，通过以股权为主的多种市场化方式，投资于基础设施、资源开发、产业合作、金融合作等领域。

丝路基金有限责任公司于 2014 年 12 月 29 日在北京注册成立，首期注册资本 615.25 亿元人民币，即 100 亿美元。这其中，中国外汇储备占 65%，中国投资有限责任公司占 15%，中国进出口银行占 15%，国家开发银行占 5%。2017 年 5 月 14 日，习近平主席在出席"一带一路"国际合作高峰论坛时宣布，中国向丝路基金新增资金 1000 亿人民币。股权投资占丝路基金投资的比例已超过 70%，同时还综合运营债权、贷款和基金等投资模式，形成不同的组合搭配，一方面满足企业和项目的资金需求；另一方面也丰富了投资品种，兼顾了风险收益平衡。

丝路基金自成立以来取得了比较卓越的成绩。第一单投资投向中巴经济走廊的清洁能源项目——支持三峡集团投资建设巴基斯坦卡洛特水电站项目。此后，在中俄能源合作中，丝路基金先后购买了亚马尔液化天然气一体化项目 9.9% 股权并提供专项贷款，入股了垂直一体化天然气处理和石化企业西布尔公司。在西亚北非，丝路基金携手哈电集团投资迪拜哈翔清洁燃煤电站项目，开拓"一带一路"沿线重要的中东市场。在亚洲，丝路基金与世界银行集团所属 IFC 开展基金合作，开展在亚洲新兴经济体的产业投资。在欧洲，丝路基金支持中国化工投资意大利倍耐力公司进军高端制造业，并作为基石投资人投资了专注于新兴行业投资的中法 FC Value Trail 基金。此外，丝路基金还与中外有关企业达成了合作意向，签订了投资合作框架性协议。截至 2017 年 3 月，丝路基金已签约 15 个项目，承诺投资金额累计约 60 亿美元，投资覆盖俄蒙中亚、南亚、东南亚、西北非及欧洲等地区的基础设施、资源开发、产能合作、金融合作等领域。此外，丝路基金出资 20 亿美元设立了中哈产能合作基金。

3.欧洲复兴开发银行

欧洲复兴开发银行（European Bank for Reconstruction and Development, EBRD），是一家国际性金融机构，于 1991 年正式开业，总部位于伦敦。建立之初欧盟委员会（前欧洲共同体委员会）、欧洲投资银行和 39 个国家在银行中拥有股权。最大的股份拥有者是美国，其次是法国、德国、意大利、日本和英国。EBRD 的股东成员包括 67 个国家（大部分为西欧、中欧、东欧、北非、中亚国家，同时包括美国、俄罗斯、日本、韩国、中国等）以及欧盟和欧洲投资银行。累计投资达 1150 亿欧元，支持项目超过 4500 个。目前，EBRD 主要在多个国家进行投资、商务服务和政策咨询等业务。

中国于 2015 年 10 月申请加入欧洲复兴开发银行，并于 2016 年 1 月签署加入书和股本认购函。欧洲复兴开发银行现阶段的宗旨是在考虑加强民主、尊重人权、保护环境等前提下，帮助和支持东欧、中欧国家向市场经济转化，以调动上述国家中个人及企业的积极性，促使他们向民主政体和市场经济过渡。投资的主要目标是中东欧国家的私营企业和这些国家的基础设施，这在一定程度上和亚投行的宗旨不谋而合。同时，欧洲复兴开发银行的业务不仅仅在中欧和东欧，还延伸到北非、中东、中亚、蒙古以及俄罗斯，这其中的大多数地区都是"一带一路"所辐射的区域。

欧洲复兴开发银行与亚投行具有很强的互补性。第一，欧洲复兴开发银行除了对国家的基础设施建设进行投资外，对于私营企业的投资力度也很大，尤其是中小企业贷款业务非常成功。从1994年在俄罗斯开办中小企业贷款业务至2005年，已扩张到22个国家，共发放53.5万笔小额贷款，合计40亿美元，累计贷款回收率达99.5%，逾期30天以上回收贷款的比率仅占0.63%，是目前国际上进行中小企业贷款比较成功的银行之一。第二，该行除了在交通、能源、电力等领域开展业务外，在金融业、制造业和服务业等行业也有许多投资项目。第三，欧洲复兴开发银行由于创立时间较长，规模很大，有投资项目的国家数量比较多，仅2017年就在"一带一路"沿线的31个国家进行投资项目83项，其中有许多国家还不是亚投行的成员国。欧洲复兴开发银行对于"一带一路"沿线国家的发展起到了很强的支撑作用。

4. 亚洲开发银行

亚洲开发银行（Asian Development Bank, ADB，简称亚行），是区域性政府间金融开发机构。亚行创建于1966年11月24日，总部位于菲律宾首都马尼拉。建立亚行的宗旨是帮助亚太地区发展中成员消除贫困，促进亚太地区的经济和社会发展。亚行对发展中成员的援助主要采取4种形式：贷款、股本投资、技术援助、联合融资担保，以实现"没有贫困的亚太地区"这一终极目标。亚行主要通过开展政策对话、提供贷款、担保、技术援助和赠款等方式支持其成员在基础设施、能源、环保、教育和卫生等领域的发展。

亚行现有67个成员，其中48个为亚太地区域内成员，19个为欧洲、北美洲的域外成员，中国也是亚行的成员国之一。目前亚行的注册资本超过 1500 亿美元，日本、美国并列最大股东，分别持有 15.57% 的股份，中国为第三大股东，持股 6.43%。亚洲开发银行的设立对于促进亚太地区特别是"一带一路"沿线国家的经济和社会发展做出了非常卓越的贡献。自 1967 年开始运营以来，共投资项目 9403 个，仅 2016 年一年就投资项目 354 个，这其中非常高的比例都投资在"一带一路"沿线国家。与欧洲复兴开发银行相比，亚行的历史更为悠久，银行规模大、投资项目多、覆盖范围广，同时对如粮食安全、儿童教育、医疗保险等其他金融机构都没有涉足的领域进行投资。

5. 金砖国家新开发银行

2014 年"金砖五国"首脑在巴西宣布成立新开发银行（金砖银行），成立银行的目的是为新兴经济体和发展中国家的基础设施和可持续发展提供资金，特别是长期资金。新开发银行的法定资本为 1000 亿美元，初始资本为 500 亿美元，由 5 个金砖国家平等出资，银行总部设在上海，首任银行行长来自印度，4 位副行长分别来自中国、俄罗斯、巴西、南非 4 个国家。

金砖新开发银行的宗旨是为新兴经济体和发展中国家的交通便利、能源等基础设施和可持续发展提供支持。这和"一带一路"倡议推动沿线国家基础设施建设的目标高度吻合。新开发银行股东国中的中国、俄罗斯、印度都是"一带一路"沿线区域中的重要经济体。在这种背景下，作为 21 世纪成立的全新的国际金融机构，新开发银行可以将高储蓄国家的储蓄资金和其他国家潜在的基础设施需求相结合，开拓盈利比较稳定并具有公共溢出效应的投资机会，支持包括"一带一路"沿线国家在内的发展中国家基础设施和可持续发展项目。

6.其他区域性金融机构概述

除上述 5 个规模较大的机构外，一些其他的国际金融机构也在参与推动域内成员国经济发展、推动丝绸之路经济带建设、提升区域内国家的经济合作水平。例如，由中国进出口银行和中国银行共同发起，欧亚国家和区域性金融机构共同投资的中国—欧亚经济合作基金；由中国国家开发银行、哈萨克斯坦开发银行、俄罗斯开发与外经银行、塔吉克斯坦国家储蓄银行、乌兹别克斯坦对外经济活动银行、吉尔吉斯共和国储蓄结算银行共同组成的上海合作组织银行联合体；由中国国家开发银行发起，中国与东盟各国分别选派一家具有影响力的银行共同组建，包括文莱伊斯兰银行、柬埔寨加华银行、新加坡星展银行等。上述国际机构，在促进"一带一路"贸易投资、为政府基础设施建设项目提供融资及金融服务等方面做出了很大贡献。

（二）金融机构以项目为导向进行跨国合作

随着"两行一金"（亚洲基础设施投资银行、金砖国家银行和丝路基金）的成立，中国大力推进"一带一路"区域的金融机构与项目融资合作。截至 2018 年底，工、农、中、建、交、国开行等 11 家中资银行，在俄罗斯、新加坡、越南等 28 个沿线国家建立了76 家一级机构，来自 22 个沿线国家的近 50 家银行在华展业。俄罗斯外贸银行公开股份公司、泰国开泰银行（大众）有限公司等

31 家银行机构在中国设立了 72 家金融机构。在项目融资合作方面，区域金融合作对项目融资合作提供了有力的金融支持。另外，根据国家所发布的信贷支持政策，多数金融机构积极向合作国家提供综合性金融服务，更大程度地促进了区域金融合作，为"一带一路"沿线国家金融机构与项目融资合作提供了有力的金融支持。

投资方面。中资金融机构对"一带一路"沿线主要国家合作项目和基础设施建设提供了有力的金融支持，已为"一带一路"建设提供资金超过 4400 亿美元。其中，金融机构自主开展的人民币海外基金业务，规模超过 3200 亿元。中国资本市场为相关企业提供股权融资超过 5000 亿元，沿线国家和企业在中国境内发行熊猫债超过 650 亿元。截至 2018 年末，国开行在"一带一路"沿线国家国际业务余额 1059 亿美元，累计为 600 余个"一带一路"项目提供融资超过 1900 亿美元。进出口银行在首届"一带一路"国际合作高峰论坛期间达成的 1300 亿元等值人民币专项贷款额度已全部完成，执行中的"一带一路"项目超过 1800 个，贷款余额超过万亿元人民币。同时，配合信贷支持政策，国内金融机构积极开展了为相关合作国家提供战略规划咨询、项目策划、投融资顾问、风险管理为一体的综合性金融服务，以银行"走出去"推动企业"走出去"。

贸易方面。中国与丝绸之路沿线国家的贸易合作正逐渐转变为多边合作机制框架下以货币和信用为基础的贸易。"一带一路"的贸易合作，主要是以金融为载体进行。开展双边货币互换和本币结算，促进"一带一路"经济带贸易发展。近年来，中国人民银行与丝绸之路沿线多个国家中央银行签订了双边本币互换协议和双边贸易本币结算协议。截至 2017 年底，与蒙古、塔吉克斯坦、新加坡等 22 个"一带一路"国家央行或货币当局共签署了货币互换协议，金额合计 5752 亿元人民币。本币结算方面，2011年，央行发布《境外直接投资人民币结算试点管理办法》，意味着人民币国际化由跨境贸易结算全面扩展至投资结算领域。目前，中国与俄罗斯、白俄罗斯等多个国家央行签署了一般贸易本币结算协定，与吉尔吉斯共和国、哈萨克斯坦等国家央行签订了边贸本币结算协定。通过人民币跨境货币互换和本币结算，有利于降低中国与"一带一路"沿线国家企业和个人的汇兑成本，规避汇率风险，对促进中国与"一带一路"沿线国家的经贸往来将发挥积极作用。

银行间债券市场也在不断开放，推动"一带一路"区域金融市场合作。亚洲债券市场的发展促进各国债券市场的不断开放，推动区域金融市场合作加深。在东亚及太平洋中央银行行长会议组织（EMEAP）机制下的亚洲债券基金和"10+3"金融合作机制下的亚洲债券倡议，在推动区域债券市场发展、促进债券品种和投资主体多元化、加强债券市场监管合作、完善债券市场基础设施等方面发挥了积极作用。亚洲债券市场发展推动各国银行间债券市场不断开放，随着人民币国际化的推进和离岸人民币清算中心的建立，人民币合格境外机构投资者 RQFII 资格的申请标准已经放宽到多个设有离岸人民币清算中心的国家和地区的金融机构。截至 2019 年 4 月，已有来自 54 个国家和地区的 215 家外国银行在华设立了 41 家外国银行法人，115 家外国银行的分行和153 家代表处；共有来自 16 个国家和地区的境外保险机构在华设立了 59 家外资保险机构和 14 家外资保险中介机构，下设分支机构达 1800 多家。在推动中国债券市场对外开放的同时，也将提升人民币的知名度，有利于人民币国际化。

四、潜在风险与挑战

（一）资金融通面对的风险

1.政治风险

海外基础设施建设建设项目一旦受到政府支持和担保，融资能力和银行贷款意愿往往大为提升。但战争、政策改变、财政管治等风险会直接导致项目投资无法收回。因为该类风险一般无法预见，但对项目影响相对较大，贷款人往往需要附加的信用担保协议以预防和降低政府信用风险带来的损失，或选择为政治风险投保。比如，中信保提供的中长期出口信贷及境外投资保险从本质上就是为政治风险投保的产品。包括（1）债务人所在地政府或还款必经的第三国（或地区）政府禁止或限制债务人以约定货币或其他可自由兑换货币偿还债务。（2）债务人所在地政府或还款必经的第三国（或地区）政府颁布延期付款令，致使债务人无法还款。（3）债务人所在地政府发生战争、革命、暴乱或保险人认定的其他政治事件。当以上事件发生，贷款人会获得按投保金额一定比例计算的补偿。此外，涉及多国参与的海外工程项目，对于非商业性风险可以委托多边投资担保机构如国际金融公司、世界银行、亚洲开发银行等提供担保，对政治风险进行控制。

2.融资结构风险

由于基础建设项目往往用款量大而且项目回收期长，同时涉及多方参与，融资结构的复杂性会影响贷款人的投资兴趣。比如多个贷款人偿付的先后顺序、离/在岸对于担保物的清偿顺序，以及由于对项目重要指标预测不当而导致日后难以收回贷款的风险。

对银行而言，最有效的防控风险措施是制定逻辑严密、有效的担保体系，往往需要对项目进行全面评估和详细分析，并提供额外担保。通常包括项目完工担保、产品购买担保和必要的物权担保。同时贷款人亦会要求更加严格的条款限制，比如对新增借贷的限制，关联方交易的披露或者贷款人之间的共同承诺等。

3.技术工程风险

基建项目的项目周期较长，并且项目所需的资本投入较大。针对项目的技术工程风险，银行往往会尽早介入项目，全面掌握投资规模、工程投标、资金预算等情况。贷款方可以选择通过不同形式的工程建设合同对项目各参与方的责任加以规定，从而合理分担项目风险。如由私人部门组建的项目公司和项目施工单位签订的合同中通常明确地提出施工计划以及误工和技术不符合要求的各赔偿条件。为了有效控制项目在建设过程中由于技术原因等造成的项目延期、成本超支、停建等风险，主要采用竣工担保，由承建项目的施工单位或者保险公司提供竣工担保作为工程建设合同的一种附加条件，对项目的竣工风险加以控制。同时承建人自身往往会在筹建期购买商业保险，以降低不可测因素给承建人带来的损失。

4.项目运营风险

项目在经营过程中存在无法按照计划收回盈利的风险，主要来自经营不确定性和收入波动。如在一个火力发电项目中，因为煤价的上升而导致发电成本上升，就需要采用大宗商品采购协议或远期合约来固定原料价格；另外，因为政府购电价格下降而导致的项目收益下降，一般需要寻求政府的担保或者特殊补贴来规避现金流波动，以增加银行贷款意愿。

综上可知，从项目立项或者项目识别阶段开始，倘若可以提前对融资风险进行识别，正确评估项目运营指标，厘清交易结构项目、项目运作方式等主要内容，将有助于提高贷款人的投资兴趣以助融资实现。

（二）其他相关的风险与挑战

金融作为现代经济的核心，势必要迅速融合到"一带一路"框架之中。但"一带一路"毕竟是新生事物，与传统的金融体系对接时，就会遭遇诸多瓶颈。

1.中国对"一带一路"国家进行大规模的资本输出存在诸多风险

（1）容易引起接受国政府与民众关于国内经济安全的担忧。伴随着中国经济发展和资本的积累，也开始逐步向国外进行资本输出。因此，对国家经济安全的担忧也会在资本输入国产生。如果这些资本输入国制定一些带有防范性的政策，有的甚至形成法律，则对中国的资本输出会形成掣肘。

（2）容易被当作援助资金进而异化成滋生腐败的温床。一旦把真金白银投入风险过高、预期回报过低的地方，或者在管理不善情况下，会形成投资方与受援方的里应外合，将建设资金挪作他用，或偷工减料，或分光吃净，大大影响"一带一路"建设资金运用的效果。

（3）"一带一路"沿线若干区域的政治并不稳定，政局变化、利益集团分歧都会影响"一带一路"建设，对投资机构的资金安全产生影响。沿线国家出现政党轮换，新上台的政党对前任的承诺能否遵守无法保证，或出于打压政治对手的目的，即使明知"一带一路"项目对本国有利，也会去找"毛病"。如中交建在斯里兰卡"港口城"项目遭到暂停，中泰"大米换铁路"项目一波三折，中国在缅甸投资连连受挫等都是先例。

（4）中国国有企业作为主要投资者效率低下，或并无明显的竞争优势。作为产品提供者，中国可能面临国企改革动力不足的问题。如果大批的"一带一路"建设项目由国有企业主导且成为唯一的受益者，可能会出现投资或基建项目运营效率低下的情况。

2."一带一路"区域金融发展严重不平衡

"一带一路"沿线主要是亚洲和欧洲。相比亚洲金融而言，欧洲金融业无论是金融机构、金融市场还是金融创新、金融制度与政策都要发达得多。亚洲金融业除了日本、中国香港和新加坡等国家和地区较发达之外，其他国家和地区均由受政府严格监管的商业银行所主导。同时，亚洲欠发达的金融市场可能也无法调动所需的金融资源用于发展高附加值、高风险的行业，合理地分配风险。

3.人民币资本项目可兑换进程的制约

在国际货币基金组织所规定的 40 项资本项目交易中，中国的人民币已经有 34 项达到了部分可兑换及以上水平，占比为 85%。尽管如此，人民币资本项目可兑换进程还是存在一定的制约：汇率弹性尚不充分，中间价定价机制尚不完善；监管水平尚未达到相对成熟的程度；资本管制尚未全面放开，在制度法规层面，还有一些不必要的行政许可需要尽快取消。

"一带一路"的金融合作，置身"一带一路"框架内，既有可行性和可操作性，也同时面临着风险与挑战，需要在实际操作中总结经验，防范风险，稳步发展。

"一带一路"沿线国家房地产业发展报告

　　房地产业是现代社会经济结构中一个重要的产业，也能较大程度地影响其他产业部门的发展。房地产业主要包括：土地开发，房屋的建设、维修、管理，土地使用权的有偿划拨、转让，房屋所有权的买卖、租赁，房地产的抵押贷款以及由此形成的房地产市场。由于它有较长的产业链以及与其他产业有很高的关联度，房地产业成为国民经济的先导性产业，它的发展能够直接或间接地引导和影响相关产业的发展，进而影响到国家的工业化进程与国民经济的发展。[①] 房地产业在工业化、城市化和现代化过程中兴起和发展，反过来又推动了工业化、城市化、现代化进程的发展。

　　2015 年，全球已开发房地产总值（包括零售物业、写字楼、工业物业、酒店、住宅、其他商用物业以及农业用地）约为 217 万亿美元，大约相当于全球生产总值的 2.7 倍。全球房地产资产约占全球主流资产总值的 60%，是国家、企业与个人财富的重要

---

① 赵旭．高等学校"十二五"规划教材：房地产经济学 [M]. 第 1 版．北京：化学工业出版社，2013.11—12.

储藏方式之一。[①]

随着"一带一路"倡议的提出与产业合作的不断深化,"一带一路"沿线国家的房地产行业以及中国的投资者都迎来了新的机遇。"一带一路"沿线国家涵盖了包括中国在内的东亚、南亚、东南亚、西亚、北非、中东欧等地区的国家,除有 18 个国家跻身发达国家行列之外,很大一部分是发展中国家和新兴市场,中等收入国家,面临着发展国民经济、摆脱贫困、完成现代化的任务。基于房地产业在国民经济中的重要地位以及"一带一路"沿线国家的发展需求,房地产业也是沿线国家建设发展的重要内容,也可以成为中国与沿线国家进行产业合作的一个方面。

对于"一带一路"沿线国家而言,房地产业发展可以满足民众居住需求,改善当地的就业情况。同时,房地产业有较长的产业链,可以带动众多关联产业发展。另外,也有助于提升沿线国家的城市功能,直接投资或带动当地基础设施的发展与升级。

对于中国房地产企业而言,前往"一带一路"沿线国家投资,一方面有助于推动自身发展,开拓国家市场,积累跨国企业经营经验及实现多元化发展,保持竞争力。另一方面,这也是中国民企在沿线国家推行"地产+"的好机遇,在获得投资收益的同时也有利于推动房地产业与其他产业的协调发展。[②]

本章结合"一带一路"沿线各国的房地产市场有关数据,介绍其房地产市场的基本情况,并且进一步分析其发展特点与阻碍因素,展望沿线国家房地产业的发展前景。

---

① 第一太平戴维斯专家. 私人财富·全球之旅 [R]. SAVILLS WORLD RESEARCH 2016,2016.4.

② 梁海明. 中国房企积极投身"一带一路"建设意义非凡 [J]. 中国房地产,2017,(17):16. [2017-08-17]. DOI:10.13562/j.china.real.estate.2017.17.015.

一、"一带一路"沿线国家的房地产业发展概况

（一）中国

中国房价整体仍在上升。中国 100 个城市的房价指数在 2016 年 12 月同比去年增长 18.7%，平均价格达到了每平方米 12938 人民币（即 1871.34 美元），100 座城市中有 75 个城市的房价同比去年上涨。2016 年以后，预计中国房价继续攀升，尤其北京、上海、广州和深圳等一线城市房价仍将继续上涨。在宏观经济下行压力加大和国际环境不断调整的大背景下，虽然会出台相应的房地产政策，减少房地产炒作，更多的三四线城市房地产需求走弱，但短期内不会改变房价总体震荡上行的趋势。

表 8-1　中国房地产市场发展趋势

中国房地产市场	房地产市场发展趋势	代表城市
一线城市	进入存量房时代，存量房比重增多，新房的开发建设空间减少。①	北京、上海、广州、深圳
二线城市	房价过热的城市面临着回调的压力；天津、武汉和郑州受益于城市群发展，城市潜力逐渐显现，量价进入平稳增长周期；重庆和成都作为成渝城市群双核城市，对整个西南地区的辐射作用也在日益加强。②	天津、重庆、杭州、武汉、大连、苏州、厦门、成都、南京、三亚、贵阳、温州、哈尔滨、海口、长春、合肥、青岛、福州、西安、南宁、郑州、沈阳、无锡、长沙、南昌
三线城市	位于大城市周边的小城市或自身产业优势显著的三四线城市，房地产市场发展仍具备潜力。	三明、莆田、中山、惠州、淮安、肇庆、汕头、镇江、绍兴、宿州、韶关、包头、佛山、徐州、唐山、泉州、泸州、芜湖、东莞、扬州、南通

---

　①　中国房地产市场 2017 趋势展望 [J]. 建筑设计管理，2017，34（01）：43+48. [2017–08–17].

　②　2017 年中国房地产市场趋势 [J]. 城市住宅，2017，24（02）：87–89. [2017–08–17].

（二）蒙古和俄罗斯

1.蒙古

随着矿产资源的开发，尤其是煤矿的开采、铜的高价以及黄金产量大幅增加，蒙古过去 10 年的经济增长强劲，住宅价格也随之飙升。但 2016 年前后，其房地产市场由于国内的经济危机而陷入了困境。蒙古国的人口一共有 311 万，其中约 45% 集中在首都乌兰巴托，乌兰巴托的住宅房地产市场分为一个活跃的低端市场和一个供过于求的高端奢侈品市场。一方面，乌兰巴托有超过一半的居民仍然生活在传统民居蒙古包里，或者居住房屋没有较好的配套基础设施。在工资上涨和政府大规模支持按揭贷款的鼓舞下，在房地产低端市场创造了大量需求。而另一方面，房地产高端市场已明显供大于求，却还在竞争有限数量的买家和稀缺的融资。

2016 年，蒙古国陷入了经济危机，也影响了房地产市场。蒙古过于依靠矿产资源开发，由于国际大宗商品的价格下跌以及政府与外资之间的纠纷与限制政策，导致外资撤离，政府也陷入了债务危机，货币快速贬值。2012 年，蒙古 GDP 增速一度接近 18% 的峰值后，经济增长不断放缓，2015 年之后增速不及 5%，2016 年 GDP 增长仅 1%。蒙古国的政府债务负担也相对沉重，2014 年，蒙古政府债务占 GDP 的比重已经超过 50%，2016 年已经接近 80%。蒙古国的房地产也陷入低谷，据蒙古当地的置业集团估计，住宅价格在过去 4 年下跌了 35%，但乌兰巴托仍有 37000 套房子空置。2016 年，乌兰巴托的房屋每平方米均价折合人民币 6500 元，许多在建楼盘空无一人。[①]

2. 俄罗斯

俄罗斯也面临着房地产市场停滞甚至下滑的问题。自从克里米亚危机和西方国家的制裁之后，俄罗斯经济已经进入了自 2009年金融危机以来的第一次衰退，到 2015 年第二季度，国内生产总值萎缩了 4.6%。然而，由于通货膨胀率过高，导致看起来俄罗斯的房价仍在上涨。但在扣除物价上涨的因素后，可以发现俄罗斯的房价发生了较大幅度的下跌。由于国际油价的下跌、国际制裁以及卢布的贬值，俄罗斯的经济依旧增长缓慢，导致房地产市场也面临着停滞和下行的压力。

表 8-2　俄罗斯 2015 年两大城市的房地产业概况 [②]

城市	扣除物价上涨因素后房价增长率（2015年，同比去年）	平均公寓价格（每平方米）	租金（每平方米的月租金）	租金收益率
莫斯科	−6.78%	10000欧元左右	32欧元到41欧元	3.07%到3.82%
圣彼得堡	−10.33%	3860欧元至6600欧元	18欧元到20欧元	3.46%到6.20%

此外，俄罗斯在 2001 年通过立法将房地产业向外国投资开放，允许私人拥有土地和房产，无论是本地人还是外国人。而在2001 年之前的土地法规中，土地的私人所有权是不允许的，只有49 年的土地租赁。尽管如此，目前在俄罗斯获得房产仍较为困难，在某些情况下，法律并没有得到很好的落实，外国人也无法

---

① 吴如加. 蒙古危机 [N]. 凤凰周刊，2017（7）. 2017–3–23.
② 资料与数据来源：Global Property Guide（全球房地产指南），俄罗斯联邦政府统计服务机构 Rosstat.

进入莫斯科的土地市场。

（三）中亚五国

"一带一路"沿线的中亚五国是指哈萨克斯坦、土库曼斯坦、乌兹别克斯坦、吉尔吉斯共和国和塔吉克斯坦。其中，哈萨克斯坦和土库曼斯坦的国民收入处于中高收入水平，其他三国为中低收入国家。哈萨克斯坦、吉尔吉斯共和国房地产市场发展较好，塔吉克斯坦也有望迎来未来发展，而土库曼斯坦、乌兹别克斯坦的房地产市场规模较小，发展也较为缓慢。

1.哈萨克斯坦

金融危机前 10 年是哈萨克斯坦经济发展的黄金时期，GDP 年均增长 10% 左右，经济总量扩充了 5 倍，外贸额增长了 6 倍，经济实力占中亚五国总量的三分之二。首都阿斯塔纳的房地产市场需求增大，这主要是受到人口增多、经济发展、居民生活水平提高、2017 年举办世界博览会以及许多公司从阿拉木图迁入阿斯塔纳等因素的影响。

但在房地产市场不断发展的过程中，还存在一些问题。一是人均居住面积不足。据统计，2012 年哈萨克斯坦国内人均居住面积仅为 18 平方米，不仅远远落后发达国家（法国、澳大利亚为 38 平方米），相比于乌克兰（23 平方米）和俄罗斯（22 平方米）也有差距。二是住房过于陈旧。目前阿拉木图市区内建于 20 世纪 50—60 年代之前的楼房有 1047 幢，总面积超过 50 万平方米。哈萨克斯坦政府已经制定和实施了一些拆迁和新建的计划，缓解国内住房问题给政府带来的压力，但是住房不足的问题并没有得到根本的解决。①

2. 吉尔吉斯共和国

2016 年吉尔吉斯共和国国内生产总值（GDP）约合 65.52 亿美元，同比增长 3.8%。2016 年的外债额约 40.72 亿美元，占吉尔吉斯共和国国内生产总值的 56.3%，较 2015 年情况有所好转，但依然临近 60% 的红线。不过，吉尔吉斯共和国 GDP 增速有望提升，可以预见，随着经济的发展，其房地产市场也会继续增长。

此外，对于外资来说，吉尔吉斯共和国的政府信用较好，政府并没有实行没收外国财产的政策，也没有显示将来会有任何出台此类政策的迹象。然而，吉尔吉斯共和国是不允许外国人拥有土地所有权的。

3. 塔吉克斯坦

塔吉克斯坦是中亚最贫穷、最不稳定的国家，其房地产市场规模小，发展缓慢，这主要是受到了贫困问题、安全问题、土地制度等因素的制约。根据世界银行 2017 年 6 月的报告，2003 年至 2015 年的 12 年间，塔吉克斯坦的贫困率从 73% 降至 31%，贫困率显著下降，但依旧处于高位，极端贫困水平为 14%。② 此外，与阿富汗共享边境，也为其带来巨大的安全风险。

如果塔吉克斯坦能够克服诸多不利因素，通过发展经济来增

---

① 刘博.哈萨克斯坦房地产市场近期发展状况 [R].中国商务部官网，2013-07-30.
② 俄罗斯卫星通讯社.世界银行：塔吉克斯坦贫困率 12 年来下降一半多 [N].上海合作组织区域经济合作网，2017-06-26.

加房地产市场的供给,有望迎来房地产市场需求的增大。塔吉克斯坦是人口增长速度最快的独联体国家之一,近15年人口增长了26.3%。塔吉克斯坦现有人口870万,预计2020年将达1065万人。为解决人口猛增问题,塔吉克斯坦需要发展经济、建设新的学校和医疗机构、确保就业和粮食安全。目前多数学校建于苏联时期,农村地区学校已人满为患,诊所和医院亦超负荷工作。[①]这也给住房和城市建设提出了需求。

此外,在房地产法律方面,塔吉克斯坦不允许私人拥有土地,甚至对其公民也不允许,土地租期只有10年。

4. 土库曼斯坦

土库曼斯坦拥有全球第五大天然气储量,政府执政能力比过去有所提升。但其房地产市场规模小,发展缓慢。此外,土库曼斯坦允许向外国人提供土地租赁。

5. 乌兹别克斯坦

乌兹别克斯坦的房地产市场规模也不大,其国内也面临着骚乱和宗教矛盾等政治问题。在房地产法律方面有较大的不确定性,土地可以租赁给外国人。

(四)西亚、北非

"一带一路"沿线的西亚、北非地区涵盖了19个国家,这一

---

① 驻塔吉克斯坦经商参处.塔吉克斯坦是人口增长速度最快的独联体国家之一[N].上海合作组织区域经济合作网,2017-04-10.

地区是地缘政治博弈的重点、石油天然气资源的重要产出地、宗教文化的中心，但由于战争和恐怖主义等问题，也存在较大风险。在这一地区，各国经济发展水平差异大、房地产市场的发展差异也较大。

1. 以色列

以色列在过去 8 年的时间里经历了急剧的房价上涨（除了2011 年），尽管面临着国内政局不稳、安全威胁以及全球金融危机等问题。从 2006 年到 2015 年，以色列房价上涨了 102%（扣除物价上涨因素后为 69%）。①

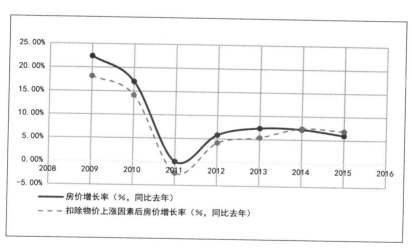

图 8-1　2009—2015 年以色列房价增长率变化图

---

①　资料与数据来源：Global Property Guide（全球房地产指南）；以色列中央统计局（CBS）.

以色列房价最贵的城市是特拉维夫，其次是耶路撒冷，海法相对便宜。

表 8-3　2016 年第一季度以色列主要城市的平均房价

以色列主要城市	自有住房平均价格（每套，2016年第一季度）
特拉维夫	667428 美元
耶路撒冷	472680 美元
海法	248804 美元

2. 巴林

巴林是海湾合作委员会地区和中东地区最自由和最多样化的经济体之一。2016 年，巴林的房价继续上涨，首都麦纳麦经历了巴林最高的房地产价格增长，在过去 3 年里达到约 600%，其他城镇的房价也已经上涨约 400%。这主要得益于其石油收入、外国投资、自由的房地产法律、完全的税收自由、便利的家庭融资、旅游开发项目、经济多元化等因素。在巴林拥有一处房产也可申请永久居留权，这也成为吸引外国投资的一大因素。[①]

3. 卡塔尔

卡塔尔经历了房地产市场的持续上涨后，又陷入了困境。2016 年，卡塔尔的房地产市场交易急剧收缩，房地产交易额在 2015 年达到历史最高点之后，暴跌了 50% 左右。2016 年，房地产价格下跌了 4.08%（按实值计算为 –5.23%）。

---

① 资料与数据来源：Global Property Guide（全球房地产指南）。

4.阿联酋

阿联酋房价也在下跌。迪拜的房地产价格在近年来不可持续地飙升之后,持续下降。在 2016 年 5 月,扣除物价上涨因素后,迪拜的房价同比下跌了 6.86%,迪拜的公寓销售价格下跌了 5.15%(按实值计算为 –6.67%),别墅的销售价格下降了 6.05%(按实值计算为 –7.55%)。

5.沙特阿拉伯

沙特阿拉伯的房地产市场也在走弱。在首都利雅得,2015 年第三季度,公寓价格同比去年下降了 2%,别墅价格下降了 5%。在吉达,2015 年第三季度,公寓价格下跌了 4%,别墅价格下跌了 5%。这主要是油价的大幅下跌、[①]内部的政治矛盾、政府巨大的财政赤字等问题造成的。[②]

6.约旦

约旦的住宅价格在整个 2016 年基本保持稳定,但房地产交易明显减少。在 2017 年第一季度,房地产交易比去年同期下降了 6%。叙利亚和伊拉克的混乱对该国的出口、旅游业和整体经济表现造成了负面影响。为了刺激房地产市场,约旦政府最近出台了一些税收措施,并增加了对建筑行业的贷款。

7.科威特

科威特是一个小而富裕的国家,拥有 960 亿桶石油储备,约

---

① 注:截止到 2015 年 10 月的一年中,世界原油价格下跌了约 45%,而沙特阿拉伯 90% 的收入依靠石油出口。
② 数据来源:仲量联行(JLL)。

占世界石油供应量的 10%。除了巴林、阿曼、卡塔尔、沙特阿拉伯和阿联酋国籍之外，外国人不允许在科威特拥有房产，最新的房地产法律依然对外国人有较多的限制。尽管如此，科威特的住宅地产供应仍显不足。

8.伊朗

伊朗处于不断的发展和变革中，还面临着住房短缺的问题。伊朗每年大约建立 80 万户新家庭，每年需要建造超过 100 万套住房，但这一目标难以完成。①

9.阿曼

阿曼的经济增速近年来虽然放缓，但是得益于移民的增多，其房地产市场依然快速发展。在 2004 年至 2015 年间，外籍人口每年增长超过 12%，到 2016 年第一季度，在阿曼的外籍人口超过了 200 万。

10.土耳其

土耳其尽管遇到了较多的问题，但房地产市场依然表现强劲。根据土耳其央行（CBRT）的数据，在截止到 2016 年 7 月的一年中，该国的全国房价指数上涨了 13.98%（扣除物价上涨因素后为 4.76%）。但是土耳其的政治不确定性、安全局势令人担忧，并且其货币贬值导致外债负担加重，经济增长前景不容乐观，这些因素可能会对房地产业造成负面影响。

---

① 资料来源：Global Property Guide（全球房地产指南）。

表 8-4　2016 年 7 月土耳其主要城市的房价增长率 [①]

土耳其主要城市	2016年7月房价增长率 （%，同比去年）	扣除物价上涨因素后房价增长率 （%，同比去年）
伊斯坦布尔	17.68%	8.17%
安卡拉	9.16%	0.34%
伊兹密尔	14.71%	5.43%

11. 埃及

埃及的房地产市场受到了国内动乱的沉重打击，不过，新政府的经济和政治稳定措施已经取得了成效，2016 年 GDP 增长达到 5% 左右。[②] 在截至 2015 年第二季度的一年中，开罗公寓的平均售价同比去年上涨了 8%，而别墅价格同比却下降了 7%。

12. 其他

黎巴嫩、格鲁吉亚、亚美尼亚、阿塞拜疆的房地产市场规模小，对外资的吸引力也较小。另外，由于受到国内政治局势的不稳定、与邻国的冲突、政治腐败、叙利亚危机等问题的影响，这 4 个国家的房地产市场在近年来持续下跌，但最近的数据显示随着经济的稳定，房地产市场正在改善。

伊拉克、也门、叙利亚、巴勒斯坦等国由于战乱或政治形势不稳定，其房地产市场也受到了重大的打击。但是，在将来战争结束或政治局势稳定后，国家重建工作会带来巨大的建筑业和房地产业机遇。

---

① 数据来源：土耳其中央银行（CBRT）。
② 数据来源：仲量联行（JLL）。

（五）中东欧

"一带一路"沿线的中东欧地区涵盖了 19 个国家，从总体来看，这一地区的房地产市场活跃，大多数国家的房地产市场强劲增长。

表 8-5 "一带一路"沿线中东欧国家的房地产市场概况与简析

中东欧国家	2016年的房地产市场	简 析
斯洛文尼亚	房地产市场复苏，需求激增	斯洛文尼亚的房地产市场正在复苏。然而，尽管需求大幅上升，但由于库存积压，住宅建设活动仍在下降，而且只是已有住宅的价格在上涨，而不是新建住宅。到2016年第二季度，全国住房价格略微上涨了0.45%（按实值计算是0.69%）。[①]
爱沙尼亚	房价再次飙升，全国所有主要城市房价在 2016 年都经历了强劲上涨	由于低利率、低通胀、强劲的经济增长、快速的工资增长以及国外投资者对房地产的巨大需求，尤其是来自其他欧洲国家的投资者，2016年，爱沙尼亚住房的平均价格上涨10.66%（扣除物价上涨因素后为9.25%），达到每平方米1148欧元。[②]
捷克	房价强劲上涨	在截止到2016年第三季度的一年中，捷克的公寓均价上涨了11.87%（扣除物价上涨因素后为11.24%），这是该国连续第11个季度出现强劲的价格上涨，这得益于有利的贷款条件、不断增长的经济以及不断上涨的实际工资。[③]
斯洛伐克	房价正在强劲上涨	斯洛伐克的房价正强劲上涨，房地产市场需求受到非常低的利率支撑。在2016年第三季度普通住宅的平均价格为每平方米1295欧元（合1437美元），扣除物价上涨因素后，房价上涨6.15%。这是自2008年第四季度房地产市场萧条以来，年增长率最高的一次。[④]

① 数据来源：Global Property Guide（全球房地产指南）；斯洛文尼亚统计局（SORS）。

② 数据来源：Global Property Guide（全球房地产指南）；爱莎尼亚统计局。

③ 数据来源：捷克统计局（CZSO）。

④ 数据来源：斯洛伐克国家银行（NBS）。

中东欧国家	2016年的房地产市场	简析
立陶宛	房地产市场活跃	在经济增长缓慢的情况下，立陶宛的房价继续上涨。房地产需求正在强劲增长，住宅建设也在激增。立陶宛五大城市的房价指数在截止到2017年一季度的一年中上涨了5.56%（扣除物价上涨因素后为2.38%）。立陶宛所有主要城市在2017年第一季度的房价都出现了温和上涨。[1]
拉脱维亚	房价迅速上升，需求依然强劲	首都里加的平均公寓价格在2016年11月同比去年上涨了9.75%，至每平方米1159欧元（合1235美元）。2016年，房地产交易量同比增长10.5%，需求强劲。部分原因是该国启动的外国房地产买家签证计划，俄罗斯人购买了最多的房产，其次是乌克兰人、中国人、哈萨克斯坦人和乌兹别克人。[2]
波兰	住房需求继续强劲增长，但是房价上涨幅度却非常小	在低利率、有限的供应和新的住房补贴计划的情况下，波兰的住房需求继续强劲增长。但是，房价上涨幅度却非常小。在首都华沙，2016年第一季度，现有住房的平均价格略微上涨了0.6%（扣除物价上涨因素后为1.6%）。[3]
匈牙利	房地产市场持续上涨后即将放缓	过去两年，匈牙利经历了房地产牛市，2015年房价上涨了17.71%。2016年第一季度，住房许可证发放同比去年增长了38.8%。这主要得益于政府采取的贷款支持、住房补贴、改革税制等政策的支持。但是由于建筑业和工业增长疲弱，预计其经济增长和房地产市场将会放缓。[4]
克罗地亚	房地产市场正在复苏，经济也在复苏	全球金融危机重创该国以旅游业为导向的经济后，克罗地亚的房地产市场一直萎靡不振。其房地产市场可以分为两个截然不同但并非完全独立的市场，在受国人欢迎的沿海地区，房价继续上涨，而国内其他地区的住房价格则继续下跌，这也与其严重的高失业率有关。目前由于政府的扩张性财政政策，有助于2016与2017年的经济增长，也有助于房地产市场的复苏。

---

① 数据来源：Global Property Guide（全球房地产指南）；OberHaus Real Estate Advisors.

② 数据来源：Global Property Guide（全球房地产指南）；OberHaus Real Estate Advisors.

③ 数据来源：波兰中央银行（NBP）。

④ 数据来源：匈牙利 FHB 抵押银行。

中东欧国家	2016年的房地产市场	简 析
罗马尼亚	房地产市场快速增长	低利率和经济的好转使得罗马尼亚的房地产市场在过去的一年里强劲增长，公寓的平均售价上涨了8.40%，每平方米的售价为1045欧元（合1156美元）。到2016年9月的一年中，罗马尼亚所有主要城市的房价都在上涨。[①]
白俄罗斯	房地产市场正在增长	随着与俄罗斯和中国经贸关系的深化，以及"一带一路"合作，其经济和房地产市场也迎来了新的机遇。
保加利亚	强劲的经济增长，房价迅速上涨	在经历了近5年的停滞之后，由于利率下降和经济稳定，保加利亚的房价现在正迅速上涨。在截止到2016年第三季度的一年中，全国房价指数上涨了8.82%，是2008年第四季度以来的最高年度涨幅。去年同期仅上涨了2.04%。[②]
黑山	旅游增长强劲，但房价增长缓慢	旅游业的繁荣有利于其房地产市场的发展，但是受到高失业率、腐败、有组织犯罪、黑市以及俄罗斯需求疲弱等因素的影响，房价增长缓慢。
塞尔维亚	房价下跌	受到高失业率（21%）、生活水平很低（平均净工资是每月383欧元）、严重的腐败等问题的影响，经济增长缓慢，房价下跌。
马其顿	需求放缓，房地产市场疲弱	2015年，马其顿的平均住房价格下降了0.9%，这是自2011年以来的房价第五次下跌。这主要与其国内的政治危机以及邻国希腊的问题有关。
波黑	房地产市场发展缓慢	波黑面临着贫困问题，独立后又发生了内战，经济受到严重损害，房地产市场发展缓慢。
阿尔巴尼亚	房地产市场疲弱，但出现了改善迹象	房价自2010年以来不断下跌。但目前有所改善，在截止到2015年第二季度的一年中，房价指数实际上涨了2.3%，这得益于消费者信心的提升和抵押贷款标准的放宽，但是房价仍比2010年的峰值水平低20%左右。旅游业的繁荣、交通的升级与低生活成本将有利于其房地产市场未来的发展。

---

① 数据来源：Global Property Guide（全球房地产指南）。

② 数据来源：Global Property Guide（全球房地产指南）；保加利亚国家统计局（NSI）。

续表

中东欧国家	2016年的房地产市场	简 析
乌克兰	房地产市场企稳，但仍非常疲弱	乌克兰经济正从深度衰退中复苏，房价仍在下降，但房价下跌速度减缓。2016年上半年的注册销售协议比2015年同期高出约15%。但由于乌克兰东部的分裂分子采取了封锁行动，交通受阻，预计2017年的经济增长缓慢，对房地产市场也会有负面影响。
摩尔多瓦	房地产市场陷入停滞	在房价下跌近4年之后，摩尔多瓦的房地产市场仍处于停滞状态。此外，该国也面临着贫困和分裂主义的问题。

（六）东南亚

"一带一路"沿线的东南亚地区涵盖了11个国家，随着经济的强劲增长，大多数国家房地产市场的发展态势较好。

表 8-6 "一带一路"沿线东南亚国家的房地产市场概况与简析

东南亚国家	2016年的房地产市场	简 析
新加坡	房价继续下跌，但需求增长强劲	截至2017年第一季度，新加坡的私人住宅地产指数下跌了2.77%，这是其连续第13个季度的价格下跌。扣除物价上涨因素后，房价在此期间实际下跌了3.45%。房价的持续下跌是新加坡政府采取市场降温政策的结果，以应对在全球经济危机前后新加坡异常过热的房地产市场，比如截止到2010年第二季度的一年时间里，住宅地产价格指数上涨了38.2%。2017年3月，政府出台了部分的放松措施，政策放松很可能被视为解除冷却措施的开始，将导致更多买家重返市场，预计新加坡房地产市场在未来将进一步改善。[1]

----

① 数据来源：第一太平戴维斯 Savills。

续表

东南亚国家	2016年的房地产市场	简 析
文莱	房地产市场规模小	外国人可以租，但不能拥有土地，除非事先得到国王的书面许可。
马来西亚	房价上涨减缓	2016年第三季度，马来西亚国家房价指数上涨了5.36%（扣除物价上涨因素后为3.81%），略低于去年同期的7.35%涨幅（扣除物价上涨因素后为4.61%）。据估计，这是自2009年第三季度以来的最低增幅。马来西亚的房地产市场长期稳定，但是鉴于租金收益不断下降，现在马来西亚的房地产投资吸引力不如以前。①
泰国	经济低迷拖累房地产市场，但潜力较大	泰国未来的增长速度将低于东南亚其他国家，其长期前景受到结构性问题的拖累，包括人口老龄化、教育质量和技能水平相对较低以及逾期的结构性改革等问题。与此同时，房地产市场发展也在放缓，经济增长缓慢、家庭债务高企、农产品价格低等因素，对消费者的购买力产生了影响。在2016年前三个月，用于住宅建设的土地开发许可证与2015年同期相比下降了31%。但泰国允许外国人购买公寓，给房地产市场未来发展提供了一定支撑。
印度尼西亚	房价增速大幅放缓	2016年第二季度，印度尼西亚住宅地产价格指数（16个主要城市）上涨了3.1%，但扣除物价上涨因素后，房地产价格实际上较去年同期下降了0.39%。在截止到2016年第二季度的一年中，印度尼西亚所有主要城市的名义房价都在上涨，但住宅地产销售大幅放缓。②
菲律宾	全国房价上涨强劲，住宅市场增长迅速，但马尼拉的中心商务区增速放缓	由于强劲的经济增长，菲律宾的住宅地产市场表现惊人。在2016年第一季度，全国住宅房地产价格指数上涨了9.2%（扣除物价上涨因素后为8%）。在强劲的经济增长推动下，预计全国住宅地产价格将继续强劲上涨。另外，由于供需不匹配，马尼拉市区中心商务区价格预计将会放缓。③

① 数据来源：Global Property Guide（全球房地产指南）。
② 数据来源：印度尼西亚银行。
③ 数据来源：菲律宾中央银行（BSP）。

续表

东南亚国家	2016年的房地产市场	简 析
越南	房地产市场炙手可热,房价不断上涨	在2009—2013年的房地产市场泡沫破裂后,越南颁布了新的房地产法律(2015年7月起生效),它允许外国人和海外越南人合法地出售和转让房地产,房地产价格迅速上升。新的法律和随后的自由法令带来了房地产市场的繁荣。2016年第三季度,胡志明市的总住宅销售额比去年同期增长了193%,河内的房价也出现了强劲的上涨,预计胡志明市和河内的房价将继续上涨,在别墅和别墅区方面会有更强劲的投资。①
老挝	房地产市场规模小,发展慢	老挝是东南亚地区最贫穷和最不发达的国家之一,外国投资对前往老挝持谨慎态度。
缅甸	房地产价格上涨	随着向国外投资的开放,房地产价格和租金大幅上涨,海外投资者大量涌入,土地和建筑短缺。近年来缅甸政府一直在实施改革,致力于将缅甸定位为房地产投资和发展的一个有吸引力的目的地。
东帝汶	房地产市场规模小,发展慢	东帝汶面临着贫困、政治动荡、基础设施短缺等问题,限制了房地产市场的发展。
柬埔寨	房地产价格上涨,市场快速发展	在强劲的经济增长、需求增加以及外国投资者的推动下,柬埔寨的房地产市场发展迅速。首都金边的房地产价格继续上涨。此外,在柬埔寨的主要岛屿和海滨度假胜地西哈努克城,由于外国投资者的需求增加,更多的直达航班以及政府改善交通的计划等有利因素,房地产市场活跃并且不断发展。

(七)南亚

"一带一路"沿线的南亚国家涵盖了包括印度、巴基斯坦、孟加拉国等国在内的 8 个国家。其中,印度和尼泊尔的房地产市场在经济增长的带动下迅速发展;巴基斯坦的房地产市场目前有

---

① 数据来源:Global Property Guide(全球房地产指南)。

所下跌，但是依然活跃；马尔代夫、斯里兰卡进一步放宽了对外国投资者的限制，从而有利于促进房地产市场的增长；不丹、孟加拉国和阿富汗的房地产市场则由于地理位置、国内政治或战争等原因而发展缓慢。

表 8-7 "一带一路"沿线南亚国家的房地产市场概况与简析

南亚国家	当前的房地产市场	简 析
马尔代夫	房地产市场对外国投资放宽限制	2017年7月，马尔代夫议会通过了一项宪法修正案，第一次允许外国人购买该国土地。该修正案规定，外国人可通过投资超过10亿美元的购地项目永久拥有该国土地，但其中70%须是新生土地。[①] 马尔代夫是备受中国游客追捧的旅游度假胜地，在2016年吸引了324326名中国游客，占所有游客的25%，使得中国成为马尔代夫最大的客源地。该国以旅游业为导向的度假别墅房地产对外国投资较有吸引力。
斯里兰卡	新政府对来自外国的房地产投资放宽限制	经济的蓬勃发展、旅游业的迅速增长以及斯里兰卡新政府采取的对外国投资开放的策略，促进了该国房地产业的发展。首都科伦坡的房价和土地价格持续上涨。此外，斯里兰卡西海岸的滨海房产的租金收益率最高，平均为10%。
不丹	房地产市场规模小，发展慢	不丹的经济发展较为落后，地理位置偏远，房地产市场的发展也较为缓慢。至今尚未与中国建交。
印度	房地产市场在废钞令后迅速复苏	2017年第一季度，印度国内生产总值（GDP）同比增长6.1%，创两年多以来最低增速，且远不及市场预期的7.0%。这主要是受到2016年11月突然颁布的废钞令[②]的影响。由于印度的购房者通常用现金来支付房价的30%到40%，用现金支付房产以避免税收的做法普遍存在，废钞令打击了印度的房地产市场。[③] 2016年第四季度，印度8个主要城市的房产销量同比下降了44%，降至2010年以来的最低水平。 但房地产市场需求已经开始回升，在2017年一季度，印度前9个城市的房产销售增长了19%，达到51715套。

① 周良臣 . 马尔代夫允许外国人买土地，投 10 亿美元永久拥有 [N]，腾讯房产，2015-07-26.

② 注：2016 年 11 月 8 日印度总理莫迪宣布废除 500 及 1000 卢比两种大面额纸币。

③ 刘旭颖 . 印度经济怎样了 [N]. 国际商报，2017-01-11（A04）.

续表

南亚国家	当前的房地产市场	简 析
巴基斯坦	房地产市场在增长后下跌	2015年巴基斯坦房地产平均价格增长了10%，巴卡拉奇、拉合尔、伊斯兰堡以及瓜达尔等地的房地产市场均表现出色，而瓜达尔的房价则上涨了5倍。这主要得益于较低的利率水平和良好的经济预期，以及中巴经济走廊和瓜达尔港的投资建设。① 但2016年房地产价格大幅下跌，2016三季度全国约500家房地产中介机构倒闭，伊斯兰堡、拉合尔、卡拉奇三大中心城市房价同比下降1.5%-3.3%、2.7%-3.5%、4.0%-7.2%。主要由于2016年7月起政府调整房地产税收政策，投机交易大幅减少。②
孟加拉国	房地产市场发展缓慢，前景堪忧	近年来，政府对房地产业增加征税、房产交易及登记税费上涨、政府打击黑钱洗钱行动、恶化的政局等问题使得该国的房地产市场前景堪忧。③ 此外，该国的政府腐败问题非常严重，对外国的投资者也有较多的法规限制。
尼泊尔	房地产市场复苏，蓬勃发展	在经历了4年的经济放缓之后，尼泊尔的房地产市场现在正蓬勃发展。随着购房者重返市场，房地产交易和房价再次上涨，这得益于住房贷款利率的下降。所有的房地产交易都是受控制的。允许外国投资者以他们拥有的商业实体的名义收购房地产，但不允许以个人财产的形式获得房地产。④
阿富汗	房地产市场受战乱影响	受战乱的影响，该国房地产市场发展缓慢。但随着成规模战斗的消减，城市人口越来越多，房地产这个行业在阿富汗开始崭露头角，并且在能看到的未来将扮演重要角色。战后重建工作将为建筑业和房地产业带来新机遇。

① 巴基斯坦房地产市场进入快速上升期 [N]. 环球网国际新闻，2016-03-10.

② 驻巴基斯坦经商参处. 巴基斯坦税收新政导致房地产市场价格暴跌 [N]. 驻巴基斯坦经商参处经贸新闻，2016-11-07.

③ 驻孟加拉国经商参处. 孟房地产市场前景堪忧 [N]. 驻孟加拉国经商参处经贸新闻，2013-10-30.

④ 资料来源：Global Property Guide（全球房地产指南）。

二、"一带一路"沿线国家房地产市场的发展特点

（一）"一带一路"沿线国家房地产市场规模相对较小

从规模上看，"一带一路"沿线国家房地产市场在全世界房地产市场中所占比重较小，而沿线国家的人口总量占全球的62%，房地产市场发展水平与其人口规模、城市规模不匹配，未来发展空间巨大。欧洲和北美的人口比重较小，但其住宅物业总值占全球的比重接近一半，而高端商业物业总值占全球的比重更是达到了73%。因此，从规模上看，"一带一路"沿线国家在房地产市场上与欧美发达国家还有差距。全球人口与房地产价值分布如图8-2所示。

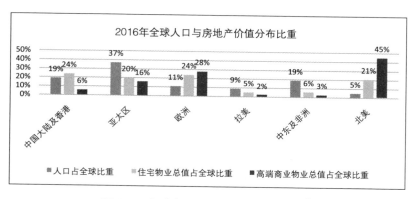

图 8-2　全球人口与房地产价值分布图 [①]

---

① 数据来源：第一太平戴维斯研究部、牛津经济研究院。

（二）中国大陆和中国香港、印度、菲律宾及中东欧国家（地区）的房价增长态势较好

"一带一路"沿线国家和地区房价变化的差异较大，其中，中国大陆和中国香港、中东欧国家以及印度、菲律宾的房价增长态势较好。相比较而言，西方发达国家中的美国、澳大利亚、加拿大、新西兰、冰岛等国的房地产价格增长强劲。各个国家（地区）房价变化如表8-8所示。

表8-8　房价变化表 ①

地域	年份（季度）	国家（地区）	房价年增长率（同比去年，%）
"一带一路"沿线国家和地区	2017Q1	中国大陆	9.20
	2017Q1	中国香港	13.90
	2017Q1	中国台湾	0.69
	2016Q4	俄罗斯	-9.24
	2016Q4	哈萨克斯坦	-8.25
中东欧	2017Q1	乌克兰	-14.12
	2017Q1	马其顿	-7.50
	2017Q1	克罗地亚	-0.98
	2016Q3	塞浦路斯	-0.64
	2016Q4	奥地利	3.17
	2016Q4	波兰	3.78
	2016Q4	斯洛文尼亚	6.23
	2016Q4	爱沙尼亚	6.29
	2016Q4	拉脱维亚	7.49
	2016Q4	马耳他	7.53
	2016Q4	立陶宛	8.31
	2016Q4	斯洛伐克	8.41
	2016Q4	保加利亚	8.42
	2016Q4	罗马尼亚	8.51
	2016Q4	匈牙利	8.80
	2016Q4	捷克	9.41
	2016Q4	塞尔维亚	19.58

① 数据来源：IMF 国家货币基金组织数据库。

地域	年份（季度）	国家（地区）	房价年增长率（同比去年，%）
西亚	2017Q1	卡塔尔	-9.07
	2016Q4	阿联酋	-1.86
	2017Q1	土耳其	2.74
	2017Q1	以色列	4.52
东南亚、南亚	2017Q1	越南	-4.01
	2016Q4	新加坡	-3.25
	2017Q1	泰国	-1.90
	2016Q4	印度尼西亚	-0.89
	2016Q4	马来西亚	3.86
	2017Q1	印度	6.69
	2016Q4	菲律宾	14.20
其他国家和地区	2016Q4	巴西	-16.72
	2017Q1	希腊	-3.17
	2016Q2	摩洛哥	-2.96
	2017Q1	韩国	-0.81
	2016Q2	智利	-0.40
	2016Q4	意大利	0.02
	2016Q4	南非	0.17
	2016Q4	芬兰	0.25
	2016Q4	比利时	0.68
	2017Q1	瑞士	1.23
	2016Q4	法国	1.51
	2016Q4	日本	2.26
	2017Q1	英国	2.65
	2016Q4	秘鲁	2.82
	2016Q4	西班牙	3.47
	2017Q1	德国	3.63
	2016Q4	丹麦	3.78
	2016Q4	墨西哥	4.09
	2016Q4	美国	4.23
	2016Q4	哥伦比亚	4.73
	2017Q1	卢森堡	4.94
	2016Q4	瑞典	4.99
	2017Q1	荷兰	5.41
	2016Q4	澳大利亚	6.13

地域	年份（季度）	国家（地区）	房价年增长率 （同比去年，%）
	2016Q4	葡萄牙	6.81
	2017Q1	挪威	7.34
	2016Q4	爱尔兰	7.90
	2017Q1	加拿大	11.17
	2016Q4	新西兰	12.43
	2017Q1	冰岛	15.60

（三）中国和东南亚、南亚国家的房地产信贷市场进一步增长

在房地产信贷市场上，塞浦路斯、俄罗斯、乌克兰、斯洛文尼亚等国是负增长（–11%到0）；在中国香港、拉脱维亚等地则是小幅度上涨（0到3%）；而在中国大陆、东南亚和南亚国家以及土耳其、爱沙尼亚和斯洛伐克则取得了较大幅度的增长（3%到14%）。部分国家房地产信贷增长如图8-3所示。

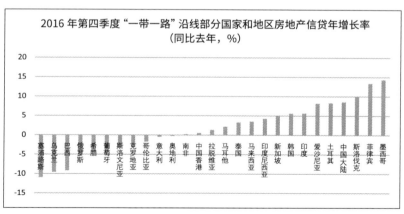

图8-3 部分国家和地区房地产信贷年增长率示意图[①]（同比去年，%）

---

① 数据来源：IMF国际货币基金组织数据库。

在世界范围内的主要国家中，美国、澳大利亚等西方发达国家的房地产信贷年增长率超过了 5%。"一带一路"沿线国家的房地产信贷市场总体上与欧美发达国家还有差距。世界范围内主要国家房地产信贷增长如表 8–9 所示 [①]。

表 8-9　世界范围内主要国家（地区）的房地产信贷年增长率 [②]

国家（地区）	房地产信贷年增长率 （同比去年，%）	年份（季度）
塞浦路斯	–10.93	2016Q4
乌克兰	–9.58	2016Q4
俄罗斯	–5.47	2016Q3
斯洛文尼亚	–3.25	2016Q4
克罗地亚	–3.16	2016Q4
中国香港	0.55	2016Q4
拉脱维亚	1.37	2016Q4
马耳他	2.21	2016Q4
泰国	3.28	2016Q4
马来西亚	3.51	2016Q4
印度尼西亚	4.27	2016Q4
新加坡	5.09	2016Q4
印度	5.66	2016Q3
爱沙尼亚	8.22	2016Q4
土耳其	8.32	2016Q4
中国大陆	8.59	2016Q4
斯洛伐克	9.94	2016Q4
菲律宾	13.37	2016Q4

① 数据来源：IMF 国际货币基金组织数据库。
② 注：加粗字体为"一带一路"沿线国家和地区。

国家（地区）	房地产信贷年增长率 （同比去年，%）	年份（季度）
巴西	-9.15	2016Q4
爱尔兰	-8.05	2016Q4
希腊	-4.52	2016Q4
葡萄牙	-4.49	2016Q4
西班牙	-4.43	2016Q4
哥伦比亚	-1.71	2016Q3
荷兰	-1.23	2016Q4
意大利	-0.47	2016Q4
奥地利	-0.24	2016Q4
挪威	-0.09	2016Q4
南非	0.25	2016Q2
日本	0.39	2016Q3
芬兰	1.34	2016Q4
德国	1.73	2016Q4
冰岛	2.82	2016Q4
比利时	3.38	2016Q4
英国	3.74	2016Q4
加拿大	3.82	2016Q4
瑞士	3.86	2016Q4
法国	3.93	2016Q4
卢森堡	4.62	2016Q4
澳大利亚	5.20	2016Q4
韩国	5.59	2016Q4
美国	5.68	2016Q3
瑞典	6.49	2016Q4
墨西哥	14.32	2016Q4

三、 "一带一路"沿线国家房地产市场面临的主要问题

"一带一路"沿线国家地区差异较大，多种因素阻碍着房地产市场的发展。

（一）贫民窟改造任务艰巨

在已获得数据的这部分"一带一路"沿线国家中，2014年尼泊尔、孟加拉国、柬埔寨、也门、阿富汗等国的贫民窟居住人口超过了城市总人口的一半，在巴基斯坦、蒙古、缅甸等国的比重也超过了40%。再加上沿线国家的人口基数较大，贫民窟居住人口比重大的国家也面临着贫困问题。因此，从总体上来看，"一带一路"沿线国家改造贫民窟的任务重大，这也是沿线国家发展房地产业所面临的一个重要问题。

（二）政治矛盾与冲突阻碍了房地产市场的发展

"一带一路"沿线的较多国家面临着国内政治动荡、恐怖主义威胁、与邻国的矛盾冲突、分裂主义等政治问题，导致社会经济不稳定，房地产市场发展受到负面影响。例如，阿富汗、伊拉克、叙利亚、巴勒斯坦等国长期处于战乱状态，并给周边地区带来了不确定因素；亚美尼亚、阿塞拜疆、以色列等面临着与邻国的冲突问题；乌克兰、摩尔多瓦等国则需要解决国内的分裂主义问题。这些政治上的矛盾冲突增大了房地产市场发展的不确定性。

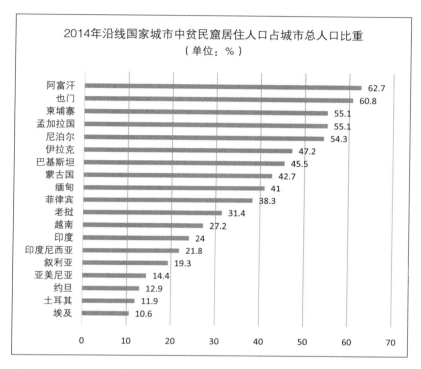

图 8-4　2014 年"一带一路"沿线部分国家贫民窟居住人口占城市人口比重 [1]

四、"一带一路"沿线国家房地产市场的发展前景

（一）亚洲新兴和发展中经济体保持强劲增长势头，房地产业整体繁荣

中国经济增长虽然放缓，但依然稳健增长而且也正在进一步

---

[1]　数据来源：世界银行数据库。

深化改革；印度发展势头良好，改革措施以及新的财政和货币政策的实施有利于中期增长；东盟五国（印度尼西亚、马来西亚、泰国、菲律宾、越南）的经济增长也将继续保持在 5% 左右的强劲水平。强劲的经济增长也将继续带来房地产业的增长和繁荣。

（二）中东欧地区房地产业稳定发展

这一地区的国家经济以传统工业为主，总体发展水平相对较高。经济增长也较为稳定，预计 2017 年和 2018 年的经济增长率分别为 3.5% 和 3.2%。其房地产市场也将稳定发展，并且随着对外资吸引力的增加而进一步发展。

除了爱沙尼亚和捷克之外，多数中东欧国家的房价收入比相比于 2010 年减少了。这表明这些国家居民的房产购买能力增强，这也将有利于房地产业的稳定发展。部分国家房价收入比如表 8-10 所示。[①]

表 8-10　部分国家房价收入比变化表 [②]

国家	房价收入比的变化 （以2010年的房价收入比为基数100）	年份（季度）
爱沙尼亚	114.89	2017Q1
捷克	104.81	2016Q4
拉脱维亚	98.40	2016Q4
斯洛伐克	97.36	2016Q4
立陶宛	93.05	2016Q4
土耳其	90.27	2016Q4

---

① 数据来源：IMF 国际货币基金组织数据库。

② 注：加粗字体为"一带一路"沿线国家中属于中东欧地区的国家（土耳其除外）。

续表

国家	房价收入比的变化 （以2010年的房价收入比为基数100）	年份（季度）
匈牙利	89.28	2016Q4
斯洛文尼亚	87.46	2016Q4
波兰	78.67	2016Q4
新西兰	136.89	2016Q4
瑞典	125.83	2016Q4
卢森堡	123.40	2016Q4
瑞士	122.17	2016Q4
加拿大	119.27	2016Q4
澳大利亚	116.23	2016Q4
德国	114.16	2016Q4
英国	111.23	2016Q4
比利时	106.70	2016Q4
美国	105.86	2016Q4
挪威	104.89	2015Q4
日本	103.97	2016Q4
丹麦	103.28	2016Q4
葡萄牙	100.70	2016Q4
法国	96.53	2016Q4
芬兰	95.16	2016Q4
爱尔兰	91.72	2016Q4
荷兰	89.41	2016Q4
希腊	88.12	2016Q4
韩国	86.20	2016Q4
意大利	83.80	2016Q4
西班牙	76.42	2016Q4
奥地利	130.58	2016Q4

（三）西亚、北非地区房地产业的前景进一步分化

西亚、北非的国家经济发展水平普遍较低，除部分国家拥有丰富的石油资源外，其余国家大多属于气候干旱、自然条件恶劣的地区。随着产油国协议减产及战乱冲突不断，总体上这一地区的经济预计增速较慢，不同国家的房地产业前景也有较大差异。例如，埃及的全面改革将极大促进经济增长，增长率预计将从2017年的3.5%上升到2019年的5.3%，其房地产市场也将随之而加速发展。而土耳其虽然自2016年第三季度以来企稳回升，但由于存在政治不确定性，安全局势令人担忧，并且其货币贬值导致外债负担加重，经济增长前景不容乐观，叙利亚、也门、伊拉克等国也面临着相似的困境。因此，在"一带一路"沿线西亚、北非地区的不同国家之间，房地产业的发展前景也将进一步分化。

（四）未来几年吸引富豪投资的城市主要集中在中国、东南亚和南亚国家

随着在房地产市场中机构型投资者的增加，私人财富所占份额略有缩减，但仍占全球大宗交易的16%—20%，因此私人财富的投资意向仍是重要的房地产市场指标。下表的净买入与净持有城市展示的是在2016—2020年，富豪投资者买入及持有意向高于出售意向的城市。①

---

① 注：表中字体加粗的为"一带一路"沿线的城市与国家。

在私人财富房地产投资意向中，"一带一路"沿线城市占有重要的比重。在世界范围内富豪有投资意向的 55 个全球门户城市中，"一带一路"沿线的城市占 18 个，且主要集中在中国、东南亚和南亚国家。如表 8–11 与表 8–12 所示。

表 8-11　富豪的房地产投资意向城市（2016—2020 年，净买入）①

所属国家	净买入
新加坡	新加坡
阿联酋	迪拜
爱沙尼亚	塔林
中国	澳门
马来西亚	新山
菲律宾	马尼拉
柬埔寨	金边
老挝	万象
印度	金奈、孟买、班加罗尔
巴基斯坦	伊斯兰堡、卡拉奇
澳大利亚	悉尼
挪威	奥斯陆
荷兰	阿姆斯特丹
德国	柏林
意大利	米兰、罗马
英国	曼彻斯特
伦敦	伦敦
法国	巴黎

---

①　资料来源：第一太平戴维斯世界研究部、Wealth Briefing。

续表

所属国家	净买入
西班牙	巴塞罗那、马德里
美国	西雅图、波特兰、旧金山、芝加哥、达拉斯、波士顿、休斯顿
加拿大	多伦多
墨西哥	克雷塔罗
阿根廷	门多萨
日本	东京
比利时	布鲁塞尔

表 8-12　富豪的房地产投资意向城市（2016—2020 年，净持有）[①]

所属国家	净持有
中国	**香港**
印度	**海德拉巴**
卡塔尔	**多哈**
匈牙利	**布达佩斯**
加纳	阿克拉
南非	开普敦
希腊	雅典
肯尼亚	内罗毕
法国	戛纳
爱尔兰	都柏林
美国	纽约、华盛顿特区、坦帕湾、迈阿密、洛杉矶、圣地亚哥
墨西哥	墨西哥城
尼日利亚	阿布贾

---

① 资料来源：第一太平戴维斯世界研究部、Wealth Briefing。

"一带一路"沿线国家旅游业发展报告

　　"一带一路"倡议糅合了多个文化符号和多重历史记忆，"一带一路"沿线覆盖了众多天然的旅游资源。无论是"丝绸之路经济带"，还是"21世纪海上丝绸之路"，都包含了古丝绸之路这一历史符号，它记录了中华文明与世界文明交流、融合的漫长历史。很显然，历史符号、异域风情和壮美风景三者的结合，为"一带一路"沿线国家旅游业的发展带来了巨大的发展机遇。

一、旅游资源概况

　　"一带一路"沿线国家旅游资源丰富。自然界和人类社会凡能对旅游者产生吸引力，可以为旅游业开发利用并可产生经济效益、社会效益和环境效益的各种事物现象和因素，均为旅游资源。它包括一切可以利用于发展旅游业的自然资源（如地质地貌、气象气候、水文地理、生物等）和人文资源（如古迹建筑、文化艺术、风土人情等）。据联合国教科文组织（UNESCO）统计，截至 2017 年 9 月 15 日，全球共有 1073 项世界文化遗产，"一带一路"沿线国家（包括中国、蒙俄、中亚、东南亚、南亚、中东欧、独联体及西亚、中东、北非共 65 个国家）共拥有 425 项世界自然和文化遗产，其中 337 处为文化遗产，77 处为自然遗产，11 处为文化与自然混合遗产，总量占全球的 39.6%。截至 2017 年 6 月，"一带一路"沿线区域的生物圈保护区总量达 238 处，占全球总量的 35.6%。截至 2017 年 5 月，世界地质公园网络（Global Geoparks Network，简称 GGN）共覆盖 35 个国家的 127 个地质公园，其中 47 个属于"一带一路"沿线国家（跨国界公园 2 处），占比达 37%。

然而，"一带一路"沿线旅游资源总体上分布不均衡，集中分布于欧洲及亚太区，且呈现沿海、沿河、沿交通线分布的趋势；空间上世界地质公园、世界自然遗产及生物圈保护区主要集中于陆路，海路沿线世界文化遗产富集；数量上呈现两端高、中间低，由西部—东部—中部递减的特征，尤其是世界地质公园和自然遗产。[①]"一带一路"沿线区域旅游资源空间上分布的不均衡特征为区域旅游资源互补、旅游合作和旅游客流往来提供良好的基础。

根据联合国世界旅游组织发布的《世界旅游晴雨表》，2015年世界排名前十的旅游目的地中，中国、土耳其和俄罗斯位居其中，其接待的国际游客数分别为 5690 万、3950 万、3130 万，较 2014 年的变化分别为 2.3%、–0.8%、5%。530 万国际游客赴中

---

① 孙文燕，王敏，张志光，郑元 . "一带一路"人文与地质旅游资源分布特征及其发展模式 [J]. 地质论评，2017，63（S1）：27-28. [2017-09-18]. DOI：10.16509/j.georeview.2017.s1.014.

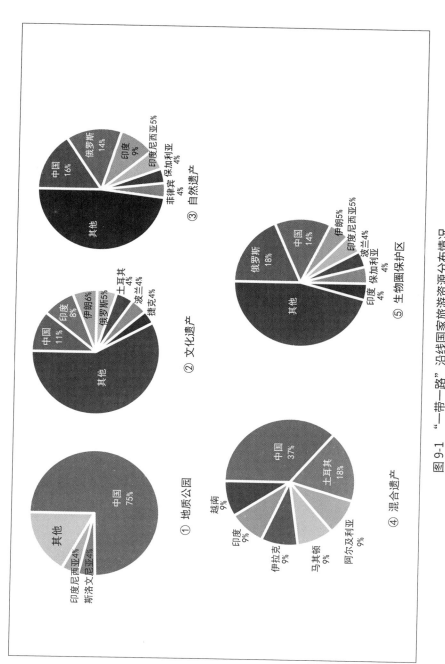

图 9-1 "一带一路"沿线国家旅游资源分布情况

东旅游，较 2014 年增长了 2 个百分点，中东国家中排名前十的旅游目的地为沙特阿拉伯、阿联酋、埃及、伊朗、约旦、卡塔尔、以色列、阿曼、黎巴嫩、巴林；亚太地区共接待超过 2.79 亿名国际游客，较 2014 年增长 6 个百分点，亚太地区前十的旅游目的地中的"一带一路"沿线国家包括泰国、马来西亚、新加坡、印度尼西亚、印度、越南等；欧洲地区的国际游客数量超过 6.08 亿，较 2014 年上升了 5 个百分点，欧洲地区前十的旅游目的地中的"一带一路"沿线国家包括土耳其、俄罗斯、波兰等。

举几个"一带一路"沿线国家的例子。东南亚著名的旅游国家泰国，东临老挝和柬埔寨，南面是暹罗湾和马来西亚，西接缅甸和安达曼海，华丽辉煌的寺庙和浓厚的宗教风情、地域特色的美食文化以及清新自然的岛屿风光构成了其独特的旅游资源；横跨欧亚大陆被称为"文明的摇篮"的土耳其，三面环海，从地中海的海水浴到乌鲁塔山的滑雪，古希腊、罗马文明，甚至基督教文明的遗迹比比皆是，灿烂的文明和迷人的景色赋予了这个国家丰富的旅游资源；充满了迥异东欧风情的波兰，拥有 13 个被联合国组织宣布为值得珍藏和保护的"世界文化遗产"，厚重历史的华沙、古都克拉科、迷人的奥斯威辛小镇，都值得造访。

根据《2017 年旅游业竞争力报告》，在占世界 GDP98% 以上的 136 个国家和经济体中，有 55 个是"一带一路"沿线国家，平均竞争力排名为 70 左右；8 个"一带一路"沿线国家处于总体竞争力排名提升度最快的 15 个国家之列；发展中国家的旅游业竞争力在逐步提升，尤其是亚太地区。尽管"一带一路"沿线拥有极为丰富的自然及人文旅游资源，但地理位置、交通基础设施不完善、经济发展水平不足等因素的制约使得其未得到良好的开发。

二、旅游业发展情况

（一）旅游业促进各国经济发展

2016 年，旅游业对 GDP 直接贡献份额的世界平均值为 3.1%，在"一带一路"沿线国家中，该份额超过世界平均水平的国家数高达 35 个。"一带一路"沿线国家旅游业对 GDP 的直接贡献份额平均为 4.5%（阿富汗、巴勒斯坦、土库曼斯坦三国的数据不足，未参与计算）。从促进就业的角度来看，同年，世界范围内，旅游业对就业率的直接贡献份额为 3.6%，28 个沿线国家的旅游业对就业有着更强的促进作用。同时，旅游业也间接带动了其他相关产业的发展。综合看来，"一带一路"沿线国家旅游业对 GDP 总贡献份额的平均数为 11.8%，旅游业对就业的总贡献份额的平均数为 10.4%。"一带一路"沿线国家旅游业对 GDP 和就业的贡献度见附表 9–1。

根据《2017 年旅游业竞争力报告》，2016 年进入排名的 55 个"一带一路"沿线国家中，接待国际游客数排名前五的国家分别为中国、土耳其、俄罗斯、泰国、马来西亚，中国接待的国际游客数量高达 5688.57 万人次，土耳其接待的国际游客数量将近 4000 万人次，除中国以外的 54 个国家平均每国接待国际游客约 671 万人次。从平均每个游客给旅游国带来的收入来看，排名前五的国家分别为黎巴嫩、科威特、印度、摩尔多瓦和中国，其中平均每位国际游客为黎巴嫩带来的收入为 4517.5 美元，55 个国家平均从每位入境游客获得 936.43 美元的收入。沿线国家中旅游业对国家经济发展促进作用最大的为马尔代夫，旅游业已成为其第一大经济支柱，旅游收入对 GDP 的贡献多年保持在 30% 左右，2016 年旅游业对 GDP 的直接贡献达到了 40.9%，有 19.7% 的劳动力从事与旅游业直接相关的工作。

旅游业拉动整个地区经济发展的案例也不在少数。以世界著名旅游岛巴厘岛为例，它是印度尼西亚 13600 多个岛屿中最耀眼的一个岛，旅游业是其支柱产业，创造的产值连续多年占印度尼西亚旅游业收入的 45%，巴厘岛 80% 的居民都从事旅游业相关的工作，每年赴巴厘岛旅游的外国游客总数达 300 多万人次，酒店的平均住房率达到 90%，旅游业对当地经济起到了极重要的促进作用。

（二）中国与"一带一路"沿线国家之间旅游规模快速增长

根据《2018"一带一路"旅游大数据报告》，"一带一路"沿线国家已经成为中国游客第一大海外旅游目的地。中国游客到"一带一路"游览人次已由 2013 年的 1549 万人次，增长到 2017 年的 2741 万人次，5 年间增长了 77%，年均增速达 15.34%，2018 年将突破 3000 万人次，高于中国出境游的整体水平。

东南亚目前仍是"一带一路"沿线最火爆的出境游目的地区域；而俄罗斯、中东欧等新兴旅游目的地增速较快，未来有望成为中国游客出游的热门选择。在"一带一路"沿线 65 个国家中，2016 年中国游客到访人数最多的前 10 位国家依次为泰国、菲律宾、越南、新加坡、印度尼西亚、马来西亚、马尔代夫、阿联酋、柬埔寨、斯里兰卡；中国游客同比增速较快的前 10 位国家依次为俄罗斯、文莱、波兰、捷克、匈牙利、尼泊尔、埃及、塞尔维亚、土耳其、斯洛伐克。土耳其旅游热度上升 106%，阿联酋旅游热度上升 132%，埃及热度上升 145%。

（三）旅游发展不平衡

"一带一路"由陆上丝绸之路和海上丝绸之路构成。陆上丝绸之路，起自中国古代都城长安（今西安），经河西走廊、中亚国家、阿富汗、伊朗、伊拉克等到达地中海，全长 6440 公里。海上丝绸之路则是一条从中国广州、泉州、宁波、扬州等沿海城市出发，从南洋到阿拉伯海，甚至远达非洲东海岸的海上贸易之路。在旅游发展中，陆上丝绸之路和海上丝绸之路旅游明显不均衡，海上丝绸之路出境旅游异常活跃，陆上丝绸之路经济带出境旅游则明显不足。

从中国出入境游客的国别分布来看，2013 年累计入境中国游客达 5 万人次以上的"一带一路"国家共 21 个，其中海上丝绸之路国家包括越南、马来西亚、菲律宾、新加坡、印度、泰国、缅甸 7 个国家，其入境旅游总人次却几乎占 21 个国家旅游入境总人次的 67%。并且，按旅游入境总人次排序，除俄罗斯、蒙古、哈萨克斯坦外，这 7 个国家均位居前 10 位。2013 年累计接待中国游客达 4 万人次以上的"一带一路"沿线国家共 18 个，其中海上丝绸之路国家包括泰国、越南、马来西亚、新加坡、缅甸、菲律宾、马尔代夫、印度、尼泊尔 9 个，其出境总人次约占 18 个国家旅游出境总人次的 81.5%。

三、存在的问题及应对

（一）部分地区局势不稳定

对于《2017 年旅游业竞争力报告》中有排名的 55 个"一带一路"沿线国家而言，整体安全度高于平均水平，但一些国家及地区政局较动荡，遭受战乱威胁，大大降低了旅游业的吸引力，如巴基斯坦、也门、埃及等。也门的安全指数排名倒数第二，尽管埃及旅游业的总体竞争力排名 74，其安全指数却因恐怖主义、暴力犯罪活动等因素而大打折扣。

举几个国家为例。黎巴嫩原为中东旅游胜地，内战前，其每年入境旅客达 200 万人次，旅游收入占国民收入的 20% 以上，游客主要来自海湾地区产油国和欧美国家。内战期间，旅游业一蹶不振，人才大量外流。斯里兰卡旅游业是其经济的重要组成部分，2003—2005 年，连续 3 年到访外国游客数量突破 50 万人，游客主要来自欧洲、印度、东南亚等国家和地区。自 2005 年底，政府军与"猛虎组织"冲突对旅游业造成一定冲击。2009 年之后，随着局势转好，旅游业逐步恢复，呈现快速发展势头。2013 年入境人数为 127.5 万人次，比 2012 年增长 26.7%，旅游业收入 17.15 亿美元，比 2012 年增长 65.2%。伊朗拥有数千年文明史，自然地理和古代文明遗产丰富。伊斯兰革命前，每年都有数百万人到伊朗旅游。两伊战争后，旅游业遭到极大破坏。从 1991 年起，政府开始致力发展旅游业，旅游业逐渐复苏。2014 年伊朗斥资 2.2 亿美元发展旅游业，用于优化旅游环境，建造和改善各旅游景区的住宿餐饮及相关配套设施。

安全问题会导致入境旅游人数下降，面对这一问题，也可以通过鼓励国内旅游或吸引相近国家入境旅游来应对。"9·11"事件后全球反恐浪潮高涨，由此催生的"伊斯兰恐惧症"一度导致前往阿拉伯国家的西方游客数量骤减，当地旅游业遭受重创，大量旅游业从业人员失业，国民经济发展受阻。在此背景下，埃及和约旦等传统阿拉伯旅游强国积极应对，另辟蹊径，将入境游客源国从西方国家迅速转向周边阿拉伯国家，尤其是人均收入较高的海湾阿拉伯国家。短短数月内，这些国家入境旅游人数便恢复到了"9·11"前的水平。2002年，中东地区旅游业在遭受短暂打击后逆势崛起，游客数量增幅达到16.7%的历史最高水平，地区旅游收入增幅达10%。同年前往欧洲国家和美国的阿拉伯游客数量降幅分别达30%和50%，地区入境游客源国的结构逐渐由以欧美国家为主转向以阿拉伯国家为主，区域旅游流动性呈现大幅上升趋势。

（二）人员流动壁垒

据联合国世界旅游组织统计，全球约2/3的人出国旅游需要签证。就《2017年旅游业竞争力报告》中排名的55个"一带一路"沿线国家而言，"国际开放度"一项平均得分为3.04，处于较低水平，而国际开放度这一衡量标准中很重要的一部分是签证要求。

例如，中国与拉脱维亚相距遥远，且受无航线、签证手续较烦琐等因素影响，赴拉脱维亚旅游的中国游客数量有限。2012

年，赴拉脱维亚旅游的中国游客仅为 3666 人次，累计停留时间 7533 天。不丹对外开放旅游业，但人员控制较严，一般只接受团体旅游，这对潜在游客的入境造成了很大限制，《2017 年旅游业竞争力报告》中的"签证要求"项得分仅为 19 分（满分 100）。

为此，"一带一路"沿线各国积极签署合作备忘录，极大地简化了办理签证的手续。4 年来，中国已与"一带一路"沿线 55 个国家缔结了涵盖不同护照种类的互免签证协定，沿线国家成为中国入境游的重要客源国。同时，也已与 60 个国家签订文化交流合作协定。"一带一路"沿线各国旅游部门先后建立了中国—东盟、中国—中东欧、中俄蒙等一系列双边多边旅游合作机制，为"一带一路"国际旅游提供机制保障。中国还成立了海上丝绸之路旅游推广联盟、陆上丝绸之路旅游推广联盟、"万里茶道"国际旅游推广联盟等，推动"一带一路"沿线国家、地区、省市在客源互送、线路共建、目的地共推等方面加强横向合作，促进旅游业发展。

当然，旅游流动不畅，还有沿线国家的营销宣传、产品创新、服务适应等方面的原因，以及沿线国家的安全形势、市场发育等方面的原因。因此，改善签证便利性，还需要充分考虑到旅游流动与安全形势之间的关系。在安全形势稳定的区域，完全可以加快推进旅游签证便利化等措施；但在安全形势挑战严峻的部分区域，过于放松签证方面的手续，则存在输入性安全威胁等风险，只能实现有限度的市场合作。

近年，各旅游目的地国均认识到中国出境旅游客源市场的重要性，纷纷出台便利中国公民入境的签证措施。截至 2017 年 2 月，与中国互免普通护照签证的国家有 9 个，单方面允许中国公民免签入境国家或地区达到 16 个，单方面允许中国公民办理落地签证国家和地区达 37 个。如阿联酋对中国实施免费落地签政策，中国公民持普通护照入境阿联酋，无须事先申请签证，只需在抵达迪拜国际机场后前往移民局，该局会在护照上免费加盖 30 天有效签证戳记；俄罗斯对中国公民团队游免签；自 2017 年 1 月 1 日起，中国的普通护照持有人可免签滞留塞尔维亚 30 天，塞尔维亚也成为第一个和中国取消了签证制度的中东欧国家；肯尼亚已取消对中国公民落地签，改为电子签证；持普通护照的中国公民可向土耳其申请获取 30 天以内的单次入境电子签证，有效期是 180 天。

同时，中国也推出一些便利措施。2013 年起，中国陆续在 18 个口岸城市实施对过境前往第三国（地区）并订妥联程机票的 51 国公民实行 72 小时过境免签政策。2016 年 1 月 30 日起，江浙沪 144 小时过境免签政策开始实施。截至 2017 年 1 月 30 日，上海口岸共为近 3.9 万人次外籍旅客签发了 144 小时过境免签临时入境许可。自 2016 年 10 月 1 日起，上海实行外国旅游团（2 人及以上）乘坐邮轮入境 15 天免签政策。

（三）基础设施不完善

根据世界经济论坛《2015—2016 年全球竞争力报告》，全球 140 个主要经济体的基础设施竞争力指数平均值为 4.02（最高值为 7）。"一带一路"沿线国家里，处于丝绸之路经济带沿线的中亚地区国家中，只有哈萨克斯坦的指数高于全球平均水平；处于 21 世纪海上丝绸之路沿线的东南亚地区国家表现喜忧参半，其中有一半国家的指数低于全球平均水平；南亚地区国家更是基础设施建设极为落后，仅斯里兰卡指数刚刚达到全球平均水平，其他国家指数均远低于全球平均值。

根据《2017 年旅游业竞争力报告》，参与排名的 136 个国家和地区的基础设施平均得分为 3.49，航空运输基础设施、地面和港口运输基础设施、旅游服务基础设施 3 项的单项平均得分为 3.01、3.46、4.01。进入排名的 55 个"一带一路"沿线国家的基础设施平均分较低，分别为 2.87、3.44、3.96。分区域来看，巴尔干半岛和东欧各国的基础设施平均得分为 3.72，航空运输基础设施一项较弱，得分仅有 2.33；欧亚大陆各国得分仅 2.95，3 项均需加强；中东各国的基础设施水平差异较大，阿联酋、卡塔尔、以色列等国的基础设施相对完善，但科威特、也门等国的基础设施亟待加强；东南亚各国除新加坡、马来西亚、泰国等旅游业发展相对成熟的国家外，其余均面临一定程度上的基础设施问题，航空运输方面尤显薄弱；南亚各国的基础设施平均得分仅 2.63，需投入大量的资金用以改善。"一带一路"沿线部分国家旅游竞争力得分数据见附表 9-2。

另据亚洲开发银行评估，21 世纪初的 10 年间，亚洲各经济体需要在内部基础设施建设方面投入 8 万亿美元，在区域性互联互通基础设施建设方面投入 3000 亿美元，才能使基础设施指标达到世界平均水平。

"一带一路"沿线国家之间的基础设施建设资金需求量大，但基础设施建设机制尚不完善。由于"一带一路"沿线国家区域内的经济发展水平较低，区域内贸易比重相对较低，"一带一路"沿线国家间的基础设施如果完全依靠社会资本投资、建设、运营，可能会面临市场需求不足问题。一个应对办法是借用国内外已有成熟实践的 PPP（Public-Private-Partnership，即政府与社会资本合作）模式。像道路、机场、港口码头等基础设施，可以按照使用者付费模式回收投资成本，并弥补运营成本。可以探索运用 PPP 模式，整合"一带一路"沿线国家政府、社会资本力量，共同推进"一带一路"沿线国家之间的基础设施建设。

（四）沿线国家合作不足

目前的"一带一路"旅游合作尚未形成强有力的主导力量与深度合作机制。

"一带一路"沿线既有令人叹为观止的自然景观，也有富含文化底蕴的人文景点，是一条极具开发潜力的旅游带。但是从整体上看，"一带一路"大部分地区旅游发展滞后。而且游客所购买的是松散型、不连贯的景点组合，不是有机结合为一体的旅游线路产品。与政府在丝绸之路旅游合作领域日益高涨的呼声相比，企业的配合显得不疾不徐。丝绸之路沿线国家和地区经济发展水平的客观差异以及对旅游业的重视程度有别，如单单依靠沿线个别国家和地区之间的旅游交流和合作，"一带一路"整体旅游系统的输出必然是低效的。

为了保证充分交流和常态化合作，中国、世界旅游组织以及"一带一路"重要国家可以扮演核心角色。中国拥有"一带一路"倡议的发起国和世界第一旅游客源国两大优势，世界旅游组织拥有国际旅游组织构架以及丝绸之路项目这一成熟的平台。中国应该加强同世界旅游组织在"一带一路"旅游计划与世界旅游组织丝绸之路项目的对接与融合。

实际上，在"一带一路"框架下，旅游国际合作已经形成不少成果。已经建立了一系列"一带一路"旅游合作交流机制，包括建立中国—东盟、中国—中东欧、中俄蒙等一系列双多边旅游合作机制，举办首次中国—东盟旅游部门会议、首次中国—中东欧国家旅游合作高级别会议、首届中俄蒙旅游部长会议、首届中国—南亚旅游部长会议等活动，为深化旅游"一带一路"工作提供机制保障。成立海上丝绸之路旅游推广联盟、陆上丝绸之路旅游推广联盟、"万里茶道"国际旅游推广联盟等，推动"一带一路"沿线国家、地区、省市在客源互送、线路共建、目的地共推等方面加强横向合作。2015年举办丝绸之路旅游部长会议，通过了《丝绸之路国家旅游部长会议西安倡议》；2016年举办首届世界旅游发展大会，107个国家旅游部门共同提出"各国政府通过'一带一路'倡议等举措，加强互联互通，提升旅游便利化，推进并支持区域旅游合作"。另外，与"一带一路"重点国家合作，先后举办中俄、中韩、中印、中美、中国—中东欧、中澳、中丹、中瑞、中哈、中国—东盟10个旅游年，覆盖国家34个，组织民众喜闻乐见的旅游推广交流活动，等等。

（五）缺乏对陆上丝绸之路沿线古代景点的开发

陆上丝绸之路蕴含着享誉世界的资源品质和厚重久远的人文精神，具有承继性的主题积累与线性资源区域分布的特征，丝绸之路既是西北旅游目的地的形象概念，又是一种具有强烈西北文化魅力的旅游产品，是中国改革开放伊始向海外重点推介的15条黄金线路之一，也是世界旅游组织向国际旅游市场着力推介的世界级旅游线路产品之一，丝路旅游完全可以成为推动中国西部地区旅游业实现跨越式发展的桥梁和纽带。但丝绸之路旅游现状不容乐观，不仅沿线各省区旅游业投资规模低、基础设施不完善、旅游形象不鲜明等问题制约着丝路旅游的发展，而且产品本身对旅游业发展的纽带作用也远未发挥。有关统计数据表明，丝绸之路沿线各省区的客源流失比例高达 40%—70%，真正完成全线产品购买的游客不足总数的 20%。

目前丝路旅游开发侧重沿线历史古迹和山水风光，且仅停留在观光层面，人流多而现金流不大，旅游产业链短。如世界遗产地莫高窟景区，始建于前秦时期，在隋唐时期，随着丝绸之路的繁荣，莫高窟更是兴盛。但如今，游客从进到出大约 1.5—2 小时，基本没有参与性活动项目。据统计，敦煌市 2016 年旅游总收入 78.36 亿元，同比增长 22.89%。而同是世界遗产地的云南丽江，旅游总收入在 2010 年就已经超过 100 亿元。比较而言，敦煌的旅游产品不仅设计、整合、推广以及配套服务存在缺陷，对其文化底蕴的发掘也缺乏深度，使得丝路旅游现状与其丰厚的文化旅游资源极不相称。

为解决此问题，各国应积极整合古代丝绸之路沿线旅游资源，做好界定、保护、开发、宣传等相关工作，将古代丝绸之路的历史文化内涵融入当代"一带一路"中，开拓更广阔的文化旅游市场。"一带一路"资源虽丰富，品牌旅游资源却略显不足，考虑其作为一条文化线路的整体性特点，联合申报丝绸之路世界文化遗产、创新丝绸之路旅游品牌就显得很有必要。2014 年第 38 届世界遗产大会上，中国连同哈萨克斯坦、吉尔吉斯共和国申报的丝绸之路"长安—天山廊道路网"，成功列入世界文化遗产目录，成为首个跨国合作申报世界文化遗产的例子。不过，丝绸之路主题旅游形象的塑造仍要遵循"和而不同"的理念，因为丝绸之路沿线地区旅游业发展条件和态势不均，不同地区宜采取不同的形象建设策略。

四、"一带一路"沿线国家旅游业展望

2018 年是"一带一路"倡议提出 5 周年。5 年来，旅游合作成效显著。"一带一路"沿线国家赴中国游客由 2013 年的 903 万人次增长到 2017 年的 1064 万人次；中国出境到"一带一路"沿线国家的游客由 2013 年的 1549 万人次增长到 2017 年的 2741 万人次。2017 年中国入境旅游收入 1234 亿美元，其中由"一带一路"沿线国家创造的份额占 16.88%。

为配合"一带一路"建设的推进，中国已经开展了大量有针对性的国际旅游合作。2016 年 7 月，国家旅游局会同八部门制定下发《关于加快推动跨境旅游合作区工作的通知》和《跨境旅游合作区建设指南》，启动跨境旅游合作区工作。制定了《丝绸之路经济带和 21 世纪海上丝绸之路旅游合作发展战略规划》，先后组织召开丝绸之路旅游部长会议、中俄蒙三国旅游部长会议，与"一带一路"沿线国家举办多个旅游年，成立丝绸之路海外推广联盟，构建了丝绸之路宣传推广体系，连续 3 年以"美丽中国—丝绸之路旅游年"为主题开展全球宣传推广活动；以通航为切入点，开通了中国与中东欧有关国家的直航，协调相关方面持续简化签证政策。国家旅游局与联合国世界旅游组织共同举办"一带一路"国家旅游部长圆桌会议，倡议成立"一带一路"国家和地区旅游合作共同体，等等。

国家旅游局预计，"十三五"期间，中国将为"一带一路"沿线国家输送1.5亿人次中国游客和超过2000亿美元的旅游消费，同时还将吸引沿线国家8500万人次游客来华旅游，拉动旅游消费约1100亿美元。

"一带一路"建设的推进和国际区域合作发展大格局的形成，必然为沿线各国旅游产业的发展和提升以及国际旅游合作机制的建立创造新机遇。应通过实施"旅游规划一体化、投资政策一体化、资源开发一体化、要素配置一体化、旅游线路一体化、旅游信息一体化、旅游交通一体化、市场营销一体化、通关方式一体化、结算方式一体化、服务标准一体化、市场监管一体化、旅游安全一体化"等措施，突破国界区划分割，实现丝绸之路沿线国家旅游业的协同发展。同时，旅游在国民经济发展的新常态下有新作为，旅游发展必将在"一带一路"建设中发挥重要作用，旅游合作必将为"一带一路"建设做出新贡献。

附录

附表 9-1　2016 年"一带一路"沿线国家旅游业对 GDP 和就业的贡献度统计

国家	旅游业对GDP的直接贡献份额（2016年，%）	旅游业对GDP的贡献份额（2016年，%）	旅游业对就业的直接贡献份额（2016年，%）	旅游业对就业的贡献份额（2016年，%）
马尔代夫	40.9	79.4	19.7	43.6
柬埔寨	12.2	28.3	11.4	25.9
黑山	11.0	22.1	6.5	14.6
克罗地亚	10.7	24.7	10.0	23.4
泰国	9.2	20.6	6.1	15.1
阿尔巴尼亚	8.4	26.0	7.7	23.9
菲律宾	8.2	19.7	5.5	18.1
格鲁吉亚	8.1	27.1	6.8	23.4
黎巴嫩	7.0	19.4	6.9	18.8
叙利亚	5.7	13.0	3.4	8.7
阿联酋	5.2	12.1	5.4	10.4
斯里兰卡	5.1	11.4	4.8	10.7
约旦	4.9	19.4	5.1	18.1
马来西亚	4.7	13.7	4.5	12.0
越南	4.6	9.1	3.6	7.3
新加坡	4.3	9.9	4.5	8.6
老挝	4.3	14.2	3.7	12.4
匈牙利	4.1	10.5	6.0	10.3
巴林	4.1	9.9	4.0	9.6
阿塞拜疆	4.1	14.6	3.7	13.2

国家	旅游业对GDP的直接贡献份额（2016年，%）	旅游业对GDP的贡献份额（2016年，%）	旅游业对就业的直接贡献份额（2016年，%）	旅游业对就业的贡献份额（2016年，%）
土耳其	4.1	12.5	1.8	8.1
爱沙尼亚	4.0	16.1	4.2	16.0
拉脱维亚	4.0	9.0	4.0	8.7
亚美尼亚	3.8	14.0	3.3	12.5
尼泊尔	3.6	7.5	2.9	6.4
斯洛文尼亚	3.5	12.6	3.9	12.9
卡塔尔	3.4	10.1	6.5	10.8
保加利亚	3.4	12.8	3.2	11.9
印度	3.3	9.6	5.8	9.3
沙特阿拉伯	3.3	10.2	5.1	9.7
塔吉克斯坦	3.3	8.2	0.1	20.5
阿曼	3.2	7.3	3.4	7.2
埃及	3.2	7.2	2.9	6.6
缅甸	3.0	6.6	2.7	5.7
伊朗	2.9	7.7	2.2	6.5
巴基斯坦	2.7	6.9	2.3	6.0
捷克	2.5	7.8	4.3	9.3
波黑	2.5	9.2	3.0	10.6
科威特	2.5	5.4	2.3	5.0
斯洛伐克	2.4	6.2	2.5	6.0
蒙古国	2.4	9.4	2.2	8.5

续表

国家	旅游业对GDP的直接贡献份额（2016年，%）	旅游业对GDP的贡献份额（2016年，%）	旅游业对就业的直接贡献份额（2016年，%）	旅游业对就业的贡献份额（2016年，%）
塞尔维亚	2.3	6.7	1.9	5.0
孟加拉国	2.2	4.3	1.8	3.8
也门	2.2	5.7	1.3	4.0
以色列	1.9	6.8	2.2	7.2
哈萨克斯坦	1.9	6.2	2.1	6.0
立陶宛	1.9	5.3	2.0	5.1
白俄罗斯	1.9	5.9	1.8	5.5
波兰	1.8	4.5	1.9	4.5
印度尼西亚	1.8	6.2	1.6	5.6
马其顿	1.8	6.7	1.6	6.1
伊拉克	1.8	5.2	1.3	4.2
乌克兰	1.5	5.6	1.3	5.0
文莱	1.4	7.2	2.7	8.6
吉尔吉斯共和国	1.4	3.9	1.3	3.7
罗马尼亚	1.3	5.2	2.4	6.2
俄罗斯	1.3	5.0	1.2	4.7
摩尔多瓦	1.0	3.4	0.9	2.9
乌兹别克斯坦	1.0	3.1	0.8	2.7

数据来源：The Travel & Tourism Competitiveness Report 2017, published by the World Economic Forum。

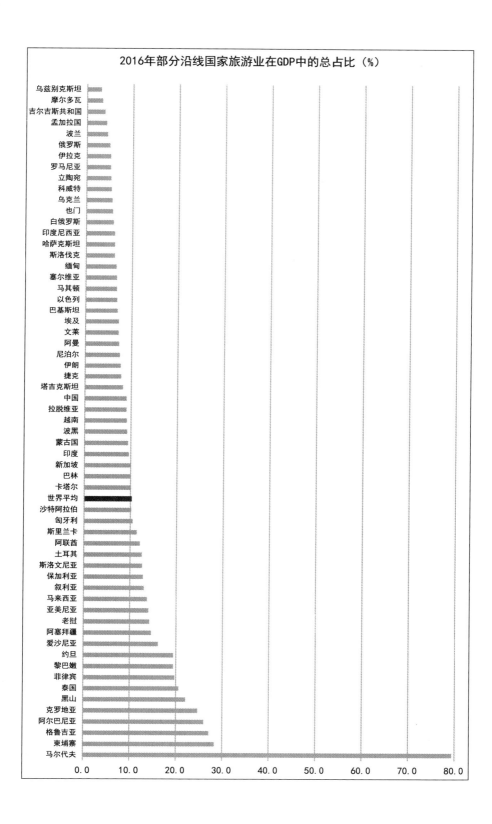

2016年部分沿线国家旅游业在GDP中的总占比（%）

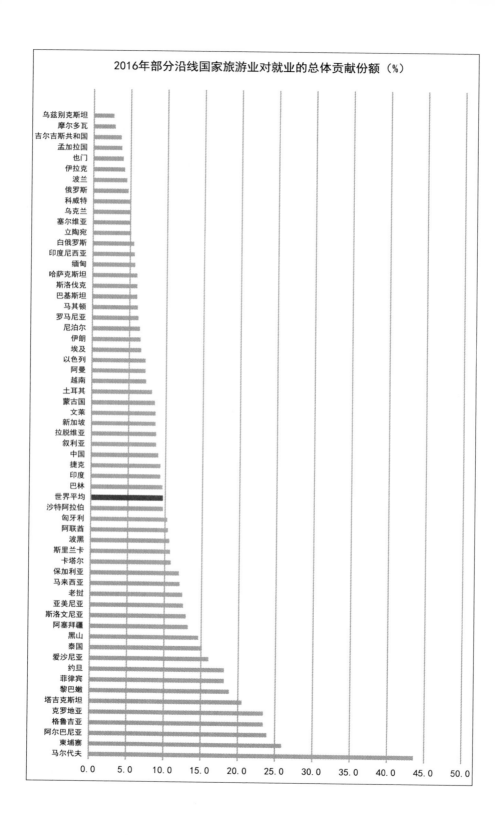

2016年部分沿线国家旅游业对就业的总体贡献份额（%）

附表 9-2 "一带一路"沿线部分国家旅游竞争力单项得分统计

国家/经济体	全球排名	航空运输基础设施	地面和港口基础设施	旅游服务基础设施	安全性	旅游业优先程度
中国	15	4.3	4	3.2	5	4.8
克罗地亚	32	3	3.9	6.3	6.1	4.5
土耳其	44	4.7	3.5	4.7	4.1	4.3
捷克	39	3.1	4.9	5.1	5.9	4.2
爱沙尼亚	37	3	4.4	5.5	6.3	5.5
拉脱维亚	54	3.1	4	4.6	5.8	4.5
立陶宛	56	2.4	4.4	4.4	5.7	4.5
斯洛文尼亚	41	2.5	4.8	5.4	6.2	4.8
保加利亚	45	2.4	3.1	5.8	5.1	4.3
波兰	46	2.6	4.3	4.2	5.7	4.1
匈牙利	49	3	4.4	4.4	5.7	4.9
斯洛伐克	59	1.7	4.2	4.3	5.6	4.1
罗马尼亚	68	2.4	2.8	4.4	5.8	3.8
黑山	72	3	3.2	5.4	5.4	4.6
马其顿	89	2.2	3.3	4	5.6	4.3
塞尔维亚	95	2.4	2.8	3.9	5.4	3.6
阿尔巴尼亚	98	2	3.1	3.9	5.7	4.6
波黑	113	1.8	2.5	3.9	5.4	3.7
摩尔多瓦	117	2	2.5	2.8	5.4	3.4
俄罗斯	43	4.5	3	4.5	4.3	4.2
格鲁吉亚	70	2.2	3.3	4	6	4.9
阿塞拜疆	71	2.4	3.7	3.3	5.8	4.8
哈萨克斯坦	81	2.6	2.8	3.1	5.5	4.3
亚美尼亚	84	2.2	2.9	3.9	5.9	4.6
乌克兰	88	2.4	3	4	3.5	4.3
塔吉克斯坦	107	2.2	2.6	2.1	5.7	4
吉尔吉斯共和国	115	1.9	2.1	2.2	5	3.6
阿联酋	29	5.8	4.9	5.4	6.6	5.1
卡塔尔	47	4.3	4.7	5	6.3	4.5

国家/经济体	全球排名	航空运输基础设施	地面和港口基础设施	旅游服务基础设施	安全性	旅游业优先程度
巴林	60	3.5	5.2	4.9	5.7	4.3
以色列	61	3.2	4.2	5.4	4.6	4.6
沙特阿拉伯	63	3.7	3.3	4.7	5.5	4.4
阿曼	66	3	3.9	4.1	6.5	4.4
约旦	75	2.6	3	4.1	5.8	5.3
伊朗	93	2.2	3.1	2.5	5.2	3.6
黎巴嫩	96	2.4	2.9	4.3	3.6	5
科威特	100	2.5	3.5	3.8	5.7	3.3
也门	136	1.5	2	2.2	2.8	2.4
埃及	74	2.9	3	3.2	3.3	5
蒙古国	102	2.2	2.1	2.7	5.7	4
新加坡	13	5.3	6.3	5.4	6.5	6
马来西亚	26	4.5	4.4	4.7	5.8	4.7
泰国	34	4.6	3.1	5.8	4	5
印度尼西亚	42	3.8	3.2	3.1	5.1	5.6
斯里兰卡	64	2.6	3.9	3.2	5.5	5.2
越南	67	2.8	3.1	2.6	5.6	4
菲律宾	79	2.7	2.5	3.4	3.6	4.8
老挝	94	2.1	2.4	3.5	5.4	4.7
柬埔寨	101	2.1	2.4	2.9	5.1	5.1
印度	40	3.9	4.5	2.7	4.1	3.9
不丹	78	2.7	2.5	2.7	6.1	5
尼泊尔	103	2	1.9	2.3	4.8	4.8
巴基斯坦	124	2.1	3	2.3	3.1	3.4
孟加拉国	125	1.9	3.1	1.9	3.7	3.2

数据来源：The Travel & Tourism Competitiveness Report 2017, published by the World Economic Forum。

附表 9-3　2016 年"一带一路"部分沿线国家游客数量及旅游业收入统计

国家/经济体	国际游客数量	入境人均贡献收入 （美元）	入境旅游总收入 （百万美元）
中国	56,885,700	2005.90	114107.03
土耳其	39,478,000	674.20	26616.07
俄罗斯	31,346,486	270.00	8463.55
泰国	29,923,185	1488.90	44552.63
马来西亚	25,721,251	684.10	17595.91
沙特阿拉伯	17,994,225	562.90	10128.95
波兰	16,728,000	581.50	9727.33
匈牙利	14,316,000	373.30	5344.16
阿联酋	14,200,000	1129.40	16037.48
克罗地亚	12,683,179	696.50	8833.83
乌克兰	12,428,286	87.10	1082.50
新加坡	12,051,929	1389.30	16743.74
捷克	11,148,000	542.50	6047.79
印度尼西亚	10,406,759	1034.00	10760.59
埃及	9,139,104	663.60	6064.71
印度	8,027,133	2617.70	21012.63
越南	7,943,600	925.30	7350.21
保加利亚	7,099,000	443.20	3146.28
斯洛伐克	6,816,000	346.70	2363.11
菲律宾	5,360,682	984.30	5276.52
柬埔寨	4,775,231	655.50	3130.16
哈萨克斯坦	4,559,500	336.40	1533.82
阿尔巴尼亚	3,784,357	396.50	1500.50
约旦	3,761,072	1080.80	4064.97
老挝	3,543,327	191.70	679.26
吉尔吉斯共和国	3,051,000	139.50	425.61
爱沙尼亚	2,988,731	477.80	1428.02
卡塔尔	2,929,630	1718.80	5035.45

国家/经济体	国际游客数量	入境人均贡献收入 （美元）	入境旅游总收入 （百万美元）
以色列	2,799,502	1916.20	5364.41
斯洛文尼亚	2,706,781	925.20	2504.31
格鲁吉亚	2,281,971	848.40	1936.02
罗马尼亚	2,234,520	766.10	1711.87
立陶宛	2,071,300	557.40	1154.54
拉脱维亚	2,023,500	442.60	895.60
阿塞拜疆	1,921,925	1201.70	2309.58
阿曼	1,897,000	811.60	1539.61
斯里兰卡	1,798,380	1657.40	2980.64
黑山	1,559,924	578.20	901.95
黎巴嫩	1,517,927	4517.50	6857.24
巴林	1,200,000	997.50	1197.00
亚美尼亚	1,191,910	785.10	935.77
塞尔维亚	1,132,221	926.00	1048.44
巴基斯坦	965,498	328.30	316.97
波黑	678,271	974.10	660.70
尼泊尔	538,970	892.90	481.25
马其顿	485,530	549.50	266.80
塔吉克斯坦	413,834	2.40	0.99
蒙古国	386,204	635.90	245.59
也门	366,700	272.70	100.00
科威特	182,000	2739.50	498.59
不丹	155,121	458.70	71.15
孟加拉国	125,000	1187.20	148.40
摩尔多瓦	94,381	2162.50	204.10

数据来源：The Travel & Tourism Competitiveness Report 2017, published by the World Economic Forum。

"一带一路"沿线国家数字经济发展报告

随着信息和通信技术（ICT）的发展、互联网数字技术的应用，数字经济正逐渐成为全球经济发展的新引擎。2008年金融危机后，全球经济进入了深度调整阶段，在传统经济持续低迷的背景下，数字经济异军突起，发展数字经济也正成为信息时代的主旋律。

2013年"一带一路"倡议提出伊始，就受到了世界众多国家的欢迎。2017年5月14日，国家主席习近平在"一带一路"国际合作高峰论坛上提出数字丝绸之路之后，"一带一路"沿线国家数字经济的发展愈加引人关注。2017年12月4日，第四届世界互联网大会发布报告指出，2016年，中国数字经济规模总量达22.58万亿元，跃居全球第二，占GDP比重达30.3%。毋庸置疑，中国数字经济企业有能力担当起"一带一路"数字经济国际合作引领者的角色。但是，"一带一路"沿线各国数字经济发展水平明显不均衡，给推进"一带一路"数字经济国际合作带来了困难与挑战。研究影响"一带一路"沿线国家数字经济发展现状和潜力，对推进"一带一路"数字经济国际合作有着极大的历史意义。

一、数字经济：经济发展的新阶段

回顾人类社会经济发展历史，从生产力的角度来看，人们已经经历了农业经济阶段和工业经济阶段，而今正逐渐进入到数字经济阶段。以数字技术为代表的高新技术突飞猛进，以数字化和数字产业发展水平为主要特征的综合国力竞争日趋激烈，数字经济已经成为世界经济的新潮流。

（一）数字经济的概念及发展历程

数字经济（Digital Economy）指一个经济系统，在这个系统中，数字技术被广泛使用并由此带来了整个经济环境和经济活动的根本变化。

20世纪70年代以后，数字技术的发展改变了人们通信和获取信息的手段。通过提高数字技术和信息资源在整个经济社会领域的开发利用水平，从而生产高质量、高效率的产品和服务；它以数字化产业为国民经济的支柱产业，这些产业对技术或者说是脑力劳动依赖程度越来越高；与此同时，生产技术电子化、数字化、智能化的趋势更加突出。进入20世纪90年代后，企业和个人借助个人电脑和互联网享受到即时交换电子邮件、数据乃至思想的便利。各种家用电器设备、信息处理设备都将向数字化方向变化，如数字电视、数字广播、数字电影等。现在通信网络也向数字化方向发展。数字化技术正在引发一场范围广泛的产品革命——数字革命，数字化、网络化、智能化正在给数字经济带来新的机遇。

（二）数字化的统计与评估

数字化使得新的市场开放和现有市场的运作效率更高，接触、互动和交流变得更加简单易行，这对经济的增长和发展带来的影响无疑是巨大的。但是，要了解和把握这些影响，信息的记录和统计工作就显得至关重要。

为了能更好地对数字化进行统计与评估，世界上多个国家和机构都曾建立各种相关统计模型。从具体指标体系的设计上来看，由联合国贸发会（UNCTAD）完成的"2005年信息经济报告"[①]从信息与通信技术（ICT）产品的供给和需求两方面对数字化水平进行了分析，在需求上主要包括网络用户、计算机数量、手机数量、企业网的应用四方面，在供给方面主要分析ICT产品的国际贸易情况和生产情况。该项报告发现，研究发展中国家的数字化水平及其影响是比较困难的，其原因在于发展中国家的统计数据比较缺乏，相互之间不具有可比性（甚至在同一国家，由不同机构统计出来的数据也不一致），并且统计数据不能够为计量分析（主要是关于数字化对经济发展和增长影响）提供支撑。尽管存在上述困难，发展中国家已经开始关注数字化的统计问题，并且逐渐认识到需要制定一些关于发展数字化的政策。

2016年7月，世界经济论坛发布了《2016年全球信息技术报告：数字经济时代推进创新》。报告以"网络就绪指数NPI"为依据，对139个经济体的信息通信技术发展状况进行了全面评估并排出名次。其所使用的"网络就绪指数"是由世界经济论坛于

---

① 该报告在2005年之前称作"电子商务及发展报告"（E-Commerce and Development Report）。

2001 年创立的，用于评估一个国家从新兴信息技术中获益并利用数字转型机会之就绪程度的重要工具，共设有 53 个单项指标，分为 4 大类：环境、准备就绪程度、使用情况和影响力。[①]

各指数之间的关系可表示如下：

网络就绪指数 =（环境指数 + 准备就绪指数 + 使用指数 + 影响指数）/4

环境指数 =（政治和监管环境 + 商业和创新环境）/2

准备就绪指数 =（基础设施 + 承受能力 + 技能水平）/3

使用指数 =（个人使用 + 商业使用 + 政府使用）/3

影响指数 =（经济影响 + 社会影响）/2

二、"一带一路"沿线国家网络就绪指数（NRI）排名情况

世界经济论坛 2016 年 7 月发布了《2016 年全球信息技术报告：数字经济时代推进创新》，统计了世界 139 个国家的网络就绪指数（The Networked Readiness Index），其中"一带一路"沿线 65 个国家中有 54 个国家统计在列。在"一带一路"沿线国家中，新加坡利用信息和通信技术推动经济发展及竞争力的成效最显著，居世界 139 个统计国家之首。排名靠前的多是高收入国家或中上等收入国家，这些国家集中在发达国家和中东国家。中国

---

① 《2016 年全球信息技术报告：数字经济时代推进创新》，2016 年 7 月，世界经济论坛。

网络就绪指数在世界排名 59，在统计的 54 个"一带一路"沿线国家中排名 27，处于中间位置。

表 10-1　2016 年"一带一路"沿线国家网络就绪指数

排名	世界139个国家排名	国家/经济体	网络就绪指数	2015排名 (out of 143)	收入水平 Income level*	分组 Group†
1	1	新加坡	6	1	HI	ADV
2	21	以色列	5.4	21	HI-OECD	ADV
3	22	爱沙尼亚	5.4	22	HI-OECD	ADV
4	26	阿联酋	5.3	23	HI	MENAP
5	27	卡塔尔	5.2	27	HI	MENAP
6	28	巴林	5.1	30	HI	MENAP
7	29	立陶宛	4.9	31	HI	ADV
8	31	马来西亚	4.9	32	UM	EDA
9	32	拉脱维亚	4.8	33	HI	ADV
10	33	沙特阿拉伯	4.8	35	HI	MENAP
11	36	捷克	4.7	43	HI-OECD	ADV
12	37	斯洛文尼亚	4.7	37	HI-OECD	ADV
13	39	哈萨克斯坦	4.6	40	UM	EURAS
14	41	俄罗斯	4.5	41	HI	EURAS
15	42	波兰	4.5	50	HI-OECD	EDE
16	46	马其顿	4.4	47	UM	EDE
17	47	斯洛伐克	4.4	59	HI-OECD	ADV
18	48	土耳其	4.4	48	UM	EDE
19	50	匈牙利	4.4	53	HI-OECD	EDE

排名	世界139个国家排名	国家/经济体	网络就绪指数	2015排名(out of 143)	收入水平 Income level*	分组 Group †
20	51	黑山	4.3	56	UM	EDE
21	52	阿曼	4.3	42	HI	MENAP
22	53	阿塞拜疆	4.3	57	UM	EURAS
23	54	克罗地亚	4.3	54	HI	EDE
24	56	亚美尼亚	4.3	58	LM	EURAS
25	57	蒙古	4.3	61	UM	EDA
26	58	格鲁吉亚	4.3	60	LM	EURAS
27	59	中国	4.2	62	UM	EDA
28	60	约旦	4.2	52	UM	MENAP
29	61	科威特	4.2	72	HI	MENAP
30	62	泰国	4.2	67	UM	EDA
31	63	斯里兰卡	4.2	65	LM	EDA
32	64	乌克兰	4.2	71	LM	EURAS
33	66	罗马尼亚	4.1	63	UM	EDE
34	69	保加利亚	4.1	73	UM	EDE
35	71	摩尔多瓦	4	68	LM	EURAS
36	73	印度尼西亚	4	79	LM	EDA
37	75	塞尔维亚	4	77	UM	EDE
38	77	菲律宾	4	76	LM	EDA
39	79	越南	3.9	85	LM	EDA

续表

排名	世界139个国家排名	国家/经济体	网络就绪指数	2015排名(out of 143)	收入水平Income level*	分组Group†
40	84	阿尔巴尼亚	3.9	92	UM	EDE
41	87	不丹	3.8	88	LM	EDA
42	88	黎巴嫩	3.8	99	UM	MENAP
43	91	印度	3.8	89	LM	EDA
44	92	伊朗	3.7	96	UM	MENAP
45	95	吉尔吉斯共和国	3.7	98	LM	EURAS
46	96	埃及	3.7	94	LM	MENAP
47	97	波黑	3.6	n/a	UM	EDE
48	104	老挝	3.4	97	LM	EDA
49	109	柬埔寨	3.4	110	LI	EDA
50	110	巴基斯坦	3.4	112	LM	MENAP
51	112	孟加拉国	3.3	109	LM	EDA
52	114	塔吉克斯坦	3.3	117	LM	EURAS
53	118	尼泊尔	3.2	118	LI	EDA
54	133	缅甸	2.7	139	LM	EDA

注：收入水平分类依照世界银行分类（截至2015年7月的情况）。分组分类遵循国际货币基金组织的分类（截至2016年4月的情况）。收入水平：HI为非OECD的高收入经济体；HI-OECD为高收入OECD成员国；UM为中上等收入经济体；LM为中下等收入经济体；LI为低收入经济体。分组：ADV为发达经济体；EDA为新兴和发展中的亚洲国家；EDE为新兴和发展中欧洲国家；EURAS为欧亚大陆国家；LATAM为拉丁美洲和加勒比地区；MENAP为中东、北非和巴基斯坦；SSA为撒哈拉以南非洲。数据来源：《2016年全球信息技术报告：数字经济时代推进创新》，2016年7月，世界经济论坛。

网络就绪指数从多个方面衡量了各国有效利用信息通信技术的成熟度，主要由环境指数、准备就绪指数、使用指数、影响指数4个方面构成：环境指数包括整体商业、监管环境的评估，详见附表10-1；准备就绪指数是对于基础设施、承受能力和技术水平方面的评估，见附表10-2；使用指数主要由三大社会主要群体——个人、企业和政府——使用并获益于信息通信技术的程度，见附表10-3；影响指数主要评估通信信息技术对社会、经济产生的影响，见附表10-4。

三、"一带一路"沿线国家ICT产品、服务进出口情况

（一）"一带一路"沿线国家ICT产品进、出口情况

根据世界银行 WDI 数据库数据显示，"一带一路"沿线国家 ICT 产品进口占产品进口总量的比例多数大于 ICT 产品出口占产品出口总量的比例。说明大部分"一带一路"沿线国家在 ICT 市场上还处于劣势。同时，一些 ICT 产品进口比例较大的国家，可通过技术引进获得先进的 ICT 技术，以缩小数字鸿沟。中国作为 ICT 产品进出口大国，在"一带一路"沿线国家占据重要的地位。值得注意的是，东南亚国家如新加坡、菲律宾、越南、泰国、马来西亚的 ICT 产品进、出口额，占产品进、出口总量的比例均较大，且出口占比大于进口占比，图 10-1 说明了这些国家在 ICT 市场上占据的优势地位。

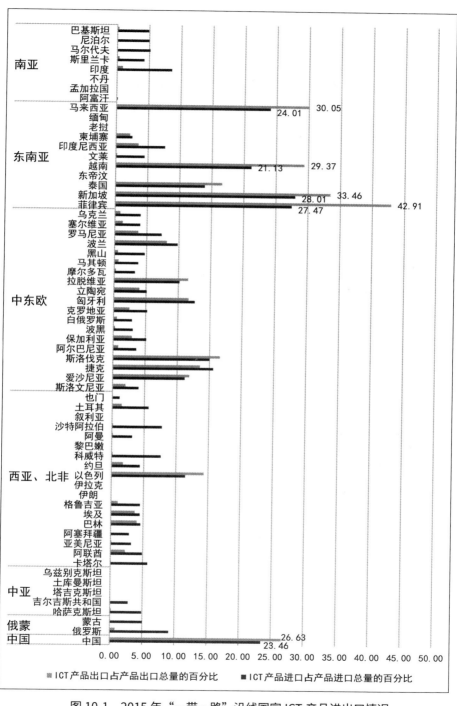

图 10-1　2015 年"一带一路"沿线国家 ICT 产品进出口情况

数据来源：世界银行 WDI 数据库，其中巴勒斯坦数据缺失。

图 10-2 和图 10-3 分别为 2015 年 "一带一路" 沿线国家 ICT 商品进出口额对比图，中国、新加坡、马来西亚三国在 ICT 商品进口额和出口额方面均居 "一带一路" 沿线国家前三，且中国 ICT 商品进出口总额更为突出，远远超过其他 "一带一路" 沿线国家，在 ICT 商品方面，中国展现出极大的优势。

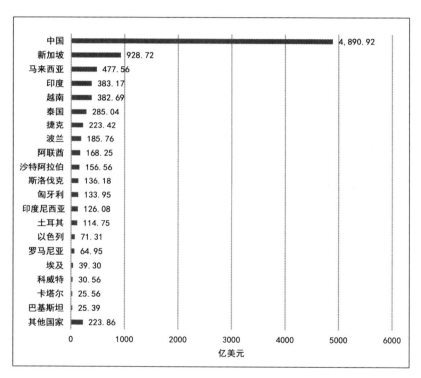

图 10-2 2015 年 "一带一路" 沿线国家 ICT 商品进口额

数据来源：OECD，按行业和终端用途分类的双边贸易数据库（BTDIxE），2017年9月。

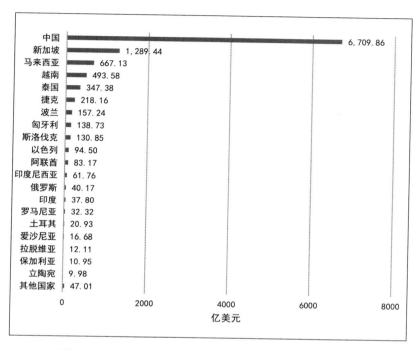

图 10-3　2015 年"一带一路"沿线国家 ICT 商品出口额

数据来源：OECD，按行业和终端用途分类的双边贸易数据库（BTDIxE），2017
年 9 月。

（二）"一带一路"沿线国家ICT服务出口情况

表 10-6 为 2015 年"一带一路"沿线国家 ICT 服务出口情况，图 10-4 为"一带一路"沿线国家 ICT 服务出口情况分地区比较图，从图中可以看出，中国以及东南亚、南亚国家在 ICT 服务出口方面有极大的优势。针对到具体国家来说，图 10-5 为 2015"一带一路"沿线国家 ICT 服务出口额对比图，可以看出在 ICT 服务出口上，印度占据了更大的优势。

表 10-2 2015 年"一带一路"沿线国家 ICT 服务出口

地区	国家	ICT服务出口（亿美元）	ICT服务出口占服务出口的百分比
	中国	829.52	38.16
俄蒙	俄罗斯	165.82	32.07
	蒙古	1.51	21.93
中亚	哈萨克斯坦	5.66	8.84
	吉尔吉斯共和国	1.24	14.5
	塔吉克斯坦	0.15	5.96
	土库曼斯坦	0.00	
	乌兹别克斯坦	0.00	
西亚、北非	卡塔尔	5.42	3.62
	阿联酋	0.00	
	亚美尼亚	1.73	11.44
	阿塞拜疆	4.75	10.68
	巴林	0.00	
	埃及	12.82	6.92
	格鲁吉亚	1.03	3.28
	伊朗	0.00	
	伊拉克	12.65	20.21
	以色列	231.88	65.12
	约旦	3.51	5.56
	科威特	27.27	45.03
	黎巴嫩	36.71	23.21
	阿曼	6.45	18.51
	沙特阿拉伯	2.68	1.86
	叙利亚	0.00	
	土耳其	4.60	0.98
	也门	0.76	17.71

续表

地区	国家	ICT服务出口 （亿美元）	ICT服务出口占服务 出口的百分比
中东欧	斯洛文尼亚	14.88	22.27
	爱沙尼亚	15.15	26.26
	阿尔巴尼亚	2.27	10.07
	保加利亚	19.86	25.68
	波黑	1.35	8.19
	白俄罗斯	15.69	23.65
	捷克	72.76	31.86
	克罗地亚	16.25	13.02
	匈牙利	64.66	28.74
	立陶宛	8.28	12.43
	拉脱维亚	10.89	24.33
	摩尔多瓦	2.49	25.73
	马其顿	3.39	22.3
	黑山	1.22	9.08
	波兰	144.85	32.12
	罗马尼亚	68.15	36.92
	塞尔维亚	17.39	36.69
	斯洛伐克	23.94	29.58
	乌克兰	39.12	31.44
东南亚	新加坡	436.55	29.38
	菲律宾	210.11	72.29
	泰国	94.15	15.25
	东帝汶	0.04	6.12
	越南	0.00	0
	文莱	0.00	
	印度尼西亚	58.89	26.5
	柬埔寨	0.00	
	老挝	0.34	4.29
	缅甸	7.77	20.18
	马来西亚	82.30	23.73

续表

地区	国家	ICT服务出口 （亿美元）	ICT服务出口占服务 出口的百分比
南亚	阿富汗	2.03	27.82
	孟加拉国	8.82	28.29
	不丹	0.00	0.33
	印度	1051.43	67.28
	斯里兰卡	8.47	13.24
	马尔代夫	0.00	
	尼泊尔	5.27	36.86
	巴基斯坦	16.96	29.34

数据来源：世界银行 WDI 数据库，其中巴勒斯坦数据缺失。

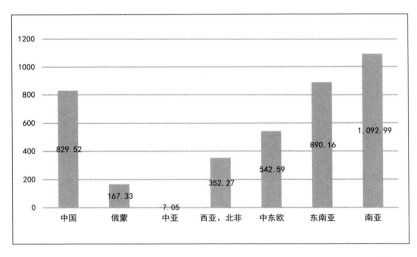

图 10-4 2015 年"一带一路"沿线国家 ICT 服务出口情况分地区比较图
（亿美元）

数据来源：世界银行 WDI 数据库，其中巴勒斯坦数据缺失。

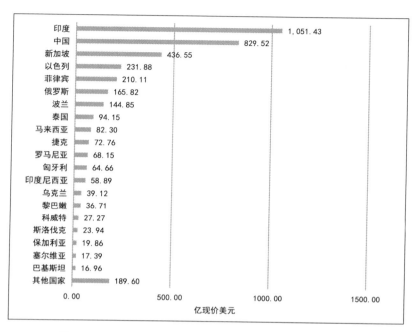

图 10-5 2015 年"一带一路"沿线国家 ICT 服务出口额

数据来源：世界银行 WDI 数据库，其中巴勒斯坦数据缺失。

四、"一带一路"沿线国家数字经济资源禀赋

（一）互联网基础设施情况

图 10-6 是 2016 年"一带一路"沿线国家安全互联网服务器（每百万人）拥有量，可以看到，在"一带一路"沿线国家中，新加坡和中东欧国家 ICT 基础设施建设较完善，而中亚和南亚属于弱势地位。世界各国的平均水平为每百万人拥有 215.06 台安全互联网服务器，由此发现大部分"一带一路"沿线国家 ICT 基础

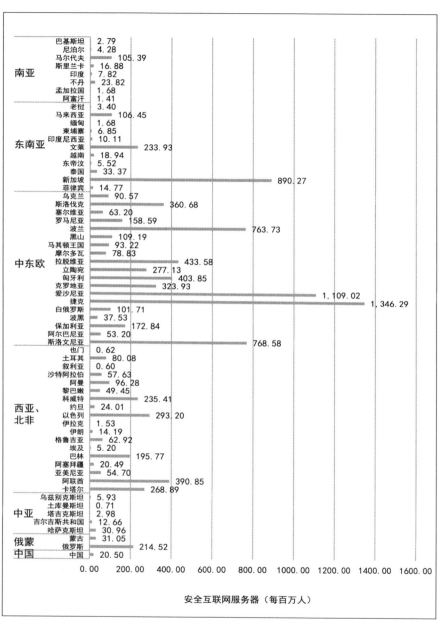

图 10-6　2016 年"一带一路"沿线国家安全互联网服务器（每百万人）拥有量

数据来源：世界银行 WDI 数据，其中巴勒斯坦数据缺失。

设施建设和发展还处于弱势，应进一步加强此方面国家投入。而中国在互联网设施人均水平上（20.50）处于较低水平，与发达国家相比还有着较大的差距。

（二）教育普及情况

根据世界银行关于各个国家成人识字率和高等院校入学率整理出"一带一路"沿线国家教育普及情况表，见表10-3。可以看到除了极少数长期处于战乱的国家外，大部分国家成人识字率均在95%以上，对于计算机和信息技术的普及来说，"一带一路"沿线国家几乎所有成人都有能力接受和使用计算机和信息技术。但对于高等院校入学率就存在各个国家良莠不齐的状况，见图10-7。对于发达国家和高收入经济体，高等院校入学率较高，同时由以上分析可以看出这些国家的数字经济发展情况较好。

表 10-3　2015 年"一带一路"沿线国家教育普及情况

地区	国家	识字率，成人总体（占15岁以上人口的百分比）	高等院校入学率（占总人数的百分比）
	中国	96.36	43.39
俄蒙	俄罗斯	99.72	80.39
	蒙古	98.37	68.57
中亚	哈萨克斯坦	99.79	46.04
	吉尔吉斯共和国	99.5	46.90
	塔吉克斯坦	99.78	26.37
	土库曼斯坦	99.69	
	乌兹别克斯坦	100	8.79
西亚、北非	卡塔尔	97.76	14.52
	阿联酋	92.99	
	亚美尼亚	99.77	44.31

地区	国家	识字率，成人总体 （占15岁以上人口的百分比）	高等院校入学率 （占总人数的百分比）
	阿塞拜疆	99.81	25.48
	巴林	95.72	43.26
	埃及	75.84	36.23
	格鲁吉亚	99.76	43.42
西亚、 北非	伊朗	87.17	71.88
	伊拉克	79.72	
	以色列		64.75
	约旦	98.01	44.87
	科威特	96.12	
	黎巴嫩	94.05	38.48
	阿曼	93.97	
	沙特阿拉伯	94.84	63.07
	叙利亚	86.3	44.05
	土耳其	95.69	94.73
	也门	69.96	
中东欧	斯洛文尼亚	99.71	
	阿尔巴尼亚	97.55	58.11
	保加利亚	98.39	73.93
	波黑	98.49	
	白俄罗斯	99.72	87.94
	捷克		64.97
	爱沙尼亚	99.82	69.55
	克罗地亚	99.27	69.05
	匈牙利	99.38	50.86
	立陶宛	99.82	
	拉脱维亚	99.89	
	摩尔多瓦	99.24	41.21
	马其顿	97.84	42.06
	黑山	98.72	
	波兰	99.79	

续表

地区	国家	识字率，成人总体（占15岁以上人口的百分比）	高等院校入学率（占总人数的百分比）
	罗马尼亚	98.76	53.22
	塞尔维亚	98	58.29
	斯洛伐克		
	乌克兰	99.76	
东南亚	新加坡	96.77	
	文莱	96.66	30.84
	印度尼西亚	95.44	24.25
	柬埔寨	78.35	13.09
	老挝	79.87	16.91
	缅甸	93.09	
	马来西亚	94.64	26.07
	菲律宾	96.62	
	泰国	93.98	48.86
	东帝汶	64.07	
	越南	94.51	28.84
南亚	阿富汗	38.17	
	孟加拉国	61.49	
	不丹	63.91	
	印度	72.23	26.87
	斯里兰卡	92.61	19.80
	马尔代夫	99.32	
	尼泊尔	64.66	14.94
	巴基斯坦	56.44	9.93

数据来源：世界银行 WDI 数据库，其中巴勒斯坦数据缺失。

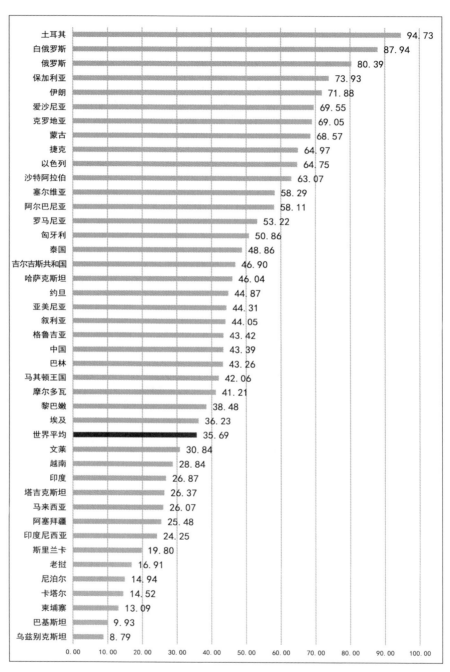

图 10-7 2015 年"一带一路"沿线国家高等院校入学率

数据来源：世界银行 WDI 数据库，其中巴勒斯坦数据缺失。

（三）科研投入

R&D 研发人员是从事新知识、新产品、新工艺、新方法、新系统的构思和创造的专业人员。他们在科学技术领域，为增加知识总量（包括人类文化和社会知识的总量），以及运用这些知识去创造新的应用进行系统的创造性活动。国家的科研情况可以由此指标来反映部分情况，见图 10-8。

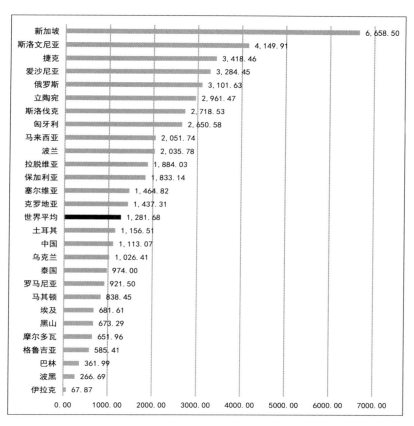

图 10-8　2014 年"一带一路"国家每百万人中 R&D 研究人员数量

数据来源：世界银行 WDI 数据库，其中部分一带一路沿线国家数据缺失。

图 10-8 整理了 2014 年 "一带一路" 国家每百万人中 R&D 研究人员数量，对于 ICT 发展迅速的中东欧地区和新加坡等，R&D研究投入也处于领先水平。下图 10-9 为 2014 年 "一带一路" 沿线各国研发支出占 GDP 的比例，世界平均水平为 2.13%，可以看出以色列最高（4.11%），其次斯洛文尼亚（2.39%）和新加坡（2.19%），而这些国家的数字经济发展情况也同研发支出成正向关系。

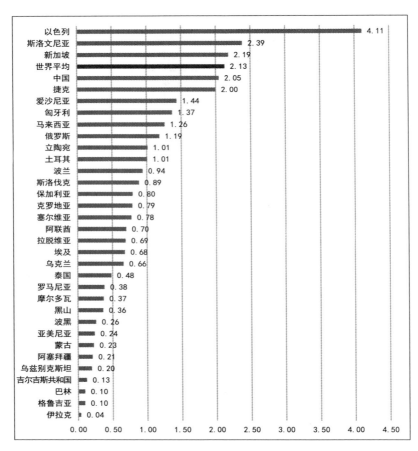

图 10-9　2014 年 "一带一路" 沿线各国研发支出占 GDP 的比例

数据来源：世界银行 WDI 数据库，其中部分 "一带一路" 沿线国家数据缺失。

（四）法律保障

表 10-4 为根据世界银行 WDI 数据库整理出来的"一带一路"沿线国家法律情况，良好的法律保障是经济发展的基础条件。同时，对数字经济发展提供有力的产权保障。黑山（12）、柬埔寨（11）和匈牙利（10）法律权利力度最强，东帝汶（0）和一些战乱国家法律权利力度最弱。

表 10-4 "一带一路"沿线国家法律权利力度指数（0= 最弱，12= 最强）

	国家	2013年	2014年	2015年	2016年
	中国	4	4	4	4
俄蒙	俄罗斯	4	4	6	6
	蒙古	5	5	5	5
中亚	哈萨克斯坦	3	3	4	4
	吉尔吉斯共和国	8	8	8	8
	塔吉克斯坦	1	1	1	1
	土库曼斯坦				
	乌兹别克斯坦	1	1	6	6
西亚、北非	卡塔尔	1	1	1	1
	阿联酋	2	2	2	2
	亚美尼亚	5	5	5	7
	阿塞拜疆	2	2	2	2
	巴林	1	1	1	1
	埃及	2	2	2	2
	格鲁吉亚	9	9	9	9
	伊朗	2	2	2	2
	伊拉克	1	1	1	1
	以色列	6	6	6	6
	约旦	0	0	0	0
	科威特	2	2	2	2
	黎巴嫩	2	2	2	2
	阿曼	1	1	1	1
	沙特阿拉伯	2	2	2	2

	国家	2013年	2014年	2015年	2016年
西亚、北非	叙利亚	1	1	1	1
	土耳其	3	3	3	3
	也门	0	0	0	0
中东欧	斯洛文尼亚	3	3	3	3
	阿尔巴尼亚	8	7	7	7
	保加利亚	9	9	9	9
	波黑	7	7	7	7
	白俄罗斯	2	2	2	2
	捷克	5	7	7	7
	爱沙尼亚	7	7	7	7
	克罗地亚	5	5	5	5
	匈牙利	6	10	10	10
	立陶宛	6	6	6	6
	拉脱维亚	9	9	9	9
	摩尔多瓦	8	8	8	8
	马其顿	6	6	6	9
	黑山	12	12	12	12
	波兰	7	7	7	7
	罗马尼亚	10	10	10	10
	塞尔维亚	6	6	6	6
	斯洛伐克	7	7	7	7
	乌克兰	8	8	8	8
东南亚	新加坡	8	8	8	8
	泰国	3	3	3	3
	东帝汶	0	0	0	0
	越南	7	7	7	7
	文莱	4	4	4	5
	印度尼西亚	4	4	5	6
	柬埔寨	11	11	11	11
	老挝	2	6	6	6
	缅甸	2	2	2	2
	马来西亚	7	7	7	7
	菲律宾	3	3	3	3

续表

国家		2013年	2014年	2015年	2016年
南亚	阿富汗	9	9	9	9
	孟加拉国	5	5	5	5
	不丹	4	4	4	4
	印度	6	6	6	6
	斯里兰卡	2	2	2	2
	马尔代夫	2	2	2	2
	尼泊尔	6	6	6	6
	巴基斯坦	3	3	3	3
世界平均水平		4.80	4.95	5.08	5.21

数据来源：世界银行 WDI 数据库，其中巴勒斯坦数据缺失。

（五）电信行业营商环境

图 10-10 为根据世界银行 WDI 数据库整理的 2010—2014 年"一带一路"沿线国家私营部门参与的电信投资累积情况。一些国家信息基础设施投资的缺乏不仅仅是因为经济发展落后，在很大程度上也受本国电信管制政策影响。一般来说，有效的管制改革和技术进步可以形成双向正反馈，从而有利于技术引进和技术普及；而无效的管制制度不仅不利于投资的引进，同时也限制了技术的普及和应用。[①]大多数发展中国家还没有完成电信领域的开放竞争，而实现开放竞争主要发生在高收入的发达国家。值得注意的是，印度、俄罗斯、印度尼西亚和土耳其私营部门累积参与电信投资较多，其 ICT 市场发展的良好态势与此现状有着重要的关系。

---

① 胡鞍钢，周绍杰.新的全球贫富差距：日益扩大的"数字鸿沟"[J].中国社会科学，2002，（03）：34-48+205. [2017-09-01].

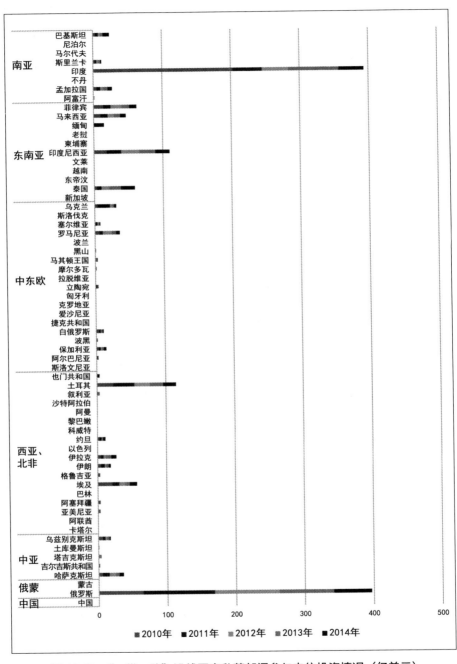

图 10-10　"一带一路"沿线国家私营部门参与电信投资情况（亿美元）

（2010—2014 年累计投资）

数据来源：世界银行 WDI 数据库，其中巴勒斯坦数据缺失。

五、"一带一路"沿线国家数字经济发展的典型模式

（一）新加坡：实施"国家人工智能核心"计划

据新加坡《联合早报》报道，新加坡政府将大力推动人工智能的发展，由政府、科研机构、初创公司乃至相关企业，共同加强这方面的知识，制造有用的工具以及培养相关人才，以便把握数字经济时代下的增长机遇。

2017 年 5 月，新加坡国家研究基金会推出 AI.SG 计划，这项核心计划旨在结合政府、研究机构与业界三大领域的力量，促进人工智能的应用。该计划有三大目标：其一，解决社会与行业面临的问题，如交通拥堵与人口老龄化；其二，投资精深技能，赶上下一波科学创新的浪潮；其三，在业界普及人工智能的使用，利用人工智能提高生产力、创造新产品，并促使人工智能方案的商业化。初步目标是在 5 年内促成 100 项这类方案，并优先侧重于城市管理、医疗护理及金融 3 个领域。①

---

① 俞懿春. 新加坡把握数字经济增长机遇 [N]. 人民日报，2017–07–20（022）.

（二）印度：推进网络空间建设和推行数字移动广告

1.积极推进网络空间建设

2014 年，印度通过颁布国家私有云战略、实施"数字印度"计划、发展 4G 无线网络、加大网络基础投资、推动电子商务发展、扶持信息产业出口等一系列措施加快推进网络空间建设。[①]

2014 年 2 月 4 日，印度推出国家私有云战略，并分别发布《云战略指南》和《云采用和实施路线图》两份指南以指导该战略的发展。并在随后 2014 年 8 月 20 日，印度政府通过了"数字印度"计划，旨在使全国各地乡村能宽带上网。为配合"数字印度"计划，印度中央政府和州政府联合推出了名为 Aadhaar 的多用途身份证卡，并将以此为基础建立现金交换系统。"数字印度"计划将分阶段实施，与 IT、电信相关项目的第一期印度政府投资，预计将达到 6952.4 亿卢比。

2.数字移动广告成有效动力

2015 年年底 GMS 协会（GSMA）最新报告《移动经济：印度 2015》（The Mobile Economy: India 2015）中称，印度移动用户数占全球总数的 13%，仅次于中国位居全球第二大移动市场，并且未来增长也将超过全球平均水平。同时，该报告还强调印度移动产业正朝移动宽带网络、服务和设备方向过渡，并已经成为为所有民众提供宽带连接的"数字印度"计划的主要驱动力。

---

① 周季礼 . 2014 年印度网络空间安全发展举措综述 [J]. 中国信息安全，2015（6）：88—92.

随着印度互联网接入服务的进一步普及和访问网络设备的多样化，数字与移动将以其成本低廉、广告受众精确锁定、广告投送的实时性，成为印度广告业的下一座金矿。海外印度裔消费者大力驱动了数字移动互联网广告的发展。大多数印度侨民受教育程度高、消费能力强且具有较好的互联网接入设施，在线消费成为这一消费群体的消费常态，因此，印度发布产品和服务的数字移动广告的企业主也相应拥有了稳定的优质用户群体。目前，印度数字移动广告的最大投入方都集中于大行业，如银行业、金融服务和保险业、零售业、教育行业、电信行业、旅游业和汽车工业。

2002 年，印度推出名为"不可思议的印度"形象塑造工程，旨在打造独特的文化名片。当年，赴印度各地旅游的人数就增长了 16%。2009 年以后，印度开始注重使用数字移动媒体作为"不可思议的印度"的宣传平台，以期获得更高的全球关注度，这些新媒体广告平台主要包括在线视频、旅游网站、体育网站、婚恋网站、博客、手机短信和直邮广告等。

印度数字移动广告将遍及各类企业。社交媒体将成为印度数字移动广告的"共生体"。随着各类社交媒体在网络上日益流行，数字移动广告内容可通过社交媒体将消费偏好相同的在线用户资源进行整合并加速传播和共享。基于口碑营销和病毒式营销等模式的数字移动广告营销俨然成为平民化的大众广告传媒。

（三）印度尼西亚：实施"电子商务指南"及"智能城市"战略

1.电子商务政策推陈出新

在 2016 年 2 月，印度尼西亚推出电子商务指南（Road Map e-Commerce），被认为是电子商务产业发展的里程碑。[①] 该指南主要为了减少电子商务产业投资壁垒，解决资金、税收、许可证、培训、人力资源和分销渠道等问题。具体涉及以下 7 个方面：（1）物流：优化本国物流系统提高交货速度，降低运输成本。印度尼西亚政府将帮助建立电子商务物流设施。特别是推动中小企业电子商务物流设施的发展，以增强本国物流产业的竞争力。（2）资金：资助电子商务平台及政策特别是风险管理框架的建立，为数字中小企业提供政府补贴等。（3）消费者权益保护：通过规章制度增强消费者信心，保护电子商务参与者权益，构建国家支付网关，逐渐提高零售电子支付服务。（4）通信设施：增加国家通信基础设施建设作为电子商务产业发展的支柱。（5）税收：减少电子商务企业纳税义务；对于电子商务投资者实施税收优惠；税收待遇平等包括外国企业。（6）人力资源开发：主要为电子商务系统提供教育培训，提供智力支持。（7）网络安全：增强公众抵制网络犯罪意识，认识到电子交易安全的重要性。

印度尼西亚目前拥有约 5600 万中小企业，若进入数字时代其将成为 GDP 的重大贡献者之一，贡献度达 55.6%。印度尼西亚政

---

① Industri E-Commerce Sambut Babak Baru Perekonomian Digital Indonesia, https://www.idea.or.id/berita/detail/industri-e-commerce-sambut-babak-baru-perekonomian-digital-indonesia.

府正逐步推进中小企业与电商之间的合作。例如 2015 年 9 月印度尼西亚电商 blibli.com 主动与中小企业合作，并在其门户网站开设 SMEs go online。[①] blibli.com 通过其自身的集成设施服务使本地中小企业产品遍及各地。包括仓储和免费配送，提供付款设备以及 24 小时售后服务等，同时建立"孵化器团队"为中小企业寻找合作伙伴及开展研讨会进一步挖掘企业潜力。目前全国 1000 多家中小企业上线 blibli.com，占 20% 左右，blibli.com 目标在一年内数量增长到 40%。

2. 推出本地 OTT（over the top）服务

印度尼西亚政府与电信供应商 2015 年推出本地 OTT 服务作为发展数字经济的策略之一。[②] 印度尼西亚信息与通信部长表示建立本地 OTT 并不是与外国 OTT 服务竞争，本地 OTT 服务一方面可以减轻运营商的压力，更重要的能够刺激印度尼西亚数字产业的发展，助长印度尼西亚经济。印度尼西亚电商委员会将邀请当地创业公司注册，通过一定标准筛选符合要求的创业公司，对其进行培训，逐步建立本地 OTT 服务。

3. 发起 1000 初创公司运动（1000 startups movement）

印度尼西亚政府 2016 年 6 月发起 1000 初创公司运动。该项目目标从现在开始每年增加 200 个新创业公司，截止到 2020 年新增 1000 创业公司，据估计这些初创公司贡献率可达到 GDP 的 1%，

---

① Blibli. com to bring Indonesia's SMEs into the digital age, https://www. digitaln ewsasia. com/digital-economy/bliblicom-to-bring-indonesiasmes-into-the-digital-age.

② Local OTT push by Indonesia, part of digital economy vision, https://www. digitalnewsasia. com/local-ott-push-indonesia-part-digital-economy-vision.

同时创造 500 万就业岗位。1000 创业公司运动将以路演的方式进行，具体包括一系列讲座、编程马拉松活动、训练营以及企业孵化器项目。政府只提供不包括资金的其他支持，主要涵盖减少初创企业注册的法律法规，允许企业不需要申请平常所需的营业执照，只需要在委员会注册登记例如印度尼西亚电子商务委员会。同时正考虑通过修改远程信息处理法规，特别是修改负面投资清单条款，允许更多外商投资本国初创公司。

4. 智能城市战略逐步推进

印度尼西亚政府推出智能城市战略 2015—2045，[①]以 ICT 为核心规划未来城市的 3 个阶段：体面的城市（舒适、宜居、安全），绿色城市（防范气候变化和灾害）和智能城市（以竞争力和技术基础）。

印度尼西亚各部门正通力合作发展智能城市，应对如何智慧型管理城市、提升国家生产力及改善居民生活福利等挑战。例如印度尼西亚首都雅加达南部的一个城市 Depok 已经配置完成智能映射技术。智能映射技术又名地理信息系统技术（GIS），通过集成和分析业务系统的数据创建动态的、交互式的地图视图信息。此技术可以帮助政府实现当地区域的规划和发展。目前政府机构对交通、高速公路和水资源、城市和规划都是实行实时协作和数据共享。Depok 使用一个基于云计算的平台 ArcGIS online。例如规划、财产登记和资产管理这些活动通常需要两个或两个以上的政府机构和部门通过耗时的手工流程一起完成，特别是房地产登记过程需要员工参与现场并使用纸质表格来收集数据和报告，然

---

① Smart City vision Indonesia 2015–2045; breakthrough in Automotive, http://www.linkedin.com/pulse/smart–city–vision–indonesia–2015–2045–breakthrough–asia–iot.

后手动输入数据，需要大量的时间和精力。而采用 GIS 技术不仅会使机构通过数字化集成系统连接信息，更会减少行政程序以及人为收集数据的错误。智能型城市逐渐使 Depok 成为投资者的目的地。Depok 也正致力于到 2025 年成为一个成熟的智能城市。

（四）土耳其：推广技术开发区（TDZs）和Huma Wealth项目

土耳其位于中东和非洲地区的中心，由于其有利的地理位置、丰裕的人力资源、先进的物流基础设施以及相对有力的成本结构，为外国投资者提供了许多商业机会和有利的产业投资环境，ICT 也不例外，对经济增长产生着积极的推动作用。

1.技术开发区（TDZs）和 HumaWealth 项目

1989 年土耳其国家计划部（SPO，State Planning Organization）正式提出建立技术开发区（TDZs，Technology Development Zones）。2000 年马尔马拉研究中心（Marmara Research Cente）首先投入使用，该技术开发区坐落于土耳其科贾埃利省（Kocaeli）。随后在 2001 年成立中东技术大学（METU，Middle East Technical University），这是第一所以大学形式建立的技术开发区。到 2014 年一共建成 50 个技术开发区和 129 个 ICT 研发中心，另外能够容纳 2209 家公司的在建技术开发区有 14 个。

2014 年 5 月土耳其工商业协会（TÜSAD）和全球高效物流联盟（GCEL）签署了一份谅解备忘录（MOU），旨在通过 HumaWealth 项目巩固土耳其在推行数字经济方面的领先地位。

HumaWealth 是一个全球性项目，旨在借助 21 世纪技术力量的数字经济平台来提高贸易效率。这一项目涉及全世界范围内的泛区域组织及 G20 国家中的印度、印度尼西亚和沙特阿拉伯等主要经济体。其中，泛区域组织包括伊斯兰合作组织——伊斯兰贸易发展中心（ICDT）、美洲国家组织、非洲联盟、阿拉伯国家联盟和东盟商务咨询委员会（ASEAN-BAC）。HumaWealth 项目将在全球为最终用户无偿部署数字经济平台。数字经济平台将使年贸易成本降低 1.3 万亿美元（对于土耳其，这一数字为 160 亿美元），增加 1.2 万亿美元的贸易额，提供价值 6 万亿美元的服务市场商机，以及创造 1 万亿美元的中小型企业基金，以提供 1 亿份就业岗位。

2. 大力发展 5G 技术

2015 年年底，土耳其通信技术与信息管理局（ICTA）和日本内务通信部（Ministry of Internal Affairs and Communications of Japan，MIACJ）签署了一项合作联合声明，未来将在 ICT 领域尤其涉及 5G 建设展开合作。认识到在现代社会中 ICT 对现代社会、经济福利和新一代通信技术发展的重要作用，此项联合声明将促进两国及各国私人部门在 5G 网络发展中政策法规信息和经验的交流。同时，土耳其还想成为全球首个应用 5G 技术的国家。在 2020 年东京奥运会举办之前与日本在 5G 商业服务进行合作将有利于这一目标的实现。两国合作主要集中于研发（R&D）、积极参与全球标准的制定以及物联网（IoT）。土耳其期望此项声明能够有助于本国专业研发，并积极参与到国际标准的制定研究以及国内硬件、软件的开发生产。

（五）沙特阿拉伯：推出"沙特2030愿景"

沙特阿拉伯在2016年4月26日公布了名为"沙特2030愿景"的宏大改革计划，描绘了沙特阿拉伯未来的发展蓝图。该愿景围绕着3个主题：充满活力的社会、繁荣的经济和雄心勃勃的国家。其中充满活力的社会是实现愿景和经济繁荣的基础。一方面为企业带来经济机遇，同时为满足教育体系构建的市场需求提供契机。因此沙特阿拉伯将通过多种策略发展繁荣沙特阿拉伯经济，主要包括投资潜力大的经济部门，创造更多就业机会；通过部分政府服务私有化，促进经济增长，提高服务质量；改善商业环境，引进优秀人才和全球投资，利用特殊的战略位置连接三大洲。具体涉及数字经济发展的策略包括：促进中小型企业（SMEs）发展；挖掘产业潜力，培养经济新支柱；完善成熟的数字化基础设施。[1] 沙特阿拉伯的宏大计划也得到了众多企业的支持。

微软（Microsoft）支持"沙特2030愿景"。[2] 沙特阿拉伯副王储穆罕默德·本·萨尔曼于2016年6月访问美国，与微软公司签订备忘录。微软公司将为"沙特2030愿景"尽早实现提供支持，包括帮助沙特阿拉伯培训年轻人，在微软专家小组帮助下建立系统和操作性项目。同时与思科（Cisco）签署发展沙特阿拉伯数字化基础设施的备忘录。"沙特2030愿景"提出一个明确目标提高

---

[1] Full Text of Saudi Arabia's Vision 2030, http://saudigazette.com.sa/saudi-arabia/full-text-saudi-arabias-vision-2030/.

[2] Microsoft vows to make Vision 2030 a reality, http://saudigazette.com.sa/business/microsoft-vows-to-make-vision-2030-a-reality/.

宽带接入速度，同时覆盖 90% 的人口稠密城市和其他城市区域的 66%。思科公司作为 IT 产业领导者，将为沙特阿拉伯网络发展带来重大的机遇。

戴尔（Dell）技术助力"沙特 2030 愿景"。[①] 戴尔在 2016 年 7 月宣布将为沙特阿拉伯客户提供 Future Ready 技术。主要针对巨量资料、行动整合、云端计算以及资讯安全等方面提供最佳化的解决方案。同时戴尔将投资人力资本，雇佣沙特阿拉伯公民参与他们专业的工作环境。

甲骨文（Oracle）激发沙特阿拉伯云计算使用。[②]2016 年 8 月甲骨文公司在利雅得举办云服务研讨会，甲骨文集聚合作伙伴了解学习公司最新的云服务数据库，云服务将帮助他们移植数据至云，达到新层次的效率、安全性。云科技将在实现"沙特 2030 愿景"经济多元化计划中发挥关键作用，在其完全集成的云平台支持下，甲骨文将推动沙特阿拉伯各部门实现云科技。

（六）俄罗斯：提高宽带战略性，促进信息社会发展

俄罗斯数字经济的实践经验主要是，一方面将信息基础设施的改造提升作为培育产业、激发需求的优先选择，特别提升宽带网络在信息经济中的基础地位。另一方面，将信息技术纳入实现经济长期增长的总体战略布局，加快信息通信技术驱动的产业升

---

① Dell's technology thrust aligns with Vision 2030, http://saudigazette.com.sa/business/dells–technology–thrust–aligns–vision–2030/.

② Oracle drives Cloud adoption in Saudi Arabia, http://saudigazette.com.sa/business/oracle–drives–cloud–adoption–saudi–arabia/.

级和经济社会发展模式创新。

2010 年，俄罗斯正式批准《信息社会（2011—2020）》国家规划：通过提供平等获取的信息资源、发展数字内容、应用创新技术和提高国家管理效力来使个人和公司得到发展。

2013 年俄罗斯政府正式批准了由俄罗斯通讯与大众传媒部编制的《2018 年前信息技术产业发展规划》：俄罗斯政府将在未来 5 年大力支持信息技术产业发展，充分发挥该产业对经济的带动作用。为保证规划顺利实施，俄罗斯政府提出 4 个措施。第一，重点实施信息技术领域的研究和开发。为支持创新研发，政府计划在 2018 年前投入 40 亿卢布建设 50 个信息技术领域的创新研发中心。第二，发展和改善 IT 基础设施，包括创立科技园。第三，加强人力资本投资。系统培训 IT 程序员，减少人才流失。第四，为 IT 产业提供优惠政策。

俄罗斯最近几年宽带建设取得很大进步，基础设施状况和水平正在与其他全球领先者接近，主要体现：移动宽带渗透率接近发达国家平均水平；宽带质量在提高；俄罗斯在固定宽带接入方面享有较低的宽带价格。

（七）以色列：强调特色精准农业

精准农业是在现代信息技术、生物技术、工程技术等一系列高新技术最新成就的基础上发展起来的一种重要的现代农业生产形式，是信息技术与农业生产全面结合的一种新型农业。精准农业并不过分强调高产，而主要强调效益，它将农业带入数字化和信息化时代，是数字化农业的核心，也是 21 世纪农业的重要发展方向。精准农业系统是一个综合性很强的复杂系统，是实现农业低耗、高效、优质、安全的重要途径。

以色列自然资源特别是水资源和耕地资源极度缺乏，运用温室栽培进行密集型农业生产克服了环境难题，使得农业在以色列占有极其重要的地位，水果、蔬菜、花卉产品除自给自足外，还出口到其他国家。

由于自然条件的限制，以色列不断发展温室种植。温室按功能和造价的不同可分为包含供水、施肥和气候系统自动控制的计算机化温室；构件简单，方便易建的自助型温室；以及类似于珠江三角洲地区常用的简易拱形塑料薄膜大棚三类。温室的构造各不相同，但多考虑适宜当地条件，先进的温室天窗、遮阳网以及侧帘可根据光照强度的不同自动移动以进行调节。先进温室多用于种植高附加值作物或花卉，进行周年生产，摆脱了农业生产的季节性束缚。一般的农户多选用自助型温室，他们根据实际需要选择不同面积的温室，配备简易的渗灌或滴灌设备，也可配置计算机控制系统。

设施栽培、先进的技术再配合优良的品种，使以色列农业在经济中占有十分重要的位置，为该国带来了无限生机。信赖高新科技，将电子仪器和生物技术科学结合，达到优质高产的良好控制，大幅度提高了有限土地的利用。同时，设施栽培和先进的灌溉设备使该国的农业生产可以控制生产环节、土地选用率和产量分配，最终取得可观的效益。①

---

① 王位斌.信息化在农业生产中的应用及其影响要素研究[D].南京邮电大学，2011.

六、"一带一路"沿线国家数字经济发展前景展望

加强数字经济合作是"一带一路"沿线各国的现实需要，有利于"一带一路"沿线国家发展共享经济、提升治理水平。网络空间天然具有开放性和共享性，加之数据资源的永不枯竭、相互融合和信息服务覆盖可重叠、渗透有柔性等特征，一方面，可使数字经济具备从根本上改变各国经济竞争与合作格局，开发出全球经济共享型发展潜力；另一方面，数字经济可自下向上地培育"一带一路"沿线国家的经济融合、社会共识和政治互信。①

（一）"一带一路"沿线国家数字经济发展存在的问题

1. 数字鸿沟

从以上分析中可以看到，"一带一路"沿线国家除了新加坡、以色列等少数国家电信基础设施建设良好、ICT 发展处于全球先进地位，大部分国家都有着电信基础设施建设不完善、网络发展缓慢的特点。随着互联网等新兴通信技术带给数字经济以爆炸式的增长，国家间新的贫富差距日益扩大，即数字鸿沟诞生，正成为影响多数欠发达国家发展数字经济的巨大障碍。

---

① 田原."一带一路"插上数字经济翅膀 [N]. 经济日报，2017-06-14（012）.

2.教育水平较低

教育是关系到一个国家人力资本的重要环节，有不少"一带一路"沿线国家都是低收入国家，国家对教育的投入不足，国民素质水平低，国家教育普及情况不容乐观，成人识字率不完全能达到 100%，高等学校入学率与发达国家相比差距较大。不利于国民对新兴技术的接受和传播，同时，国家极其缺乏参与数字化研究的人才储备。

3.国家科研投入少

由于部分"一带一路"沿线国家政局不稳，甚至处于战乱状态，国家对于科研投入较少，不利于这些国家科学研究的发展。国家对于新技术的引进和人才的支持较少，致使数字经济方面的发展一度停滞。

4.相关法律建设不完全

由于互联网的迅速发展和全球范围的普及，信息的及时性使得现代社会瞬息万变，应运而生的一大批电子商务、互联网企业良莠不齐，而大部分"一带一路"沿线国家对于数字经济的法律监管处于盲目状态，信息市场没有合理化的政府监督和法律政策保障。此外，多数发展中国家对私人对电信行业的投资没有放开，导致该国电信相关行业资金缺乏，市场缺乏积极合理的竞争。

（二）"一带一路"沿线国家数字经济合作展望

首先，加强数字经济合作是世界各国的现实需要，更是"一带一路"沿线国家间深入合作的重要内容。推动数字经济创新是各个国家巩固产业竞争优势、开拓经济新增长极的有效方法。"一带一路"沿线不少国家都是新兴市场国家或欠发达国家，基于相似的发展阶段、共同的利益诉求以及扩展市场容量的共同目标，更有必要联合起来。因此，随着信息化、全球化深入发展，产业价值链加速重构，数字经济为世界各国都带来前所未有的发展机遇。

其次，国际合作有利于解决全球性问题。一是互联网治理。随着发展中国家（尤其是东亚地区）的用户迅猛增长，现在美国用户仅占互联网用户总量的小部分。许多国家要求在有关互联网治理的讨论中获得更有实质意义的代表权。二是数字市场的统一性。"一带一路"沿线国家间有着频繁的贸易往来，互联网推动更多跨境货物、服务贸易，使得消费者和企业摆脱国家边界限制。但是跨境贸易存在的问题，如数据流动壁垒、各行其是的知识产权保护制度，限制了互联网企业的发展、剥夺了消费者受益于更多数字贸易的机会。三是提供全球公共产品。可持续发展与减贫是全球伙伴合作关注的重点。这些领域也与数字经济发展密切相关，因为数据与技术革命已经高度渗透于生活，其效应已经作用于经济、社会和环境发展的综合系统。因而，若要通过数字经济发展助力上述目标，发展各方必须消除内外政策的制约。

"一带一路"沿线国家数字经济的合作可通过以下形式：

其一，利用"一带一路"共同发展倡议共识，进行有关数字经济理论共识、法律框架、公共政策等的探讨和行动协调。"一带一路"沿线国家内部之间的合作，旨在促进共同开发、扩大市场规模，以提升新兴市场数字经济发展的整体水平。通常而言，第四次工业革命就是以数字经济为核心内容的。有鉴于此，联合更多国家推动全球数字经济制度框架建设，共同营造公平有序的市场环境，就显得十分必要。

其二，可以通过与"一带一路"国家中数字经济发展较好的国家进行合作，通过引入先进技术，来缩小数字经济的鸿沟。例如，目前新加坡政府正在推进数字经济，政府将投资4亿新元（约合18.4亿人民币）发展数字经济。而中国推行的"互联网＋"行动计划旨在推进数字中国的建设，支持基于互联网的各类创新，因此，数字经济有助于中国和新加坡深化合作。一方面，新加坡拥有先进的技术及较强的研发能力，但缺乏创新公司迫切需要的市场，而中国刚好提供了庞大市场；另一方面，中国的数字经济发展，可借力新加坡多元民族的特点以及背靠东南亚大市场的地缘优势，与新加坡合作开拓海外市场。

附录

附表 10-1　2016 年"一带一路"沿线国家环境指数

排名	世界排名	国家	环境指数	政策环境		营商环境	
			值	世界排名	值	世界排名	值
1	1	新加坡	6	2	5.9	1	6
2	15	卡塔尔	5.3	18	5.3	15	5.3
3	19	阿联酋	5.2	25	5.1	13	5.4
4	21	马来西亚	5.1	24	5.1	18	5.2
5	23	爱沙尼亚	5	27	5	26	5.1
6	24	以色列	5	28	4.7	12	5.4
7	28	沙特阿拉伯	4.9	29	4.6	25	5.1
8	35	巴林	4.6	36	4.3	29	5
9	36	立陶宛	4.6	41	4.2	31	5
10	37	拉脱维亚	4.6	45	4.2	30	5
11	38	约旦	4.5	39	4.2	38	4.8
12	40	捷克	4.5	35	4.3	47	4.6
13	42	马其顿	4.4	62	3.9	32	5
14	45	斯洛文尼亚	4.4	67	3.8	34	4.9
15	47	哈萨克斯坦	4.3	48	4	54	4.5
16	48	波兰	4.2	57	3.9	53	4.6
17	49	土耳其	4.2	69	3.8	43	4.7
18	51	匈牙利	4.2	50	4	59	4.4
19	52	阿曼	4.2	53	4	58	4.4
20	54	泰国	4.2	80	3.7	48	4.6
21	56	格鲁吉亚	4.1	73	3.7	55	4.5
22	57	克罗地亚	4.1	92	3.5	44	4.7
23	58	蒙古	4.1	81	3.6	52	4.6
24	60	黑山	4.1	94	3.5	46	4.7
25	61	斯洛伐克	4.1	74	3.7	60	4.4
26	62	印度尼西亚	4.1	65	3.8	64	4.4
27	63	不丹	4.1	37	4.3	102	3.9
28	65	罗马尼亚	4	66	3.8	71	4.2
29	66	保加利亚	4	101	3.3	42	4.7

续表

排名	世界排名	国家	环境指数	政策环境		营商环境	
			值	世界排名	值	世界排名	值
30	67	俄罗斯	4	88	3.6	57	4.5
31	68	科威特	4	63	3.8	72	4.2
32	70	塔吉克斯坦	4	42	4.2	105	3.8
33	73	斯里兰卡	3.9	64	3.8	81	4.1
34	74	阿塞拜疆	3.9	79	3.7	74	4.2
35	78	亚美尼亚	3.9	116	3.2	50	4.6
36	82	伊朗	3.9	91	3.5	76	4.2
37	83	中国	3.9	58	3.9	104	3.8
38	86	越南	3.8	82	3.6	91	4
39	88	阿尔巴尼亚	3.8	109	3.2	61	4.4
40	89	菲律宾	3.8	87	3.6	85	4.1
41	91	黎巴嫩	3.8	126	3	49	4.6
42	93	老挝	3.8	68	3.8	106	3.8
43	94	乌克兰	3.8	113	3.2	67	4.3
44	95	吉尔吉斯共和国	3.7	103	3.3	75	4.2
45	99	印度	3.7	78	3.7	110	3.7
46	103	塞尔维亚	3.7	110	3.2	82	4.1
47	110	尼泊尔	3.5	114	3.2	99	3.9
48	111	摩尔多瓦	3.5	125	3	89	4
49	113	埃及	3.5	102	3.3	113	3.7
50	115	巴基斯坦	3.4	128	3	98	3.9
51	119	柬埔寨	3.4	124	3	108	3.7
52	121	波黑	3.3	120	3.1	120	3.6
53	130	孟加拉国	3.1	137	2.5	107	3.7
54	133	缅甸	3	134	2.7	127	3.3

数据来源:《2016 年全球信息技术报告:数字经济时代推进创新》,2016 年 7 月,世界经济论坛。

附表 10-2　2016 年"一带一路"沿线国家准备就绪指数

排名	世界排名（139个国家）	国家	准备就绪指数 值	基础设施		承受能力		技术	
				世界排名	值	世界排名	值	世界排名	值
1	16	新加坡	6.1	15	6.6	72	5.3	1	6.5
2	18	爱沙尼亚	6	16	6.5	59	5.6	19	5.9
3	22	捷克	5.9	23	6.3	46	5.8	39	5.5
4	25	斯洛文尼亚	5.8	24	6.1	60	5.6	21	5.8
5	26	巴林	5.8	31	5.8	40	5.9	31	5.7
6	28	波兰	5.8	35	5.3	11	6.6	40	5.5
7	30	乌克兰	5.7	51	4.7	6	6.6	33	5.6
8	31	拉脱维亚	5.6	43	5	23	6.3	36	5.6
9	32	俄罗斯	5.5	52	4.7	10	6.6	48	5.4
10	37	以色列	5.5	32	5.5	68	5.5	38	5.5
11	39	哈萨克斯坦	5.5	64	4.4	7	6.6	45	5.4
12	40	土耳其	5.5	59	4.5	2	6.9	69	5
13	42	立陶宛	5.4	57	4.5	34	6	26	5.8
14	43	亚美尼亚	5.4	61	4.4	18	6.3	51	5.4
15	44	蒙古	5.3	79	4	4	6.7	62	5.2
16	45	黑山	5.3	41	5	67	5.5	50	5.4
17	46	格鲁吉亚	5.3	65	4.4	15	6.4	64	5.1
18	47	克罗地亚	5.3	47	4.8	66	5.5	42	5.5
19	48	塞尔维亚	5.2	45	4.9	56	5.6	61	5.2
20	49	马其顿	5.2	56	4.6	39	5.9	66	5.1
21	50	波黑	5.2	50	4.7	32	6.1	84	4.7
22	51	科威特	5.2	30	5.8	89	4.8	77	4.9
23	52	摩尔多瓦	5.1	69	4.2	29	6.1	70	5
24	53	罗马尼亚	5.1	55	4.6	73	5.2	41	5.5
25	54	卡塔尔	5.1	29	5.8	120	3.1	5	6.4
26	56	阿联酋	5	28	5.9	116	3.4	22	5.8
27	58	匈牙利	5	48	4.8	80	5	56	5.3
28	59	斯洛伐克	5	70	4.2	51	5.8	72	5

续表

排名	世界排名（139个国家）	国家	准备就绪指数	基础设施		承受能力		技术	
			值	世界排名	值	世界排名	值	世界排名	值
29	60	沙特阿拉伯	5	36	5.2	101	4.3	49	5.4
30	62	泰国	4.9	67	4.3	64	5.5	73	5
31	63	斯里兰卡	4.9	103	3	35	6	32	5.7
32	67	阿塞拜疆	4.8	74	4.1	71	5.3	68	5.1
33	68	阿尔巴尼亚	4.8	75	4.1	92	4.7	29	5.7
34	70	阿曼	4.8	46	4.9	96	4.6	76	5
35	72	保加利亚	4.8	38	5.2	111	3.8	52	5.4
36	73	马来西亚	4.8	71	4.2	91	4.7	46	5.4
37	75	中国	4.7	90	3.3	63	5.5	47	5.4
38	79	吉尔吉斯共和国	4.7	97	3.1	27	6.1	81	4.8
39	80	不丹	4.7	73	4.1	45	5.9	103	4.1
40	81	印度尼西亚	4.6	105	2.9	38	5.9	65	5.1
41	82	越南	4.6	121	2.4	3	6.8	82	4.8
42	83	伊朗	4.6	101	3	37	6	80	4.8
43	87	黎巴嫩	4.5	77	4	109	4	55	5.3
44	88	印度	4.4	114	2.6	8	6.6	101	4.1
45	92	菲律宾	4.4	87	3.6	107	4.1	54	5.3
46	93	约旦	4.3	92	3.2	94	4.6	59	5.3
47	97	埃及	4.2	94	3.1	47	5.8	111	3.7
48	98	孟加拉国	4.1	107	2.8	14	6.4	122	3.1
49	100	柬埔寨	4.1	98	3.1	43	5.9	120	3.3
50	104	巴基斯坦	4	126	2.1	1	6.9	127	2.8
51	106	尼泊尔	3.9	130	1.9	30	6.1	115	3.6
52	107	老挝	3.9	108	2.7	82	5	106	3.9
53	118	缅甸	3.1	115	2.6	122	3	113	3.6
54	121	塔吉克斯坦	3	133	1.6	134	2.2	60	5.2

数据来源：《2016年全球信息技术报告：数字经济时代推进创新》，2016年7月，世界经济论坛。

附表 10-3　2016 年"一带一路"沿线国家使用指数

排名	世界排名（139个国家）	国家	使用指数	个人使用		商业使用		政府使用	
			值	世界排名	值	世界排名	值	世界排名	值
1	1	新加坡	6	12	6.4	14	5.4	1	6.3
2	13	阿联酋	5.6	19	6.2	27	4.6	2	6.2
3	15	以色列	5.5	31	5.6	8	5.8	17	5.3
4	19	卡塔尔	5.4	23	6	25	4.8	5	5.5
5	23	爱沙尼亚	5.4	15	6.3	28	4.4	8	5.4
6	24	巴林	5.3	14	6.3	37	4	3	5.7
7	29	沙特阿拉伯	5.1	21	6	42	3.9	11	5.4
8	30	马来西亚	5.1	47	5.1	26	4.7	6	5.5
9	31	立陶宛	4.9	35	5.5	29	4.3	33	4.7
10	35	拉脱维亚	4.6	36	5.5	35	4.1	50	4.3
11	36	阿曼	4.5	39	5.3	94	3.4	34	4.7
12	37	捷克	4.5	29	5.8	31	4.3	101	3.4
13	40	俄罗斯	4.5	40	5.3	67	3.6	44	4.4
14	41	阿塞拜疆	4.4	56	4.8	58	3.7	35	4.7
15	42	斯洛文尼亚	4.4	38	5.4	30	4.3	86	3.6
16	44	哈萨克斯坦	4.4	58	4.8	69	3.6	26	4.8
17	45	斯洛伐克	4.4	34	5.6	48	3.9	73	3.7
18	47	科威特	4.3	32	5.6	72	3.6	81	3.7
19	48	匈牙利	4.2	41	5.3	73	3.6	70	3.8
20	49	波兰	4.2	42	5.3	64	3.6	82	3.6
21	50	马其顿	4.2	49	5	92	3.4	58	4.1
22	51	中国	4.1	75	3.9	44	3.9	40	4.6
23	53	约旦	4.1	70	4.1	41	3.9	47	4.4
24	56	黑山	4.1	61	4.6	99	3.4	53	4.2
25	58	克罗地亚	4	43	5.2	98	3.4	90	3.5
26	59	土耳其	4	65	4.3	56	3.8	57	4.1
27	63	泰国	4	64	4.3	51	3.9	69	3.8
28	64	保加利亚	4	48	5	77	3.5	102	3.3

排名	世界排名（139个国家）	国家	使用指数	个人使用		商业使用		政府使用	
			值	世界排名	值	世界排名	值	世界排名	值
29	65	亚美尼亚	4	69	4.1	101	3.4	46	4.4
30	66	菲律宾	3.9	79	3.8	36	4	63	4
31	67	斯里兰卡	3.9	102	2.8	49	3.9	20	5
32	68	罗马尼亚	3.9	60	4.7	68	3.6	96	3.5
33	71	蒙古	3.9	82	3.7	61	3.7	51	4.2
34	72	格鲁吉亚	3.8	68	4.1	108	3.2	54	4.1
35	76	摩尔多瓦	3.8	63	4.3	112	3.2	66	3.9
36	77	黎巴嫩	3.8	46	5.1	97	3.4	124	2.9
37	78	印度尼西亚	3.8	92	3.3	34	4.1	65	3.9
38	79	塞尔维亚	3.7	54	4.9	125	3.1	106	3.3
39	81	越南	3.7	85	3.6	81	3.5	61	4
40	86	阿尔巴尼亚	3.6	83	3.6	93	3.4	76	3.7
41	88	乌克兰	3.6	76	3.9	63	3.6	114	3.1
42	89	埃及	3.5	80	3.8	129	3	67	3.8
43	99	伊朗	3.3	90	3.3	126	3.1	93	3.5
44	101	不丹	3.3	99	2.9	111	3.2	83	3.6
45	103	印度	3.3	120	2.1	75	3.6	59	4.1
46	104	吉尔吉斯共和国	3.2	88	3.5	109	3.2	117	3
47	107	波黑	3.2	73	4	123	3.1	133	2.6
48	110	柬埔寨	3.1	101	2.8	104	3.3	116	3
49	111	孟加拉国	3	121	2.1	119	3.1	72	3.8
50	116	塔吉克斯坦	2.9	116	2.3	102	3.4	115	3.1
51	117	老挝	2.9	124	2	89	3.4	110	3.3
52	118	巴基斯坦	2.9	123	2.1	110	3.2	103	3.3
53	129	尼泊尔	2.6	117	2.2	128	3	129	2.7
54	137	缅甸	2.3	131	1.8	138	2.6	137	2.3

数据来源：《2016年全球信息技术报告：数字经济时代推进创新》，2016年7月，世界经济论坛。

附表 10-4　2016 年"一带一路"沿线国家影响指数

排名	世界排名（139个国家）	国家	影响指数		经济因素		社会因素	
			值	世界排名	值	世界排名	值	世界排名

排名	世界排名（139个国家）	国家	值	世界排名	值	世界排名	值
1	1	新加坡	6.1	5	5.9	1	6.2
2	6	以色列	5.7	4	5.9	15	5.5
3	16	爱沙尼亚	5.2	24	4.6	6	5.9
4	18	阿联酋	5.2	26	4.3	2	6.1
5	27	卡塔尔	4.9	28	4.2	10	5.6
6	28	立陶宛	4.8	27	4.3	25	5.3
7	30	马来西亚	4.6	30	4.1	28	5.2
8	31	拉脱维亚	4.5	34	4	32	5.1
9	32	巴林	4.5	48	3.5	13	5.5
10	37	斯洛文尼亚	4.3	29	4.1	50	4.5
11	38	沙特阿拉伯	4.3	40	3.7	36	4.9
12	39	中国	4.2	37	3.8	41	4.7
13	40	哈萨克斯坦	4.2	51	3.5	35	4.9
14	41	俄罗斯	4.1	38	3.7	45	4.6
15	43	捷克	4.1	32	4.1	67	4.2
16	44	斯洛伐克	4.1	41	3.6	47	4.6
17	46	阿塞拜疆	4	50	3.5	48	4.5
18	47	匈牙利	4	36	3.8	64	4.2
19	49	斯里兰卡	4	70	3.2	42	4.7
20	51	约旦	3.9	61	3.4	53	4.4
21	53	马其顿	3.9	55	3.4	55	4.3
22	54	亚美尼亚	3.9	56	3.4	56	4.3
23	57	黑山	3.8	52	3.5	63	4.2
24	58	土耳其	3.8	67	3.2	54	4.4
25	59	波兰	3.8	44	3.6	74	4
26	60	蒙古	3.8	82	3.1	49	4.5
27	62	菲律宾	3.8	60	3.4	66	4.2
28	63	格鲁吉亚	3.8	91	2.9	44	4.6
29	64	克罗地亚	3.8	42	3.6	82	3.9

排名	世界排名（139个国家）	国家	影响指数	经济因素		社会因素	
			值	世界排名	值	世界排名	值
30	65	泰国	3.7	74	3.2	57	4.3
31	66	阿曼	3.7	95	2.9	46	4.6
32	68	保加利亚	3.7	46	3.5	83	3.9
33	69	乌克兰	3.7	59	3.4	75	4
34	71	摩尔多瓦	3.7	81	3.1	60	4.2
35	73	印度	3.6	80	3.1	69	4.1
36	76	越南	3.6	92	2.9	65	4.2
37	77	罗马尼亚	3.6	72	3.2	79	3.9
38	78	印度尼西亚	3.5	85	3.1	73	4
39	85	埃及	3.4	58	3.4	103	3.5
40	89	塞尔维亚	3.4	79	3.1	93	3.6
41	90	科威特	3.4	102	2.9	84	3.9
42	97	阿尔巴尼亚	3.3	121	2.6	76	4
43	98	不丹	3.2	119	2.6	85	3.8
44	99	塔吉克斯坦	3.2	101	2.9	96	3.5
45	102	伊朗	3.2	100	2.9	101	3.5
46	103	黎巴嫩	3.2	83	3.1	114	3.3
47	104	老挝	3.1	97	2.9	110	3.4
48	105	巴基斯坦	3.1	105	2.8	106	3.4
49	107	孟加拉国	3.1	104	2.8	108	3.4
50	110	吉尔吉斯共和国	3.1	114	2.7	104	3.4
51	117	柬埔寨	2.9	111	2.7	122	3
52	121	波黑	2.8	123	2.6	119	3.1
53	128	尼泊尔	2.7	136	2.3	120	3.1
54	135	缅甸	2.4	129	2.4	135	2.4

数据来源：《2016年全球信息技术报告：数字经济时代推进创新》，2016年7月，世界经济论坛。

[1] 陈果果，陈俭. 中国与中亚五国肥料产业合作潜力分析 [J]. 时代经贸，2015(22)：40-56.

[2] 耿增涛."一带一路"沿线国家基础设施建设及投资研究 [D]. 外交学院，2016.

[3] 侯利民."一带一路"倡议下我国粮食安全战略及实现路径 [J]. 惠州学院学报，2017，37(01)：57-62.

[4] 胡必亮，马悦. 非洲粮食安全与中非农业合作商机研究 [J]. 中州学刊，2017(09)：47-53.

[5] 胡必亮. 工业化与新农村 [M]. 重庆出版社，2010.

[6] 黄益平. 中国经济外交新战略下的"一带一路"[J]. 国际经济评论，2015(01)：48-53，5.

[7] 贾晋京. 打通"一带一路"金融血脉 [N]. 证券日报，2017-05-13（A03）.

[8] 姜安印."一带一路"建设中国发展经验的互鉴性——以基础设施建设为例 [J]. 中国流通经济，2015（12）：84-90.

[9] 姜巍."一带一路"沿线基础设施投资建设与中国的策略选择 [J]. 国际贸易，2017（12）：44-52.

[10] 蒋姮."一带一路"地缘政治风险的评估与管理 [J]. 国际贸易，2015(08)：21-24.

[11] 李富佳，董锁成等."一带一路"农业战略格局及对策.中国科学院院刊[J]，2016，31(06)：678-688.

[12] 李先德等."一带一路"背景下中国农业对外合作问题研究[M].北京：中国农业出版社，2016.

[13] 刘清杰."一带一路"沿线国家资源分析[J].经济研究参考，2017(15)：70-104.

[14] 权衡，张鹏飞.亚洲地区"一带一路"建设与企业投资环境分析[J].上海财经大学学报，2017，19(01)：88-102.

[15] 沈梦溪."一带一路"基础设施建设的资金瓶颈和应对之策[J].国际贸易，2016（11）：33-37.

[16] 孙鑫.从农产品国际贸易谈我国粮食安全的现状及策略选择[J].中国农业资源与区划，2016，37(03)：43-46.

[17] 陶眉辰."一带一路"下中国对外基础设施投资风险研究[D].首都经济贸易大学，2017.

[18] 王博，朱玉春.中国与"丝绸之路经济带"沿线国家农业合作前景分析——基于优势互补性与合作路径视角[J].中国流通经济，2017，31(11)：103-111.

[19] 王玺，蔡伟贤，姜朋.我国地方基础设施发展趋势及成因分析[J].财政研究，2010(10)：32-36.

[20] 魏革军，张驰.开创"一带一路"投融资合作新格局——访丝路基金董事长金琦[J].中国金融，2017(09)：20-23.

[21] 吴舒钰."一带一路"沿线国家的经济发展[J].经济研究参考，2017(15)：16-45.

[22] 习近平：《共担时代责任，共促全球发展——在世界经济论坛2017年年会开幕式上的主旨演讲》，2017年1月18日，新华网.

[23] 徐振伟，文佳筠."海上丝绸之路"战略下的粮食合作建议[J].新产经，2016(10)：83-84.

[24] 闫衍."一带一路"的金融合作[J].中国金融，2015(05)：32-33.

[25] 杨言洪."一带一路"黄皮书.2015[M].宁夏人民出版社，2016.

[26] 袁佳."一带一路"基础设施资金需求与投融资模式探究 [J]. 国际贸易，2016（05）：52-56.

[27] 张军，高远，傅勇，等 . 中国为什么拥有了良好的基础设施？ [J]. 经济研究，2007（03）：4-19.

[28] 张培刚 . 农业与工业化 [M]. 中信出版社，2012.

[29] 赵立斌 . 跨国公司国际直接投资与东盟国家参与全球生产网络进程 [J]. 国际经贸探索，2014，30（01）：69-80.

[30] 赵予新."一带一路"框架下中国参与区域粮食合作的机遇与对策 [J]. 农村经济，2016(01)：14-19.

[31] 赵振宇，李兴才，姚蒙蒙."一带一路"沿线国家基础设施现状及市场机会研究 [J]. 建筑经济，2016（07）：5-10.

[32] [美] 吉利斯，波金斯，罗默等著，黄卫平总校译 . 发展经济学 [M]. 中国人民大学出版社，1998.

[33] [美] 杰夫·马德里克著，乔江涛译 . 经济为什么增长 [M]. 中信出版社，2003.

[34] [美] 罗斯托著，国际关系研究所编译室译 . 经济成长的阶段 [M]. 中译本，商务印书馆，1962.

[35] [美] 赛尔奎因，鲁宾逊，钱纳里著，吴奇，王松宝等译 . 工业化和经济增长的比较研究 (当代经济学译库)[M]. 上海三联书店，1989.

[36] [美] 西蒙·库兹涅茨著，常勋译 . 各国的经济增长 [M]. 北京：商务印书馆，1999.

[37] AIIB., 2016. AIIB annual report 2016. [e-book] China: Asian Infrastructure Investment Bank. Available at: https://www.aiib.org/en/newsevents/news/2016/annual report/. content /download/ Annual_Report_2016. pdf [Accessed 29 August 2017].

[38] Clark C. *The conditions of economic progress* [M]. The conditions of economic progress. 1967.

[39] Hofmann W. G. *Industrial Economics* [M]. Manchesters University Press,

1958.

[40] LuftG. China's infrastructure play: Why Washington should accept the new silk road [J]. *Foreign affairs*, 2016, 95(5):68-75.

[41] Marjoram T. Silk Roads for the 21st Century: Engineering Mega-Infrastructure for Development and Sustainability [J]. *Frontiers*, 2016, 3: 002.

[42] Melitz M J. The impact of trade on intra-industry reallocations and aggregate industry productivity [J]. *Econometrica*, 2003, 71(6): 1695-1725.

[43] Melitz M, Helpman E, Yeaple S. Export Versus FDI with Heterogeneous Firms [J]. *American Economic Review*, 2004, 94.

[44] Orr R J, Kennedy J R. Highlights of recent trends in global infrastructure: new players and revised game rules [J]. *Transnational Corporations*, 2008, 17(1): 99-133.

[45] Qi-Da Hu，Qi Zhang，Wei Chen，Xue-Li Bai，Ting-Bo Liang. Human development index is associated with mortality-to-incidence ratios of gastrointestinal cancers [J]. *World Journal of Gastroenterology*，2013，19(32): 5261-5270.

[46] The state of food insecurity and nutrition in the world 2017. "How close are we to ZeroHunger?". http://www. fao. org/state-of-food-security-nutrition/ zh/.

[47] Torrance M. The rise of a global infrastructure market through relational investing [J]. *Economic Geography*, 2009, 85(1): 75-97.